CAXTON'S *AESOP*

CAXTON'S AESOP

Edited with an Introduction
and Notes by

R. T. LENAGHAN

HARVARD UNIVERSITY PRESS
Cambridge, Massachusetts
1967

Distributed in Great Britain by the Oxford University Press, London

Publication of this book has been aided by a grant from the
Hyder Edward Rollins Fund

Library of Congress Catalog Card Number 67–17315

Burton L. Stratton, Typographer

Printed in the United States of America

To Natalie

Preface

Taken together, Caxton's books make up for the Middle Ages something very like Dr. Eliot's Five-Foot Shelf of Books (indeed no fewer than eight of Caxton's prefaces are among those in the *Famous Prefaces* volume of *The Harvard Classics*). The present edition is intended to make available once again an important item on Caxton's list, his *Aesop*. The most recent edition in general circulation, that of Joseph Jacobs, is not complete and is out of print.

Of the many debts incurred in making this edition, I wish particularly to acknowledge those to B. J. Whiting, whose help and guidance have been of great benefit, and to Curt Bühler, Albert Friedman, William Matthews, John McGalliard, Marguerite Offord, and Ben Edwin Perry, who kindly read parts of what follows and whose suggestions proved invaluable. Any errors of fact or judgment that remain are, of course, my own responsibility. Sofia and Gerald Carson were extremely helpful in the tedious job of correcting the text, and M. Kathleen Ahern of the Harvard University Press has been equally helpful in the similarly tedious job of getting the book into print. The Regents of the Universities of California and Michigan supported my work on this edition by grants from research funds. For my text I have used materials made available from their collections by the kind permission of the Bodleian Library and The British Museum and by the gracious permission of Her Majesty Queen Elizabeth II.

R. T. L.

Contents

INTRODUCTION

INTRODUCTION

Esop's fables have been popular from papyrus to television.
While our children read them in school, we read Marianne
Moore's translations of La Fontaine or Thurber's fables in *The New
Yorker* and thus repeat once more an old pattern, for Roman and medieval
schoolboys did their primer fables while their parents read about the
Horatian mice or Chauntecleer and Pertelote. The practice of attributing
such fables to Aesop is centuries-old, but since for almost as many
centuries there has been no firm knowledge about him, the identification
has been more legendary than biographical. Under the impulse of their
unquestionable vitality fables proliferated, particularly during the Middle
Ages, in a variety of collections which were usually credited to Aesop
as the ultimate source but which were quite different from one another
in significant ways. Since no fables can be surely identified as Aesop's,
his name is best taken as a generic label, and it is more accurate to speak
of the Aesopic fables in a given collection than of Aesop's fables. The
chief ancient collections are those of Babrius, a hellenized Roman whose
Greek fables were probably composed in the latter half of the first century
A.D., and of Phaedrus, a Roman writer whose Latin verse fables were
composed toward the middle of the same century. Although both these
collections were unknown in the West during the Middle Ages, the fables
of Phaedrus did circulate in a prose reworking that went under the name
Romulus. The fables of the Romulus collection were accepted as Aesop's
by a German physician and man of letters, Heinrich Steinhöwel, when
he attempted to assemble Aesop's fables in the fifteenth century.

The fifteenth century was an age of transition in northern Europe, and
in England William Caxton conveniently embodied some of this transi-
tional division. He was a printer, hence modern, of traditional books,
hence medieval. He was born about 1432 and spent most of his adult life
as a mercer in Bruges when that city was the seat of the Dukes of Burgundy
and an important cultural center. There Caxton developed the literary

interests which animated his work as a printer when he returned to England and set up his press at Westminster in 1476. Since Aesopic fables were both popular and traditional, they were a natural choice for early printers, and Caxton was no exception. Steinhöwel's collection was the largest available in the fifteenth century, and it had been translated into French by an Augustinian monk in Lyons and printed there in 1480.[1]

Caxton's *Aesop*

In 1483 William Caxton began to print his translation of the French translation of Steinhöwel's fables:

❡*Here begynneth the book of the subtyl historyes and Fables of Esope whiche were translated out of Frensshe in to Englysshe by wylliam Caxton at westmynstre In the yere of oure Lorde.M.CCCC.lxxxiij.*

Inasmuch as the colophon dates the completion of the book on March 26, 1484, the second day of Caxton's new year, he must have done most of the printing in 1483.

And here with I fynysshe this book/ translated & emprynted by me William Caxton at westmynstre in thabbey/ And fynysshed the xxvj daye of Marche the yere of oure lord M CCCC lxxxiiij/ And the fyrst yere of the regne of kyng Rychard the thyrdde

Three complete or nearly complete copies of this edition are known to survive: a perfect copy in the Royal Library at Windsor; a copy in the British Museum, which lacks the first leaf but has the complete text; and a copy at the Bodleian, which lacks eight leaves. Caxton printed only this one edition, but the London printer, Richard Pynson, printed two more editions, one about 1497 and one about 1500. All these editions are profusely illustrated with woodcuts modeled on those in the French *Esope*, which were traced copies of the original German woodcuts.

Caxton's *Aesop* contains 167 fables and tales and a *Life* of Aesop which is itself a composite of various types of folktales. Although Caxton's collection is basically an English version of the one assembled by Stein-

---

[1] Ben Edwin Perry's *Aesopica* (Urbana, 1952) is the authoritative text but his volume in the Loeb Classical Library, *Babrius and Phaedrus* (Cambridge, Mass., 1964), is a more convenient introduction to the Aesopic fable. For Caxton, Nellie Slayton Aurner's *Caxton: Mirror of Fifteenth Century Letters* (London, 1926) is a good general introduction, as is, more briefly, the relevant part of the *Oxford History of English Literature*: H. S. Bennett, *Chaucer and the Fifteenth Century* (Oxford, 1947), pp. 203–213.

höwel,[2] its contents do differ slightly from those of its basic source. It does not include two tales which Steinhöwel took from Petrus Alphonsus and one which he took from Poggio; the same tales were omitted by the intermediate French translator and editor, Julien Macho. On the other hand, at the end of the selection from Poggio it does include six tales neither in Steinhöwel nor in the French.

Caxton's edition is divided into seven main parts: (1) the *Life of Aesop* translated into Latin from the Greek by the Italian humanist, Rinuccio da Castiglione of Arezzo; (2) the four books of the Romulus collection of Aesop's fables; (3) a fifth book of seventeen fables of Aesop which had not been included in the registers of the Romulus collection; (4) seventeen fables of Aesop newly translated by Rinuccio and so also not included in the Romulus collection; (5) a selection of twenty-seven fables of Avianus, a Roman fabulist of about A.D. 400; (6) a selection of thirteen tales from the *Disciplina Clericalis* of Petrus Alphonsus, a Spanish Jew converted to Christianity in the twelfth century; and (7) a group of thirteen tales, attributed by Caxton to the Italian humanist, Poggio Bracciolini (of these, seven came from Poggio's *Facetiae* through Steinhöwel and the French text; to them Caxton added four other tales from the *Facetiae* and two more which are apparently original with him). These components range in date from the late fourth century to the mid-fifteenth; the older ones, having been popular for centuries, were no doubt easily accessible to Steinhöwel, and both Poggio's *Facetiae* and Rinuccio's fables were in print in the 1470's.

(1) *The Life of Aesop.*[3] The *Life*, as taken from Rinuccio, is a crude, episodic 'biography,' presenting in a series of tales Aesop's rise from slave to royal adviser and concluding with his death at the hands of the jealous Delphians. The earliest version comes from Egypt and dates from the first century A.D.,[4] but most of the versions known in modern times have been associated with the name of Maximus Planudes, a thirteenth-century Byzantine monk who was an emissary to Italy. Steinhöwel's version of the *Life* was formerly thought to derive from the Greek of Planudes, but Professor Perry has shown that the versions of Rinuccio and Planudes descend from different branches of a complex of manuscripts stemming ultimately from an eleventh-century Byzantine reworking of an ancient version of the *Life*.[5]

---

[2] *Steinhöwels Äsop*, ed. Hermann Österley (Tübingen, 1873).
[3] There is no modern edition of Rinuccio's *Life and Fables*. The incunabula are listed in *Der Gesamtkatalog der Wiegendrucke*, nos. 335–344.
[4] Ben Edwin Perry, *Aesopica*, p. 5; *Babrius and Phaedrus*, p. xlvi.
[5] *Aesopica*, pp. 22, 28.

(2) *The Romulus Collection.*[6] These fables make up the largest unit in the collection, accounting for almost half of its total number of fables and tales. The Romulus collection is dated between A.D. 350 and 600 by its editor. The name, Romulus, comes from a prefatory letter in which a writer of that name recommends to his son the collection of Aesop's fables he has translated from Greek into Latin, though in fact the fables are a prose reworking of the verse fables of Phaedrus. Since the fables of Phaedrus survived as the Romulus collection, that collection became Aesop's fables in the Latin West, and medieval references to Aesop's fables usually meant the Romulus fables. The Steinhöwel–Caxton version of these fables, like most other versions of the collection, is divided into four books, but it is the only version that is evenly divided into four books of twenty fables each. This unique symmetry produces some peculiarities of omission (the boy and the scorpion, *Aesopica*, 199; and the thirsty crow, later included as the twentieth fable in the selection from Avianus) and addition (the pine tree and the reed, Romulus IV, 20).

(3) *The Fifth Book.*[7] This book is made up of seventeen fables ascribed to Aesop. Caxton, following the French translator, says they are Aesop's despite the fact that they were not included in any of the registers for the books of the Romulus collection. Steinhöwel calls them *extravagantes antique* because they were old (*antique*) and because they were not fixed in the books of the standard Romulus collection of Aesop's fables (*extravagantes*). Eleven of the seventeen do, however, appear in a collection contained in a fifteenth-century manuscript in Munich along with twenty-eight fables from the standard Romulus collection. Inclusion of these fables in another Romulus collection would presumably have been a satisfactory warrant for Steinhöwel to attribute them to Aesop as *extravagantes antique*. No doubt these eleven fables had been 'extravagant' for some time: five of them appear, wholly or in part, in the twelfth-century collection of Marie de France, and, of course, separate episodes and motifs can be found in versions antedating those of the Munich manuscript (e.g., no. 16 and no. 86 of the *Dialogus Creaturarum*). Although Steinhöwel designated all seventeen fables as *extravagantes*, six of them appear for the first time in his collection and therefore present

[6] *Der Lateinische Äsop des Romulus und die Prosafassungen des Phädrus*, ed. Georg Thiele (Heidelberg, 1910).

[7] The closest thing to a source text for these fables is *Monachii Romulleae et Extravagantes Fabulae*, ed. Leopold Hervieux, *Les Fabulistes Latins*, 2nd ed. (Paris, 1894), II, 262–290, and *Aesopica*, pp. 696–704.

rather more of a problem than the other eleven. There seems no way of deciding whether Steinhöwel was following a collection now lost, which contained all seventeen *extravagantes*, or whether he simply added to those of the Munich manuscript six more fables and tales which he thought were also *extravagantes*. He does say at the end of the book that he is not certain whether these fables are Aesop's, but because the French translator omits this passage, no such doubt appears in Caxton's text, and he attaches the *extravagantes* as an additional fifth book to the traditional four of the Romulus collection.

(4) *The Selection from Rinuccio's Fables.*[8] This grouping of seventeen fables comes from the collection which Rinuccio translated from the Greek in 1448 and which was accompanied by his *Life of Aesop*. Rinuccio asserts that he has translated only those fables he chanced to find and that he makes no claims to completeness; nevertheless, his collection is large, numbering one hundred fables. Some of them are also in the Romulus collection, and since Steinhöwel had already included these fables of Aesop in his collection, there was no need to duplicate them from Rinuccio. However, there are also fables in Rinuccio's collection which do not appear elsewhere in Steinhöwel and which he did not include in his selection from Rinuccio. This is the first suggestion that Steinhöwel would be satisfied with something less than completeness. Of course, aside from reasons of practicality and convenience, it is quite possible that Steinhöwel may have rated Rinuccio's authority less than that of tradition (he speaks of the *new* translation) and so have felt freer to exercise a choice about what was to go into his collection. In this case the French translator and Caxton repeat Steinhöwel's editorial remarks and inform their readers that these fables are Aesop's, but from a new translation instead of the old one made by Romulus; therefore, the selection is not given a book number like the fables of Romulus or designated by the name of the author like the non-Aesopic sections of the collection.

(5) *The Selection from the Fables of Avianus.*[9] This selection of twenty-seven fables is taken from the collection of Avianus, which is a reworking in distichs of forty-two fables from the Greek of Babrius and dates from about 400. Of the fifteen fables which do not appear in this section of the Steinhöwel–Caxton collection, only one appears elsewhere.

[8] *Der Gesamtkatalog der Wiegendrucke*, nos. 335–344.

[9] Avianus, *Fables*, ed. Robinson Ellis (Oxford, 1887); the fables of Avianus are also included in a volume of the Loeb Classical Library, *Minor Latin Poets*, ed. J. Wright Duff and Arnold M. Duff (Cambridge, Mass., 1935).

(6) *The Selection from the Disciplina Clericalis of Petrus Alphonsus.*[10] Caxton's selection numbers thirteen fables (really, twelve tales and one fable, Al. 9), twelve of which are taken from the thirty-four tales of the *Disciplina Clericalis.* Steinhöwel may have added the additional tale (Al. 12) to his selection, or he may have used a variant text which included this tale. The *Disciplina Clericalis* is the oldest medieval collection of 'Eastern' tales and was written in the early twelfth century by Petrus Alphonsus.

(7) *The Selection from the* Facetiae *of Poggio Bracciolini.*[11] The *Facetiae* are a collection of frivolous stories assembled sometime after 1450 for the amusement of Poggio's colleagues of the papal Curia. The selection which Caxton prints as 'fables of Poge the Florentyn' is made up of thirteen fables and tales. Seven of these tales come straight from the intermediate French edition where Julien Macho reduced Steinhöwel's selection of eight by one. Four additional tales come from the *Facetiae* independently of Steinhöwel and Macho, and the last two tales are apparently Caxton's own. These last six tales form a textual unit in that they follow one another without separate numbering, the only pieces in the entire collection which are so presented. Following the pattern set for the first seven tales of the selection, Caxton credits Poggio with the first four tales of the additional unit, the ones taken independently from the *Facetiae.* He then introduces his own tale of the widow's reply (Poggio no. 12) impersonally and he introduces himself at the beginning of his last tale—of the good, simple priest (Poggio no. 13), 'Now thenne I wylle fynysshe alle these fables wyth this tale that foloweth whiche a worshipful preest and a parsone told me late.'

It is something of a question how Caxton, who followed the French translation of Steinhöwel's collection so faithfully, obtained his four additional tales from the *Facetiae* independently of the French translator and of Steinhöwel. Robert H. Wilson, on the strength of the appearance of one of the four in a French *Esope* of 1532, suggests a common source for the French collection and Caxton.[12] Brunet does mention an early French translation of some of the *Facetiae* and cites an attribution to Julien Macho,[13] but I have been unable to learn anything more about the book. If this book existed in the 1480's, it could have been Mr. Wilson's

[10] Petrus Alfonsus, *Disciplina Clericalis,* ed. Alfons Hilka and Werner Soderhjelm (Helsinki, 1911).

[11] Poggio Bracciolini, *Facetiae,* ed. anon. (Paris, 1879).

[12] 'The Poggiana in Caxton's *Esope*,' *The Philological Quarterly,* 30:350 (1951).

[13] Gustave Brunet, *La France Litteraire au XVe Siecle* (Paris, 1865), p. 165.

hypothesized source. It is also quite possible, however, that Caxton (or someone else) could have taken the tales directly from the *Facetiae* and appended them just as Steinhöwel might have appended his *extravagantes* to the fifth book of fables. While the tale of the widow's reply (Poggio no. 12) could have been associated with Poggio's collection before Caxton made his additions to the selection from it, it could also have been his own rather more sober variation of the usually frivolous 'reply' as represented elsewhere in the *Facetiae*. As for the last tale, I see no reason to doubt Caxton's attribution to a 'worshipful preest.' Whatever the source of these last two tales or the details of their transmission, their overt morality has the effect of returning the reader to a serious atmosphere of instruction, and by virtue of their strategic final position they do much to shape an impression of the book.

Caxton's *Aesop* is shaped, then, in the pattern Steinhöwel gave his original collection. At the center is the Romulus collection—Aesop's fables—to which the *Life* is an obviously suitable preface. The *extravagantes antique* and the fables from the new translation of Rinuccio, though not perhaps of equal authority, supplement the basic collection. The selection from the fables of Avianus, though they were never supposed to be Aesop's, was an appropriate addition to the collection because these fables had long been paired with the fables of Romulus as school texts and the traditional link between them must have been very strong. The selections from the *Disciplina Clericalis* of Petrus Alphonsus and Poggio's *Facetiae* are less clearly appropriate, and some of Steinhöwel's editorial remarks show that he felt this diminished suitability. Though Caxton does not make explicit any such editorial doubts, his reshaping of the last part of the final selection implies that though he wanted to entertain his reader, the traditional literary function of instruction was still an active principle in his work. It is the special quality of the fable that it is the most elementary combination of the two functions.

The Aesopic Fable in the Middle Ages

Perhaps just because the fable is so rudimentary a combination of the basic literary functions, it was an extremely popular literary form during the Middle Ages, and perhaps for the same reason fables were freely altered and recast throughout the period. Consequently the history of the medieval fable is a complicated one and any survey must be either very short, a general designation of the main sources, or very long, an analysis of the intricacies of relationship among the various collections. A brief sketch should be sufficient to locate Caxton's *Aesop* against the general medieval background.

There are two main source collections for the medieval fable, both of late Latin origin: the prose fables of Romulus and the verse fables of Avianus. Those of Avianus were selected and translated from the Greek fables of Babrius. Those of Romulus are prose reworkings of the 'standard' ancient Latin collection, the fables of Phaedrus, which were unknown in their original form through most of the Middle Ages. The Romulus fables became the most important Aesopic collection during the Middle Ages, in part perhaps because they were derived from the 'standard' antique collection, in part because they were more numerous than the fables of Avianus, but chiefly because of the prefatory letter which claimed that they were Aesop's fables translated directly from the Greek. Whatever the cause, the Romulus fables were taken as Aesop's fables during the Middle Ages. They were translated, versified, recast with new or additional morals, and selected for smaller collections. The fables of Avianus underwent the same process. The resulting tangle of versions and collections can be most easily appreciated by scanning the lists and tables of Leopold Hervieux' *Les Fabulistes latins*. Accretion to so varying a corpus was almost inevitable. The process of this accretion and, indeed, the whole tangle of the medieval fable are conveniently ordered in Ben Edwin Perry's *Aesopica* where the development of the Aesopic corpus is clearly laid out.

Caxton's *Aesop* can be seen as a historical anthology of the medieval Aesopic fable. The *Life* establishes an identity for the legendary author of the fables. Then come Aesop's fables themselves, in the Romulus collection, some medieval additions to that corpus, and the variant, parallel collection of Avianus. The tales of the *Disciplina Clericalis* serve as a reminder that the fable was often combined with other sorts of didactic literature and was often thought of more as one kind of moral narrative than as an independent literary genre. The *Aesop* also implies a rounding off of this medieval history by inclusion of the work of the fifteenth-century Italian humanists, Rinuccio and Poggio Bracciolini. Rinuccio's translation is newly made from Greek sources and is an early sign of the re-established contact with the Greek world. Although Poggio's tales are usually unlike the typical Romulus fable in several ways, the novel difference is implicit in his title, and explicit in his preface where he says that entertainment and style are his only concerns; the tales are not concerned with morality. That the new mixes so easily with the old testifies both to the vitality and the elasticity of the fable as a genre.

The vitality of the genre is an obvious incentive to the collector but its elasticity is just as obviously a problem for him. He has to decide what a fable is before he can assemble a collection. Ancient and medieval authorities defined the fable as a fiction made up to represent some aspect of human activity.[14] This amounts to saying that the fable is a fundamental form of literature. The definition sets out the combination of the traditional literary elements—story and moral—and the concomitant aims—amusement and instruction. Caxton's *Aesop* is true to this tradition; it is an unsophisticated collection of literary elements unabashedly confident in the worth of those elements. Because, however, their combination in the fable is so rudimentary, it is difficult to say which of the elements is more important, and so the genre carries about it an ambiguity of intention that makes it difficult to declare the actual primacy of one or the other of the two aims. Caxton is not especially sensitive to this ambiguity, but the original collector, Heinrich Steinhöwel, was much more conscious of the problem. He apologizes for the unseemly tales of Poggio, and his preface insists that fables are valuable for their morals. There can be no misunderstanding Steinhöwel's conception of the fable's purpose: it is didactic. He provides an index to help to realize that aim by arranging appropriate fables under topical headings like *Aigensinnig, Ayd, Alter.*[15]

When Steinhöwel turns from the fable's function to its nature, or make-up, his discussion becomes more confusing. He borrows a definition from the medieval encyclopedist, Isidore of Seville, which is really a combination of definitions. He starts with etymology: 'The poets have taken the name fable from the Latin word *fando*, that is to say in German that fables are not about things which actually happened but are only verbal inventions, and they have been composed so that through the invented words of unreasoning animals lower than himself a man may recognize an image of the ways and habits of human virtue.'[16] He then defines by description and division of fables according to their characters. He finally defines by function: some fables are composed to give pleasure,

---

[14] Ben Edwin Perry's 'Fable,' *Studium Generale*, 12:19–23 (1959), is an authoritative modern definition.

[15] 'Obstinate, Oath, Old Age.'

[16] 'Die poeten den namen fabel von dem latinischen wort fando habent genommen, daz ist ze tütsch reden, wann fabel synt nit geschechene ding, sonder allain mit worten erdichte ding, und sint darumb erdacht worden, daz man durch erdichte wort der unvernünftigen tier under in selber ain ynbildung des wesens und sitten der menschlichen würde erkennet' (*Steinhöwels Äsop*, p. 5).

some to represent human nature for didactic ends, and some to give allegorical explanations of natural phenomena (*Steinhöwels Äsop*, p. 5). Steinhöwel, Isidore, and most twentieth-century readers would agree that a fable is a moralized animal tale. But in picking up Isidore's etymology, Steinhöwel emphasizes what medieval authorities considered the essential feature of the fable: it is 'made up'; it narrates events that did not happen. Steinhöwel's borrowed definition is really a combination of at least four different, though not mutually exclusive, definitions: (1) it is fiction in the sense that it did not really happen; (2) it is literary entertainment; (3) it is poetic fiction with double or allegorical significance; and (4) it is a moral tale, usually with animal characters. The first seems to be the essential definition but it is very general. The fourth is most familiar to modern readers, and if Isidore's examples are indicative, it seems to have been uppermost in his mind. Since the fourth is easily contained in the first, it is possible that *fable* may often refer specifically to a moralized animal tale even when the context stresses its more general definition as fiction. These two principal definitions are ancient and medieval commonplaces, one from rhetoric and one from grammar. The rhetorician defined *fabula* as fiction, that type of narration which describes events that could not have happened. The grammar teacher stressed the utility of the fable as a simple, instructive tale. Although Steinhöwel's definition of the fable only confuses his discussion, tacitly admitting the ambiguity of the genre, he does come down squarely on the side of the grammar teacher in his insistence on the morality of the fable.

The grammar teacher, probably more than anyone else, was responsible for the medieval currency of the Aesopic fable. He was actively aware of the reasons for the durability of the genre. The suitability of the fable as primer material is obvious. The lists of school authors are seldom without an Aesopic collection and the same is true of certain earlier manuscripts which seem to have served as primer texts in the ninth and tenth centuries. The fable was also the vehicle of the first of a series of paraphrase exercises in composition which are described in Priscian's *Praeexercitamina*.[17] Though the series probably did not survive intact through the Middle Ages, there is ample evidence that fables did serve as paraphrase vehicles for teaching composition. This pedagogical utility is due to the simplicity that so strongly characterizes the genre; yet that very simplicity, enforced

---

[17] Priscianus, *Praeexercitamina*, ed. Heinrich Keil in *Grammatici Latini* (Leipzig, 1858), II, 430.

by association with the schoolroom, makes the fable especially suitable for a special kind of sophisticated irony that subordinates instruction to amusement. By virtue of the naïveté associated with the genre, a sophisticated fabulist can take the ironic stance of Socratic mock innocence. Chaucer's *Nun's Priest's Tale* is a fine single example of this sort of fable, and the Reynard tales are often expanded developments of the same kind of irony.

The conclusion to be drawn, then, is that in the fifteenth century, as for many centuries before, the fable was a literary genre, most obviously a simple one, but also possessed of a basic ambiguity sufficient to invite sophisticated, ironic manipulation.

Because of its generic ambiguity, then, the fable was many things in the fifteenth century: folktale, pedagogical device, sermon exemplum, literary genre; it could reach a wide range of intelligences; it could be bluntly assertive or cleverly ironic; didactic or skeptical. It is no wonder that the definition Steinhöwel appropriated from Isidore turns out to be a rather confusing combination of definitions. A man may emphasize any feature or function he chooses. Steinhöwel chose with the grammarians to emphasize the didactic function, but by quoting Isidore, he noticed almost all the others. Texts of such various appeal, sanctioned by so long a tradition, would naturally suggest themselves for printing. Practical financial questions aside, the problem would have been to make a selection from the welter of texts circulating in the fifteenth century. Heinrich Steinhöwel, Italian-educated and prominent both because of his social position and his literary activities, had the authority to make that choice. His decision was quite simple: he made a collection of collections, and Johann Zainer printed the lavish German and Latin edition of 1476/77.

The *Esopus* was widely reprinted; it was translated into French by Julien Macho of Lyons and printed there in 1480. Caxton translated the French text, and so within six years of its first printing Steinhöwel's collection passed through an intermediate French edition into Caxton's English.

The Editions of Steinhöwel and Julien Macho

In one sense, description and discussion of Caxton's collection make superfluous any discussion of its originals, Steinhöwel's collection and its French translation, because much of what should be said of them has already been said. Still, Caxton's collection does differ in certain respects from its originals, and a full view of his work is impossible without a look at them and the process of their transference into his collection.

Steinhöwel's *Esopus* was an unmistakably lavish production, offering a profusion of woodcuts, more fables than any earlier edition, a bilingual text, and, for the first three books of fables, still another Latin version in distichs. The pattern of the collection indicates that Steinhöwel was a self-conscious, and, to a degree, a discriminating collector ('completed are the *extravagantes antique*, ascribed to Aesop, I do not know whether truly or falsely'[18]). Steinhöwel included, either complete or in part, almost all the major collections of fables popular in the Middle Ages. His printer undertook to produce a book worthy of such a collection, and perhaps the best measure of this is the presentation of the first three books of Romulus in three parallel versions: the Latin prose of the Romulus collection itself, the German translation of it, and a set of Latin verse fables.

Of these three versions, the Latin prose of the Romulus collection is basic, and Steinhöwel's German version tends to follow it closely with some expansion.

❡Verum ut vitam hominum et mores ostenderet, inducit aves, arbores, bestias et pecora loquentes, pro vana cuiuslibet fabula, ut noverint homines, fabularum cur sit inventum genus, aperte et breviter narravit. Apposuitque vera malis. Composuit integra bonis. Scripsit calumnias malorum, argumenta improborum.

❡Aber darumb daz er das leben der menschen und iere sitten erzögen möchte, hat er in syn fabeln redend fogel, böm, wilde und zäme tier, hirs, wolf, füchs, löwen, rinder, schauff, gaiss und andre gezogen, nach gebürlikait ainer ieden fabel, daruss man lycht und verstentlich kennen mag, warunb die gewonhait in fabeln ze schryben sye erfunden. Er hat die warhait zuo den bösen geseczet, das guot zuo guoten. Er beschrybt die böslist der untrüwen ankläger der gericht, und erdichte fürzüg der unfrummen.[19]

The translation is close, 'translated from Latin into German by Doctor Heinrich Steinhöwel not well but clearly, taken not word for word, but meaning for meaning, to the greater clarification of the text often with a

---

[18] 'Finite sunt extravagantes antique, ascripte Esope, nescio si vere vel ficte' (*Steinhöwels Äsop*, p. 241).

[19] 'But because he wanted to instruct the life of men and their customs he has drawn into his fables speaking birds, trees, wild and tame beasts, stags, wolves, foxes, lions, oxen, sheep, goats and others, according to the requirements of each fable, from this one may easily and clearly recognize why the custom of writing fables was invented. He has told the truth to the wicked, good to the good. He describes the wickedness of the false accusers of the just and sets down the progress of the ungodly' (*Steinhöwels Äsop*, p. 78).

few added or deleted words.'[20] The most obvious change is the expansion of the *dramatis bestiae*, but also noteworthy are the change of *vana fabula* to *syn fabel* and the reminder in *nach gebürlikait ainer ieden fabel* that there are traditional expectations for certain animals (the lion is a king; the fox is clever; the wolf is violent).

The third of the parallel versions—the Latin verse fables—derives from the basic Romulus collection as a poetic version of it, but it has more the status of an independent collection. These distichs date from the twelfth century and are attributed to an unknown Walterius. They were already extremely popular; Hervieux lists 129 Latin and vernacular manuscripts of it. The fifteenth-century Italian translations by Zuccho and Tuppo seem to have been more popular than the Latin translations made from the Greek by Lorenzo Valla and Rinuccio. To judge from the number of editions, however, the most popular fifteenth-century verse collection was the *Esopus Moralisatus*, which was nothing more than Walter's collection with the superaddition (by the thirteenth century) of a set of moralizations appended to the epimythia of the fables. Thus, by including the fables of Walter, Steinhöwel in effect appropriated the major rival collection of the fifteenth century.

Though Steinhöwel's sources are all identified, the specific texts he used have not been established. In any event, Steinhöwel would have felt free to exercise his own judgment in preparing his texts. For example, though Rinuccio says that fables are important for their wisdom and although his *Argumentum fabularum* describes an explicitly moral wisdom, in his prologue it is a rather worldly wisdom. Steinhöwel resisted the lead suggested by Rinuccio and poured the 'new' translation into the old moral bottles so that it became formally indistinguishable from the old. He added Latin and German promythia, the initial, generalized statements of the morals, to all except three of his selections from Rinuccio's fables (and he managed a German promythium for one of the three). The effect, though he may have intended nothing more than to produce a formal similarity, is certainly to underscore the morals. Similar literary and didactic standards can also be seen in his treatment of his selection from Poggio. After a tale of unquestionable impropriety (Poggio no. 4), he writes a lengthy apology: he included such stories not because he liked them but because of his respect for the famous Poggio, and when he thinks of how he has fallen from his high purposes to such stories, he

---

[20] 'uss latin von doctore Hainrico Stainhöwel schlecht und verstentlich getütschet, nit wort uss wort, sunder sin uss sin, um merer lütrung wegen des textes oft mit wenig zugelegten oder abgebrochnen worten gezogen' (*Steinhöwels Äsop*, p. 4).

sees that he must have done with them. To prove his sincerity he devotes a page to describing, occasionally in detail, the stories he will not tell. He does, however, conclude the book with four harmless tales, the last being a fable of a fox and a cock (Poggio no. 7). Needless to say, Steinhöwel is hard put to find edifying morals for improper material, but it is testimony to his determination that he supplies promythia for three of the eight pieces. These promythia are more interesting for what they reveal about Steinhöwel's sense of genre than for any applicability of moral to tale. The concluding fable he introduces, 'Concerning this, hear a fable,' but each of the two tales (Poggio no. 6 and one which does not appear in Caxton) he introduces, 'Concerning this, hear an amusing tale.' This kind of apology and this kind of discrimination are editorial manifestations of Steinhöwel's interest in the questions of the nature and function of the fable, and they are precisely what, for lack of interest or for lack of space, are omitted from Julien Macho's translation and therefore from Caxton's.

Steinhöwel's collection was reprinted several times immediately after the first edition. The German text alone was reprinted by Gunther Zainer in Augsburg in 1478 and twice more in Augsburg (1479 and 1480) by Anton Sorg, who also reprinted the Latin text alone in 1480. The French translation was made by an Augustinian monk of Lyons, Julien Macho, an obscure figure about whom little is known aside from the fact that he translated and edited a number of books for Lyonnais printers.[21] The more or less automatic expectation, particularly in view of his other translations, is that he would have made the French translation from a Latin text. This would seem to be borne out by a comparison of some sample passages.

Quidam ex scolaribus percipiens Xanthum vino paulisper gravatum ait: Dic mihi, preceptor, homo unus mare totum bibere posset? Quid ni, Xanthus ait, nam egoipse totum ebiberem. Et scolaris inquit: Et si non biberis, quid deponis? Domum, Xanthus air (*Steinhöwels Äsop*, p. 23).

Et adoncques vng des escolliers voyant que xantus estoyt bien de vin charge. Mon maistre ie te demade si vng homme pourroit boire tout la mer. Et pourquoy non dist xantus moy mesme le la boyray toute.
Et lescollier luy dist. et si tu ne la boys que veulx tu perdre.
Et xantus dist ma maison.[22]

---

[21] J. B. Wadsworth, *Lyons, 1473–1503* (Cambridge, Mass., 1962), pp. 22–25.
[22] And then one of the scholars, seeing that Xantus was full of wine, said, 'Master, I ask you if a man can drink all the sea?' 'And why not?' said Xantus, 'I shall drink it all myself.' And the scholar said to him, 'And if you do not drink it all, what will you forfeit?' And Xantus said, 'My house.'

Furthermore, there are occasional mistakes which would suggest that the translator had his eye on the Latin text: 'vng prestre qui auoit nom Isidis,' 'ecce Ysidis sacerdos,' 'ain prester der gottin Ysidis'; or 'lesquelz seruiteurs auoient nom Grammaticus Saltes & esope,' 'hi fuerunt grammaticus, psaltes atque Esopus,' 'die warent ain grammaticus, ein harpfer und Esopus.'[23]

On the other hand, there are passages which suggest that the translator had his eye on the German text:

de grece au pres de troye la grande dune ville appelle amonneo,
is . . . natione Phrygius, ex Ammonio Phrygie pago fuit,
der gegent Phrigia, dar inn Troya gelegen ist, von Ammonio dem wyler geboren.[24]

Steinhöwel offers a full Latin version of the fable of Venus and the hen (Rom. III, 8) but stops his German version short, saying he will not put what the hen said into German. The French translator follows the German version, 'We shall leave it in Latin,' even though the Latin he leaves it in is not in his book (see note 239; p.110). The promythia of the fables of Avianus also indicate that the translator sometimes followed the German text. There are no promythia for some of the fables in this collection, but Steinhöwel, perhaps because of an understandable reluctance to imitate the poetry of Avianus, did not supply the missing Latin promythia, as he did for the fables of Rinuccio. Instead he contented himself with supplying German promythia, which some of the French promythia very much resemble. Although Steinhöwel no doubt modeled some of his German promythia on the corresponding Latin epimythia, the final, generalized statement of a fable's moral, and the French translator could easily have done the same (e.g. Avianus no. 9), there are other cases where it is unlikely that the French translator followed Steinhöwel's Latin (Avianus no. 3), or impossible (Avianus no. 8). It therefore seems clear that Julien Macho made some use of the German text.

If a comparison of the texts suggests that the French translation follows both the German and Latin texts, the obvious original for the translation would seem to be Steinhöwel's first bilingual edition printed at Ulm. Unfortunately for this conclusion, there are woodcuts in the

[23] 'a priest who was named Isidis'; the French translator apparently missed the genitive, *Ysidis*, and read it in apposition with *sacerdos*, a reading impossible from the German; 'the which servants were named Grammaticus, Saltes and Aesop'; the translator read *grammaticus* and *psaltes* as proper names like *Esopus*, again a reading impossible from the German.

[24] 'from Greece in the country of Troy the great of a town called Amonneo.' The Latin locates Ammonio in Phrygia; the German joins it with Troy and the French drops Phrygia.

French edition of 1480 which are not in Steinhöwel's first edition but do appear in the subsequent editions printed at Augsburg.[25] Since none of these editions was bilingual, Julien Macho probably worked from the bilingual first edition, and the designer of the woodcuts had one of the Augsburg editions.

The French translation is a much reduced version of the lavish Steinhöwel first edition. It is not bilingual, and gone with the Latin texts are three of Steinhöwel's tales (Alphonsus nos. 13, 14 and Poggio no. 1). Also dropped is Steinhöwel's editorial apparatus: his introduction about the nature and function of the fable, his topical index of morals, and his apology for Poggio's tales. Apparently, Julien Macho was less concerned than Steinhöwel to define the fable as a literary genre and saw less need to stress the didactic function of that genre. He does, however, make his position clear by adding to the preface to the second book of Romulus some remarks on the function and value of fables (which reappear in Caxton's edition, p. 89):

Every fable is invented to show men what they ought to follow and what they ought to flee. For fables mean as much in poetry as words in theology. And so I shall write fables to show the ways of good men.[26]

Still, the omission, for whatever reason, of so much of Steinhöwel's express emphasis on the morality of the fable does have the effect of leaving the reader free to read with as little attention to morality as the fables themselves permit. The result is that the French translation concentrates somewhat less on instruction than does Steinhöwel's collection, and so permits relatively more attention to entertainment.

Caxton's Prose

Caxton's dependence on Steinhöwel is counterbalanced less by his own independence of judgment than by his dependence on the French translator. This is not to minimize the independence implicit in his additions to the collection but simply to state the obvious—Caxton could only see Steinhöwel's collection as the French translator chose to show it to him. The pattern of Caxton's *Aesop* reveals the larger shape of this dependence,

---

[25] Claude Dalbanne and E. Droz, 'Etude sur l'Illustration des Fables,' *Les Subtiles Fables d'Esope* (Lyons, 1926), p. 160.

[26] Toute fable est trouu. pour demonstrer aux hommes quelle chose ilz doyuent ensuyure et quelle chose ilz doyuent fouyr. Car autant veult dire fable en poesie comme parolles en theologie. Et pource iescripray fables pour monstrer les meurs des bons hommes.

but the actual processes of translation best reveal its particulars, as can be seen by comparing passages from Caxton's edition with passages from the French edition of 1480.

Des mocqueurs esope a fait vne telle fable dung asne qui recontra vng lyon. Et lasne luy dist. Mon frere dieu te gart. Et le lyon commence a [c 8] branler la teste par grant ayr et a grant paine peust il refraindre son yre que de ses dens ne le deuourast. Et Adoncques dist en soy mesmes il nappertient pas que vne dens si noble touche a vne beste si ville. Car celluy qui est saige ne doit blesser le fol auoir cure de ses parolles mais le fault laisser aller pour tel quil est.

Of them whiche mocken other esope reherceth such a fable Ther was an asse which met with a lyon to whom he said my broder god saue the & the lyon shaked his hede [e 4ᵛ] and with grete payne he myght hold his courage/ to haue forth with deuoured hym/ But the lyon sayd to hym self/ It behoueth not that teethe soo noble and so fayre as myn be touchen not/ ne byten suche a fowle beest/ For he that is wyse must not hurte the foole ne take hede to his wordes/ but lete hym go for suche as he is (Rom. I, 11)

The most important point is again the obvious one: Caxton follows the French closely, word for word at times. His changes are usually minor: for example, the addition of 'ne byten,' the omission of *par grant ayr*, the alteration of *dung asne* to 'Ther was an asse,' the expansion of *Des Mocqueurs* to 'Of them whiche mocken other.' There are occasional difficulties: his infinitive is an awkward rendering of *que de ses dens ne le deuourast.* As might be expected in so faithful a translation, Caxton anglicizes and directly adopts many of the original French words. But Caxton's syntax is clearly English. Occasionally difficulties arise from a lapse into French patterns (e.g. 'took of the most best metes,' 39:24), from the reproduction of difficulties in the French original, and from requirements made by our English but not by Caxton's (e.g. pronouns, 102:21–24; omitted subject, 172:1, and levels of discourse, 91:12–14). In short, Caxton wanted to render the fables directly into English and on the whole he did his work efficiently.

He made some changes, and the most important of these—the additions to the selection of tales from Poggio—have already been discussed. There are also two fairly long omissions: a passage in the *Life* about urinating (see note 43; p. 35), and another of heavy-handed quibbling (see note 50; p. 39). Caxton might seem to be acting from a moral or aesthetic sensitivity, especially since there is a comparable graphic omission in the deletion from his frontispiece of the striking French example of hindsight (see Caxton's frontispiece in appendix); but there are too many indelicate episodes which are not slighted to admit of generalizations about Caxton's delicacy. Similarly, in a tale of cuckoldry (Poggio no. 1) he changed French *dieu* to the Holy Ghost, but whether this tempers or refines the irreligion is hard to say. It is probably safest to regard these changes as fortuitous.

It is possible, however, to make some general inferences about Caxton's handling of his text. To start negatively, Caxton is often neglectful of narrative precision or nicety. He sometimes abridges the French narrative and drops out words or phrases on which a later statement depends. For example, the country mouse gave his urbane cousin 'of such mete as he had,' instead of 'some grains of wheat and some water to drink' which better anticipates the conclusion, 'I had leuer ete some corne in the feldes' (see note 160; p. 81). There are other such places (e.g. note 78; p. 53), places where his narrative is less tidy (e.g. note 349; p. 152), and places where he changes the identity of an animal in spite of a clearly corrective woodcut (e.g. Aesop before Croesus in the *Life*, or Romulus IV, 14). That such blemishes are more matters of carelessness than ineptitude is clear from the direct and effective narration of Caxton's own concluding tale (Poggio no. 13).

If such careless omission and alteration show that narrative precision was not a major interest, a positive interest in style may be inferred from one kind of addition Caxton made to his text. A casual reading shows that he is not always as direct as he is in his final tale; indeed he often swells up his prose to a remarkable prolixity (e.g. 91:6–8). This tendency suggests an interest in elevation of style, but the focused augmentation of doubled phrases is a safer basis for inference than the more general notion of prolixity. Caxton obviously wants to use two words where one would suffice. This doubling was common enough in his day and, on the sample of the first half of his book, I found that thirty per cent of Caxton's doublets are simply translations of doublets in the French text. Of the remainder, slightly more than half are formed by adding an English word to the French ('doubte ne drede' from 'doubter,' 'tryst and sorowful' from 'tryste'). A glance at almost any page will provide further examples of these counterpoised doublets. They are best understood in the light of the dilemma Caxton describes in the prologue to his *Eneydos*; he was attracted to the book by 'the fayr and honest termes and wordes in frenshe' and he had been urged by great clerks 'to wryte the moste curyous termes,' but others wanted him to stick to 'olde and homely termes.'[27] Caxton's response is often to do both, or at least to link an

[27] *Caxton's Eneydos*, ed. W. T. Culley and F. J. Furnivall, *Early English Text Society, Extra Series 57* (London, 1890), pp. 1–3.

English word with a French one. As a result, some doublets did have the effect of 'augmenting' the language, and in some cases this effect seems to have been intentional (see notes 239; p. 109 and 190; p. 93). In other doublets, however, there are no French words, or else the French word had long been naturalized and could not be considered 'curyous.' Caxton's enrichment of his native language was occasional and unsystematic; it came naturally in the effort to elevate his style. Professor N. F. Blake has remarked that doublets in Caxton's *Reynard the Fox* come most frequently in didactic or descriptive passages and in beginnings and endings rather than in the course of the narrative.[28] This is less clearly true of the fables, where there are a good many doublets added in the narrative sections; but in some fables the frequency of doublets goes up quite markedly in the promythia and epimythia. These are statements of *sentence*, and the doublets are the straightforward means of lending them dignity.

Caxton's prose, especially the doublet, is a guide to the nature of his book. His method of elevating his style was consistent with contemporary Burgundian literary values and was thus old-fashioned or medieval. His famous prologue to his *Eneydos* was similarly old-fashioned, but its deference showed a receptivity, a willingness to be taught, and further suggested that this willingness was proper for gentlemen concerned with humane studies. In other words Caxton's general concern with style, though it was old-fashioned and Burgundian in its particulars, put him in the humanistic channel through which the new instruction was eventually to come. In his *Aesop* Caxton actually had harbingers of the new age, the humanists, Rinuccio and Poggio, but there is no sign that he had any practical recognition of this fact. Steinhöwel, of course, did have some idea of the values of the Italian humanists and his *Esopus*, with its pedagogical associations, is a partial and elementary reflection of those values. By eliminating the Latin texts of the *Esopus*, Julien Macho eliminated the explicit signs of that reflection and so Caxton stands almost as far from Steinhöwel as his woodcuts are from their German originals. Yet Caxton's treatment of his text betrays some apprehension of the general values which animated Steinhöwel's collection and which, because of the traditional link between the Aesopic fable and elementary grammatical study, were still implicit even in the reduced version that Caxton translated and printed.

---

[28] 'William Caxton's *Reynard the Fox* and his Dutch Original,' *Bulletin of the John Rylands Library*, 46: 320–321 (1964).

A Note on the Text

Aesop: Life and Fables, translated by William Caxton. Printed at Westminster by William Caxton, 26 March 1484. 2°. 144 leaves, signatures a^8–s^8; Folio ij–Folio xlij (a^1 recto and s^{7-8} are blank); type 3, 4* (Blades); woodcut initials (designated b and e in Haebler's Typenrepertorium); 186 woodcuts (one repeated).

COPIES

Royal Library at Windsor: a perfect copy.

British Museum: lacks a^1.

Bodleian: lacks a^1, o^1, s, and, in part, d^1, e^2, o^2, p^3.

FRAGMENTS

Bodleian: torn leaf printed on one side only (b^7 verso).

This edition is prepared from microfilms of the three copies of Caxton's edition. Signature numbers precede the pages to which they refer. There are three kinds of silent changes: (i) expansion of the abbreviation stroke for n; (ii) correction of reversed u/n (e.g. Towne for Towue, 27:7; And for Aud, 35:10; augry for angry, 55:29; doune for donne, 71:11; done for doue, 162:11); and (iii) continuous printing of words divided by line ends (e.g. Ioyouse for Io-youse, 27:11; Improbes for Im-probes, 73:33). I have indicated all other textual changes in footnotes. The few variants which occur are collected in the following table.

Sig.	Line	Windsor	British Museum	Bodleian
$h2^v$	5	arman to hold hywo	a woman to hold hyr	arman to hold hywo
$h8^r$	13	is	si	is
$k3^r$	3	lyon	loyn	loyn
$l5^r$	38	with in the	in to the	in to the
$p4^v$	12	chastyse hym	chasty h ym	chastyse hym
$r2^r$	—	Folio C xxx	Folio C xxv	Folio C xxv
$s5^r$	—	Folio C xlj	Folio C xxvj	[s5 missing]

A Note on the Woodcuts

Caxton's *Aesop* is illustrated with 186 woodcuts (one of which is repeated to give a total of 187 illustrations). These woodcuts are freehand copies of the woodcuts in the French *Esope*, which are traced copies of those in the editions of Steinhöwel's collection printed in Augsburg shortly after the first edition. This series of woodcuts must have contributed significantly to the popularity of the collection because they accompany it in most of its subsequent reprintings. The details of the transmission are intricate: there are woodcuts in the Augsburg editions which are not in the first edition of Ulm; they are also in the French editions of Lyons, which in turn omit other woodcuts of the Augsburg editions; Caxton in his turn omits some of the French woodcuts. These intricacies should not obscure the basic continuity of illustration in the various editions. The details can be studied in catalogues available for each of the three stages relevant to Caxton's *Aesop* (Ernst Weil, *Der Ulmer Holzschnitt Im 15 Jahrhundert* (Berlin, 1923), pp. 108–113; Claude Dalbanne, *Les Subtiles Fables d'Esope* (Lyons, 1926); Edward Hodnett, *English Woodcuts, 1480–1535* (Oxford, 1935), nos. 28–213).

The most noteworthy of the woodcuts in the series is the frontispiece portrait of Aesop. It is an iconographic abridgment of the *Life of Aesop* included in the text. Some of the images surrounding the figure of Aesop are taken directly from the woodcuts illustrating particular episodes in the *Life*; some are clear references to particular episodes; and some are ambiguous. Only the death's head is not assignable to the *Life*. I know of no Aesopic precedent for this portrait, but there are early woodcuts of the Mass of Saint Gregory which are similar in conception, showing the body of Christ on the saint's altar surrounded by images of the passion and crucifixion.

Stylistically the German woodcuts are an early forward step in the development of the medium. The removal of the margins had the effect of freeing the composition and also of requiring greater attention to it. Crosshatching is used to indicate volume, and there is an increased control in the representation of the human figure both in the posture and in the short curved lines of facial contours. Finally, there is an interest in landscape and in ways of showing distance. Since stylistic descriptions are clearest when they are relative, the woodcuts of the Steinhöwel collection can be profitably compared with the much cruder woodcuts for many of the same fables in Ulrich Boner's *Der Edelstein* (Bamberg,

1461), or with the woodcuts, much closer in style to those of the *Esopus*, in Boccacio's *De Claris Muleribus*, printed by Johann Zainer at Ulm in 1473.

The woodcuts reproduced in the present edition are not those of the Caxton edition. They are from Ernst Voulliéme's facsimile edition of the German *Esopus* printed in 1477 at Augsburg (Potsdam, 1922), and I have used them simply because they are so much better than those in Caxton's edition. I have included in an appendix reproductions of Caxton's frontispiece and four of his illustrations.

CAXTON'S *AESOP*

ƧSOPVS

Here begynneth the book of the subtyl historyes and Fables of Esope whiche were translated out of Frensshe in to Englysshe by wylliam Caxton at westmynstre[1] In the yere of oure Lorde.M.CCCC.lxxxiij.

First begynneth the lyf of Esope with alle his fortune/ how he was subtyll[2]/ wyse/ and borne in Grece[3]/ not ferre fro Troye the graunt in a Towne named Amoneo/ whiche was amonge other dyfformed and euylle shapen/ For he had a grete hede/ large vysage/ longe Iowes/ sharp eyen/ a short necke/ corbe backed°/ grete bely/ grete legges/ and large feet/ And yet that whiche was werse he was dombe/ and coude not speke/ but not withstondyng al this he had a grete wytte & was gretely Ingenyous/ subtyll in cauyllacions°/ And Ioyouse in wordes[4]

❡This historye[5] conteyneth/ How he excused hym of that was Imposed° to hym/ that he shold haue eten the fygges of his lord [a 2ᵛ]

And for as moche as his lord to whome he was bounde supposed that he was not prouffytable/ he sente hym to laboure in the Feldes/ and to dyke and delue in the erthe/ ❡And on a day as his lord came in one of his Feldes/ one of his labourers gadred Fygges/ And presented them to his Lord/ sayenge/ My lord take these Fygges as for the firste fruyte of this felde/ And the lord receyued them Ioyously/ & delyuerd them to his seruaunt named Agatopus/ chargyng hym to kepe them/ tyl he that day retourned fro his bayne°/ ❡And hit happed that Esope comyng from his labour/ demaunded his dyner lyke as he was acustomed/ And Agatopus whiche kepte the figges ete of them/ & sayd to one of his felawes/ yf I doubted not/ and fered my maystre[6]/ I wold ete alle these fygges/ And his felawe sayd/ yf thou wylt late me ete with the/ I shalle fynde a subtylyte that we shall haue no blame ne harme therfore/ And how may that be sayd Agatopus/ to whom his felawe sayd/ whan my lord shall come home/ we shalle saye to hym/ that Esope hath eten them/ And by cause he can not speke/ he shalle not conne excuse[7] hym°/ and so therfore he shal be wel beten/ & herupon they

corbe backed: hunchbacked   *cauyllacions*: legal quibbles   *imposed*: imputed
bayne: bath   *conne excuse hym*: be able to excuse himself

27

went & ete the fygges bitwene them bothe/ sayeng this vylayne shal be well beten/ And the lord/ whiche came out of the bayne/ commaunded to brynge to hym his fygges/ & Agatopus sayd to hym/ Syre whan Esope came fro his labour fro the feld/ he fonde the Celer open/ and went in without rayson/ and hath eten al the fygges/ ◖And whanne the lord herd this/ he was moche angry/ & sayd calle to me Esope/ to whom he sayd/ thou counterfayt° chorle/ how is this happed/ that thou hast not be aferd to ete my fygges/ wherof he was aferd/ in beholdyng them that had accused hym/ & the lord commaunded to despoylle° & take of his clothes for to haue beten hym/ & he kneled doune at his lordes feet/ & by signes by cause he coude not speke prayd[8] his lord to gyue hym space to excuse hym/ And his lord graunted it to hym/ And anon after he tooke a vessel ful of hote water/ whiche was on the fyre/ & poured the hote water in to a bacyn/ and [a 3ʳ] dranke therof/ & anon after he putte his fyngre in his mouth & cast out that which was in his stomak/ which was only water/ for that day he had tasted nothyng but water/ & he praid that his accusers myght semblably[t]° drynke of that water as he had done/ And soo they dyde/ And they held theyr hond to fore theyr mouthe/ by cause they shold haue no vomyte/ but by cause the water was hote/ and their stomake resolued° by the water/ they vomyted oute the water and alle the fygges to gydre/ And the lord seynge that/ sayde to them/ why haue ye lyed to me/ ageynst this Esope that can not speke/ ◖And thenne he commaunded to despoylle them/ and to bete them openly/ sayenge/ who someuer dothe or sayth wronge of other/ shal be punysshed with the same payne that is due therfore/ ◖And these thynges sene and experymented° ⁹/ Esope retourned to his labour/ And as he laboured in the felde/ there cam a preest named ysydys¹⁰/ whiche wente toward the Cyte/ & had lost his way/ And he seynge Esope/ prayd hym that he wold enseygne° hym the ryght way for to go in to the Cyte/ ◖And Esope receyued hym ioyously/ And made hym to sytte vnder a fygge tree/ And sette to fore hym brede/ Herbes/ fygges and dates/ and prayd hym to ete/ and drewe water oute of a pyt and gaf hym to drynke/ And whanne he had well eten/ he tooke hym by the honde/ and sette hym in the ryght wey for to go to the Cyte/ after whiche thynges done/ the preest lyft vp his handes to heuen/ makynge his prayers for Esope/ of whome he had receyued so good a refresshynge/

ᵗ sembably C.

counterfayt: misshapen   despoylle: strip   semblably: similarly   resolued: relaxed
experymented: experienced   enseygne: show

❡This History maketh mencyon how the goddesse of hospitalite gaf speche of his tonge to esope/ & how he was sold

THenne Esope retourned to his labour/ ❡And after whanne he had wel laboured/ for teschewe the grete hete of the sonne after his vsage/ he went in to the shadowe for to reste/ and slepte vnder a tree/ ❡And thenne the goddesse of hospitalite appyered to hym/ and gaf to hym sapyence and abylyte/ And also she gaf to hym the yefte of speche for to speke dyuerse fables and Inuencions/ as to hym which was ryȝt deuout to hospitalite/ & after when esope was awaked/ he began to say to hym self/ I haue not only slept ne swetely rested but also I haue had a fair dreme/ &[11] without ony [a 3ᵛ] empesshement° I speke/ and alle that I see I calle by theyre propre names/ as an hors/ an asse[12]/ an oxe/ a charyot/ and to al other thynges/ I can to eueryche gyue his name/ For I haue receyued sodenly the grace of this knowlege/ for the grete pyte that I haue had on them that lacke hospytalyte/ For he that dothe well ought to haue good hope in god/ and he shall haue good reward therfore/ And therfore I shall not laboure the lasse/ than I dyd to fore/ ❡And thus whanne he beganne to laboure came he that had the charge of the felde

empesshement: impediment

and the ouersyght/ And anone beganne to bete one of the labourers greuously/ wherof Esope was gretely displeasyd/ And sayd to hym in this manere/ what betest thou hym for nought¹³/ and euery houre thou comest and betest vs withoute cause/ thow sleest° vs/ and dost nought thy self/ But certaynly I shalle shewe to my lord alle this matere¹⁴/ lyke as thou shalt wel knowe/ ⦗And whan the procurour° herd hym callyd by his owne name zenas. he merueylled that Esope spake/ & thought in hym self/ I shalle goo to fore my lord/ to thende that thys foule vylayne complayne not on me/ and that my lord depose me not of my procuracion/ ⦗And he took his mulet/ and rode in to the Cyte/ and came to his lord and sayde ⦗My lord [a 4ʳ] I salewe° yow ryght humbly/ And the Lord loked on hym/ and sayd to hym/ why comest thou so effrayed and troubled/ And zenas sayd to hym/ that now in the felde is happed a thynge monstruous/ And what is that sayd the lord/ haue the trees brought forth theyr fruyte to fore theyre tyme/ or haue the bestes brought forth theyr fruyte ageynst nature/ And zenas answerd hym/ Nay my lord/ but this croked chorle/ this counterfayted Esope thy seruaunt begynneth to speke clerely/ And wel sayd the lord/ that me semeth is a thyng monstruous/ ye forsothe sayd zenas/ ⦗And thenne sayd the lord/ we see al daye/ many men whanne they ben angry conne not speke/ but whanne they be in pees conne wel speke/ and profferre° ¹⁵ thynges/ ⦗And thenne zenas sayd/ My lord he canne speke aboue al other men/ And hath sayd to me thynges contumelyouse/ blasphemyes/ and vylonyes of the/ and of alle the goddes/ ⦗And thenne his lord was angry/ and wrothe toward hym/ And sayd/ zenas/ goo thou to the feld/ And what thou wylt do with hym/ hyhe or lowe/ doo hit/ or selle hym/ or gyue hym/ or lose hym/ For I gyue hym to the/ And thenne zenas took this yefte° by wrytynge/ and came in to the felde/ and sayd to Esope/ Now thow arte myn/ and in my puyssaunce/ For my lord hath gyuen the to me/ And by cause thow arte a grete langager/ and an euylleᵗ chorle/ I shalle selle the vtterly/ And thenne of fortune hit happed that a Marchaunt that had bought seruauntes came in to that feld for to bye beestes for to bere oueralle° his marchaundyse to Ephese¹⁶/ the whiche mette with zenas/ And he salewed hym/ and demaunded of hym/ yf he had ony bestes to selle/ And zenas ansuerd that for nothynge/ he shold fynde no bestes to selle/ but I haue a seruaunt whiche is not fayr/ but he is of good age/ And demaunded of hym yf he wold bye hym/ And the Marchaunt sayd/ I wold fyrste sene

ᵗ euyllr C.

sleest: beat   *procurour*: steward   *salewe*: greet   *profferre*: speak out loud
yefte: gift   *oueralle*: everywhere

hym/ ⟨And thenne zenas called Esope/ and shewed hym to the Marchaunt/ ⟨And whanne the Marchaunt sawe hym so dyfformed/ and soo foule sayd in this manere/ Fro whens is this Tupyn° comen/ and this trompette of Tragetenus[17]/ This is a fayre marchaundyse/ For yf he had not a voys/ I wold wene/ that hit were a botell full of wynd/ ye be well occupyed to brynge me [a 4ᵛ] hyder to shewe me this fayre personage/ I had supposed thou woldest haue sold to me somme fayre seruaunt honeste/ and playsaunt/ And thenne the marchaunt retourned on his way And Esope folowed hym/ and sayd to the Marchaunt/ Abyde a lytell here/ And the Marchaunt sayd/ lette° me not vylayn For thou mayst haue no prouffyte of me/ For yf I bought the I shold be callyd the Marchaunt of folyes/ and of vayne thynges And thenne Esope sayd to hym/ wherfor thenne arte thou come hyder And the Marchaunt ansuerd for to bye some thynge that is fayre/ but thow arte foule/ ouer lothely/ and countrefayted/ I haue not for to do with suche Marchaundyse And thenne Esope sayd yf thow wylt bye me thou shalt lose nothynge/ And the Marchaunt demaunded/ wherof mayst thou doo to me ony prouffyte/ And Esope sayd/ ben ther not in thy hows lytel children/ ne in thy towne/ that crye and renne°/ bye me/ and thow shalt do wysely and shalt be theyr maister/ for they shalle drede and fere me lyke a fals vysage[18]/ And thenne the Marchaunt smyled for the wordes of Esope/ And retorned to Zenas/ and axed of hym/ how he wold selle this fayre Marchaundyse/ And thenne zenas sayd to hym/ gyue me thyrtty pound/ or thre half pens[19]/ For I wote well/ no man wylle bye hym/ And thenne the Marchaunt payd for hym to zenas as moche/ as he was wel content/ ⟨And thenne Esope wente with his newe mayster vnto his toune/ ⟨And as he entryd in to his hows/ he hadde two chyldren[20] lyenge in the lappe of theyr moder/ ⟨Thenne Esope sayd[21] to the Marchaunt Now shalt thow haue experyence of that I haue promysed/ For syth these two lytel children haue sene me/ they haue ben all stylle and aferd/ ⟨And thenne the Marchaunt lawhyng badde hym to entre/ and seeynge[22] the felawes fayr & playsaunt salewed them/ sayenge I salewe yow my fayr felawes/ And whanne they sawe Esope/ they sayden all/ we shalle anone haue a fayr personage/ what wyll oure Mayster doo/ for to bye suche a man so foule and difformed/ And theyr lord ansuerd to them/ by cause I haue founden no bestes for to helpe yow/ therfore I haue bought thys galaund° for to helpe yow to bere my caryage/ And therfore departe emonge yow the fardels for to bere/ And thenne Esope[23] sayd to them/ O good felawes/

---

tupyn: pot   *lette*: hinder   *renne*: run   *galaund*: bold or powerful man

ye see [a 5ʳ] wel/ that I am leest & feblest/ I pray yow to gyue to me the lyghtest burthen/ And his felawes sayd to hym/ by cause/ thou mayst not doo/ bere nothynge/ To whome Esope sayd/ by cause ye do alle the laboure It is not syttynge° 24/ that I only shold be ydle and vnprouffitable to my lord25

⟨This historye26 maketh mencion/ how Esope demaunded the lyghtest burthen/ but to theyr semyng he took the heuyest/ whiche was atte last the lyghtest/ and so begyled his felawes

THenne his felaws said to hym/ chese whiche thow wyl bere And Esope beholdyng all the burthens the fardels° sacks/ and panyers°/ And took a panyer full of brede/ For whiche two of the berers were redy for to haue borne/ and sayd/ now take me this panyer here/ And thenne they sayd/ he was the most foole of them/ by cause he asked the lyghtest/ and chese the heuyest/ And soo he tooke the panyer of brede/ and wente forthe to fore alle his felawes/ whiche whanne his felawes beheld and sawe/ they all saiden that theyr mayster had not lost his money/ For he was strong and myght bere yet an [a 5ᵛ] heuyer burthen/ And thus they mocqued hym/ ⟨And alwey Esope was at the lodgynge to fore his felawes27/ And whan they were aryued at their lodgynge/ theyr mayster made them to reste/ And commaunded Esope to brynge forth brede for to ete/ & so he took brede out of his panyer/ that his panyer was half empty/ And thenne whanne they had eten/ eche*t* of them took his burthen/ And Esope bare lasse than he dyd/ And cam to his lodgynge to fore his felawes/ And at souper he gaf to them so moche brede/ that his panyer was al voyde and empty And on the morne in this wyse he took his panyer/ and went to fore his felaws so ferre that they knewe hym not a ryght/ so that one demaunded/ who is he/ that goth so ferre to fore vs/ And another sayd/ It is the courbacked° and counterfayted chorle/ whiche by his subtylyte hath deceyued vs/ that bere the burthens not consumed by the waye/ but he hath voyded hys burthen/ And is more wyly than we be/ And thenne after they came to Ephese/ And the marchaunt ladde his marchaundyse to the market/ and also his seruauntes for to selle/ whiche were named Gramaticus/ Saltis and Esope28/ And a Marchaunt sayd to hym/ yf thow wylt selle thy seruauntes at a resonable prys/ ther is a philosopher named Exanctus/ to whom moche peple goo to lerne at a

t eche   C.

syttynge: proper   *fardels*: bundles   *panyers*: baskets   *courbacked*: hunchbacked place called Somnon[29]/ lede thy seruaunts thyder/ And that philosopher wylle bye them/ and the mayster and owner of them dyd do well araye Gramaticus and Saltis with newe Robes/ and ladde them thyder for to selle/ but by cause Esope was foule and lothely/ he was clad with canuas/ and was sette bytwene the other two/ whiche were fayr/ playsaunt/ and welfarynge men/ But alle they that beheld Esope were abasshed by cause of his deformyte/ sayenge/ fro whens cometh this monstre/ or who hath brouȝt hym hyder to mocque vs/ And by cause that they so wondred on Esope[30]/ Esope loked[31] al ouerthwartly° on them boldly/

⊄This historye conteyned the second sale of Esope/ [a 6ʳ]

Ε̤ Xanctus the philosopher departed oute of his hows/ & wente to the market/ and as he wente to and fro thorugh the market/ he sawe these two yonge men/ And Esope standynge bytwene them/ And he merueylled of the Inprudence of the Marchaunt that so had sorted them/ and approchynge to one of them/ sayd to hym in this manere/ of what countre art thou/ And he ansuerd I am of Capadoce/ ⊄And Exantus demaunded sayenge/ what canst thow doo/ And he ansuerd I can doo alle thynge that thou wylt/ whiche ansuer whanne Esope herd/ he lowhe shewynge his grete teethe/ ⊄And alle the scolers that were with Exantus beholdynge Esope so sore lawhynge/ and in lawhynge shewed his grete teeth/ them semed/ they sawe a monstre/ and not a man/ And sayd to theyr felawes that this grete paunsart° [32] hath grete teeth/ ⊄And they asked what they had sene/ And they sayd[33] that he so sore laughed and shewed his teeth/ ⊄And they sayd/ he lawhed not/ but that he was a cold on his teeth[34] And one demaunded hym/ why he laughed callynge hym gentyl galaunt/ And he sayd to hym/ what hast thou to doo ther with cokyn°/ goo walke on the gybet[35]/ And the scoler departed all ashamed and folowed his mayster/ ⊄And thenne Ex [a 6ᵛ] antus demaunded the prys of Saltis/ And the marchaunt sayd that he shold paye for hym a thousand pens[36]/ And Exantus estemynge the prys ouer dere/ retorned to that other felawe/ and sayd to hym/ of whens arte thou/ And he sayd I am borne of lydye[37]/ and Exantus asked of hym/ what canste thou doo/ and he ansuerd/ al that thou wenest/ whiche whanne Esope herd/ he lawhed thenne more than he dyd to fore/ ⊄And thus whanne the scolyers sawe hym lawhe/ they sayden/ thys felawe lawhyth

---

loked al ouerthwartly: looked askance   *paunsart*: man with a big belly   *cokyn*: rascal

for al thynge³⁸/ ⟨Thenne Exantus*ᵗ* asked/ what shalle cost me gramaticus/ and the Marchaunt sayd thre thousand scutes°³⁹/ whiche Exantus thought to dere/ & wente his way/ ⟨Thenne the scolyers sayd to theyr mayster Exantus/ Mayster/ these seruauntes please the not/ yes sayd Exantus/ they please me well/ but it is ordeyned in our Cyte that no seruaunt may be bought at so hyhe a prys vpon a grete payne⁴⁰/ ⟨And one of the scolyers sayde/ sythe they that ben fayr may not be bought/ bye hym that is so fowle and so disformed/ and truly he shalle doo to the somme seruyse/ and the prys that he shall be sold fore/ we oure self shall paye/ ⟨And thenne Exantus sayd to them/ yf I shold bye this felawe/ that is so fowle and lothely/ my wyf shold not be wel pleased/ For she is so precious° and so delycious°/ that she may not suffre to be seruyd with suche a counterfayted seruaunt/ And the scolers sayd/ Mayster thou hast many thynges/ of whiche thy wyf shall not gaynsay ne medle/ ⟨And Exantus thenne sayde/ late vs thenne demaunde hym what he can do/ lest for faulte of askynge we lose oure money/ And tourned hym to Esope/ and sayd/ god saue the yong man/ And Esope sayd to hym in this manere/ I praye the greue me not/ ⟨And Exantus sayd to hym/ I salewe the/ And Esope sayde/ so doo I the/ ⟨And Exantus sayd/ leue these molestes°/ and ansuer to this that I shalle demaunde/ And he asked what arte thow/ And Esope ansuerd/ I am of flesshe and bone/ And Exantus sayd/ I demaunde the not that/ but where were thou engendrid And Esope ansuerd/ in the wombe of my moder/ And Exantus sayd/ yet I aske the not that neyther/ But I aske of the/ In what place thow were borne/ And Esope sayd/ My moder neuer told/ ne assured me/ whether she was delyuerd of [a 7ʳ] me in her chambre or in the halle/ and Exantus sayd/ I praye the telle me What thou canst doo/ And Esope sayd/ no thynge And he sayd/ how nothynge/ And Esope sayd by cause my felawes that ben here haue sayd that they wylle do al thynge/ thenne haue they lefte to me nothynge for to doo/ thenne the scolyers were moche abasshed/ and had grete merueylle/ sayenge that he had ansuerd by dyuyne sapyence/ For there is none that may be founden that can do al thynge/ And therfore he lawhed/ ⟨And Exantus sayde/ I praye the/ telle me/ yf thou wylt that I bye the/ And Esope sayd/ that is in the/ no man shalle enforce the therto/ Neuertheles/ yf thou wylt bye me/ opene thy purse/ and telle thy money/ and make the bargayne/ Thenne the scolyers sayd/ by alle the goddes/ this felawe surmounteth our maystre/ And Exantus sayd to

---

ᵗ the Marchaunt C.

scutes: French coins, ecus　　*precious*: fastidious　　*delycious*: delicate
molestes: vexatious quibblings

hym in this maner/ yf I bye the/ wylt thou flee aweye/ To whome Esope
ansuerd/ yf I wylle flee awey/ I counceylle the bye me not/ And Exantus
sayd/ thou saist wel/ but thou arte ouer lothely and dyfformed/ to whome
Esope sayd/ men ouȝte not beholde*t* only the face of a body/ but al only
thentendement° of the courage/ ⟪And thenne Exantus demaunded of the
Marchaunt/ what shalle I paye for this Esope/ And the marchaunt sayd
to hym/ thou arte a folysshe Marchaunt for to leue⁴¹ these goodly and
fayr seruauntes/ and wylt take hym/ that nothynge can doo/ take one of
these two/ and lete this bossute° ⁴² goo/ ⟪And Exantus sayd/ I requyre°
the/ telle me what I shalle paye/ And the marchaunt sayd lx pens/ And
the scolyers told oute the money to the marchaunt/ And thus by this
bargeyne Esope was seruaunt to Exantus/ ⟪And whanne the Banquers°
receyued the money of this sale/ they demaunded curyously who were the
byar and the sellar/ And thenne Exantus and the Marchaunt composed
and accorded bytwene them/ that he had not be sold for so moche money/
And thenne Esope seyd to the bancquers/ certaynly this is he that hath
bought me/ and this is he that hath sold me/ which thynge they wylle
denye/ wherfor I afferme/ and seye that I am fre/ Thenne the banker
lawhed of this cauyllacion/ & went & receyued the prys of exantus of as
moch as he had bouȝt esope [a 7ᵛ]

⟪This Historye conteyneth how Exantus brought esope home to his wyf

Thenne whan euery man was departed/ Esope folowed Exantus
homeward to his hows/ And whan he came to fore his hows⁴³/ he
sayd to Esope/ Abyde here a whyle to fore the gate/ tyll I goo in for to
preyse the to thy lady and maystresse my wyf/ well sayd Esope/ And
Exantus entryd in to his hows/ and sayd to his wyf/ Dame ye shalle
nomore haue cause to be at debate with me/ For ye haue desyred longe to
gete yow a fayre seruaunt/ wherfore now I haue bought one/ that is so
wyse and so playsaunt that thow neuer sawest none so fayr/ ⟪And whan
two Damoyselles seruauntes herd hym saye so/ wenynge that it had ben
trouth they beganne to stryue to gyder/ and that one beganne to saye to
that other/ My lord hath bought for me a fayr husbond/ And that other
sayd/ I haue this nyght dremed/ that I was maryed/ And thus as these
seruaunts spake/ his wyf sayde/ My lord where is the fayr felawe/ the

---

t me ouȝte not beholde C.

entendement: intention   *bossute*: humpback   *requyre*: ask
banquers: money-changers

whiche ye preyse so moche/ I pray yow that I may see hym/ And Exantus
sayd/ he is to fore the yate/ And his wyf sayde/ I pray yow brynge hym
in/ And thus as the yong wymmen had debate [a 8ʳ] for hym/ one of them
thought in her self/ I shalle be the fyrste that shalle see hym/ And yf I
maye/ he shalle be my husbond And so as she yssued oute of the hows she
sayd/ where is this fayr yongman/ that I so moche desyre to see/ And
thenne Esope sayd to her/ what demaundest thou/ I am he/ loo here/
⟨And whanne she sawe Esope/ she was for fere al abasshed and troubled*/
and sayd to hym/ arte thou the fayr pecok where is thy taylle/ And Esope
sayd to her/ yf thou haue nede of a taylle/ thou shalt not faylle of one/
⟨And thenne as he wold haue gone in/ the seruaunt sayd to hym/ Come
not here within/ For alle they that shalle see the/ shalle flee away/ ⟨And
after she wente in to her felawes/ and told what he was/ And that other
whanne she came oute and sawe hym so dysformed/ sayd/ beware thou
payllard° that thou touche me not/ that the deuylle to breste° the/ And
thenne whanne Esope entryd in to the hows/ anone he presentyd hym to
the lady/ and whanne the lady sawe hym/ anone she torned her vysage/
and sayd to Exantus/ For a seruaunt/ thou hast brought me a monstre/
throwe and caste hym oute/ ⟨And Exantus sayd to her/ My wyf thou
oughtest now to be glad and Ioyous/ by cause I haue brought to the so
fayr and so Ioyous a seruaunt/ And she sayd to Exantus/ I wote wel thou
louest me not/ For thou desyrest to haue another wyf/ And by cause thou
durst not telle it me/ thou hast brought this grete payllart/ to thende that
I shalle go fro the/ And I wylle no lenger abyde/ by cause thou knowest
wel/ that I may not suffre hym/ And therfore delyuer to me my dowayr/
and I shalle anone goo my waye/ ⟨And thenne Exantus sayd to Esope
whan we were on the way thou spackest largely/ and now thou sayst
nought/ ⟨And Esope sayd to hym/ by cause thy wyf is so malycious put
her in pryson/ ⟨And Exantus thenne sayd to hym/ hold thy pees/ thou
shalt be beten/ Seest thow not/ that I loue her more than my self/ ⟨Thenne
sayd Esope/ I pray the/ that thow loue her wel/ And he sayd/ wherfore
not/ And Esope smote his foote on the pament/ and cryed with a lowde
voys herke ye a grete myracle⁴⁴/ [a 8ᵛ]

T His philosopher Exantus is ouercomen of a woman And he torned
to his lady/ and sayd to her/ Madame I praye the/ take not myn
wordes in euyll⁴⁵/ thou woldest haue a seruaunt that were yonge/ wel

---

ᵗ troublod C.

payllard: knave   *breste*: shatter

fourmed/ wel arayed stronge and ryche/ for to serue the at the bayne/ and bere the to thy bedde/ that can rubbe and clawe° thy feet/ and not suche a foul and so disfourmed a seruaunt as I am⁴⁶/ For by cause of suche a mygnot°/ thou woldest sette nought by thy husbond/ And therfore Erupis⁴⁷ that philosopher had his mouthe of gold/ whiche neuer lyed/ he sayd that there were many peryls and tormentes in the see and other grete Ryuers/ And also pouerte is a grete charge[t] and dyffycyle to be borne/ And also ther ben other grete daungers and peryls Infynyte/ but ther is no werse daunger ne perylle/ than is a fals woman/ And therfore Madame I praye the/ that thou take nomore a fayr seruaunt ne playsaunt for to serue the/ to thende/ that thow dishonoure not thy lord and husbond/ ⦗And she thenne sayd to Esope/ Auoyde° thou payllart/ whiche arte not only disformed of body/ but also of thy wordes/ whanne thou sayst so by me/ but I shalle wel paye the/ For I shalle go my waye/ ⦗Thenne sayd Exantus to Esope/ ne seest thou not how thou [b 1ʳ] hast angryd my wyf/ See that thou appease her⁴⁸/ And Esope said/ It is not a lyght thyng tappease the yre of a woman/ but it is a greuous thynge Exanctus sayd to Esope/ Speke no more/ For I haue bought the for to make pees/ and not for to make debate ne warre

^tchagre   C.

clawe: rub gently   *mygnot*: favorite   *auoyde*: go away

¶This Historye conteyneth how Exantus brought Esope in a gardyn

EXantus bad Esope take a panere/ and folowe hym in to a gardyn/ & exantus said to the gardyner/ gyue to vs of thyn herbes/ & the gardyner cutte of herbes & delyuerd to Esope/ & he took them/ & exantus payd for them/ & whan they wold haue gone/ the gardyner sayd to Exantus/ Maystre I pray the that thou tarye here a whyle/ wel sayd exantus/ aske what thou wyll/ And the gardyner demaunded of hym/ Mayster what is the cause/ that the herbes that ben not laboured growe faster and sonner/ than they that ben curyously laboured/ & to this question ansuerd Exantus/ that that cam by some prouydence/ by whiche the thynges ben brought forth/ And whan esope herd this ansuere/ he began to lawhe And Exantus sayd to hym/ thou payllard lawhest thou me to skorn & mockest me/ & esope ansuerd & said I mocke you not [b 1ᵛ] but hym that hath lerned the thy philosophye/ what solucion hast thow made/ what is that cometh of dyuyne prouydence/ a child of the kechyn shold haue made as good an answere/ & Exantus sayd thenne/ Esope make thou thenne a better solucion/ & Esope ansuerd to hym/ yf thou commaunde I shal gladly/ & Exantus said to the gardyner/ it apperteyneth° not to hym that hath for to Juge thynges dyffycyle/ to juge rude

apperteyneth: befits

thynges & rustycal/ but I haue a seruaunt here whiche shal enforme & gyue the solucion of thy question yf thou wylt praye hym to gyue to the solucion/ And the gardyner sayd/ can this vylayne payllard that is soo gretely dysformed ansuere to thys question/ thenne the gardyner sayd to Esope/ hast thow knowleche of suche thynges/ And Esope sayd ye more than alle the men of the world/ For thow demaundest wherfore the herbes that ben not laboured growe sonner than they that ben sowen and laboured/ And Esope said vnderstond° wel to myn ansuere/ For as a woman that hath ben a wedowe hath had children by her fyrst husbond that is deed/ And after is remaryed to another man/ whiche hath hadde children of an other wyf to fore/ and to the children of her fyrste husbond she is moder/ And to the other children she is but stepmoder/ And thus ther is a dyfference bitwene her owne children & the children of that other woman/ For her children she hath nourysshed peasybly/ and the other stepchildren oftymes in angre & wrathe/ Ryght so in this maner is of the erthe/ For she is moder of the herbes that growe withoute to be laboured sowen or sette⁴⁹/ and is but stepmoder to the herbes that growen by laboure and force/ And thenne the gardyner sayd to hym/ thow hast delyuerd me of a grete payne and studye/ And therfore I praye the of the herbes that ben in my gardyne thou take thy playsyr and wyll⁵⁰ at al tymes and as oft as thow wylt

❮This Historye folowynge maketh mencion how Esope bare the present [b 2ʳ]

ON a tyme whan the scolyers had ben in the audytoyre° with Exantus/ one of the scolers arayed precious metes for the souper/ And whanne they were at souper/ they tooke of the most best⁵¹ metes & put them in a plater/ & exantus sayd to Esope/ go bere this to her that loueth me best/ and Esope thought in hym self/ now is hit tyme to auenge me of my maystresse/ & whan he cam home in to the halle⁵² he said to his maystresse/ Madame/ beware that ye ete not of this mete/ And his lady said/ I wote wel/ that thou arte alwey a grete fole And Esope sayd to her/ Exantus hath not commaunded me to gyue it to the/ but to her that loueth hym best/ Thenne esope presented the plater to a lytel hound/ whiche was alwaye in the hows/ sayenge to the hound my lord hath sente to the this mete whiche is precious⁵³/ & the wyf of

---

vnderstond: listen   *audytoyre*: debate or the debating-place

Exantus wente in to her chambre/ & began to wepe/ & after Esope
retorned to exantus/ & he asked how his loue ferd/ & he said ryght wel
my lord/ & al the mete that I haue sette to fore her/ she hath eten it/ &
exantus [b 2ᵛ] said/ what said she/ & he said my lord she sayth no thyng/
but she desyreth sore for to see the/ After this whan they had wel eten &
dronken/ they had many questions to gydre/ And one asked whan mortal
men shal haue most to do/ And Esope saide that shall be at the day of
Iugement whan men shall ryse/ & the scolers herynge that ansuere/
beganne to lawhe sayenge this vylayne is ful of ansuers/ & one of the

scolers demaunded/ maister wherfor is it that whan the sheep goth to his
dethe ward[54] he foloweth his mayster/ & saith not a worde/ & whan the
swyne is brought to be slayne/ he ne dothe but crye & braye/ And Esope
ansuerd them/ by cause it is acustomed for to mylke the shep & to shere/
& he weneth that he shalle be molken & shorn/ & therfor he fereth not to
folowe ne come[55]/ But by cause the swyne is not acustomed to be
molken° ne to be shorne/ but to be laten blood° & lese his lyf/ therfore
he is aferd & dredeth whan he is taken/ & al the scolars[t] said/ it was
trouthe/ lo this man is wyse & hath sayd wel/ & eche man aroos & wente
home to his hows/ Thus thenne whan Exantus was retorned in to his

---

[t] scolors C.

molken: milked   *to be laten blood*: to have his blood shed

hows/ he entrid in to his chambre/ & fonde his wyf sore wepyng/ And he
said to her/ My swete loue/ how is it with yow/ & kyssed her/ & she torned
the back to hym/ & said late me allone/ I haue not to do with the/ I wylle
go out of this hows/ thou louest better thyn hound than me/ to whome
thou hast sent the precious mete/ And by cause he knewe nothyng herof/
he demaunded her what mete hath Esope brought to the/ & she said none
at all/ & exantus sayd am I dronke/ I haue sente to the by Esope a plater
ful of precious mete/ & she seyd/ not to me but to thy hound/ Thenne
he called Esope/ & demaunded hym/ to whom he had gyuen the mete
that I delyuerd to the/ & he said to her that loueth the most lyke as thou
commaundest me/ And Exantus sayd to his wyf/ vnderstandest thou not
what he sayth/ I vnderstond hym wel said she/ but he gaf to me nothyng/
but gaf it to thyn hound/ & Exantus torned hym to Esope/ & said to hym/
thow grete hede to whome hast thou borne the mete that I delyuerd to
the/ And Esope ansuerd to her that loueth the best/ And Exantus
demaunded who is she/ And Esope callyd the lytel hound & seid this is
she here/ for the loue of thy wyf is ryght nought for if she be a lytel
angry/ incontynent she reprocheth the & sayth [b 3⁵] vylonye to the that
louest her/ And wylle anone saye/ I goo fro the/ and leue thy hows⁵⁶/ And
yf this hound go fro the/ calle her ageyne/ and she cometh to the anone
makynge to the chere⁵⁷/ And therfore thou oughtest to saye to thy wyf/
and not to her that loueth the best/ ⟨Thenne Exantus sayd to his wyf
thou seest that this felawe is a raylar° and an Inuentar° of wordes/ And
therfore haue pacyence/ For I shalle fynde cause to auenge the and bete
hym/ And she sayd/ doo what thow wylt/ For I shalle neuer more haue
to doo with hym/ and after that take thyn hound/ For I goo my way/ And
without sayenge Fare wel/ she wente home to her frendes⁵⁸/ And by
cause Exantus was angry and sorowfull for her departynge/ Esope sayd
to hym/ Now seest thow wel/ that thy wyf that is gone loueth the not/ but
this lytel hound abydeth with the/ And by cause Exantus was al heuy
for the departyng of his wyf/ he dyd do pray her to retourne/ but the
more that she was prayd/ so moche more was she obstynate/ For the more
a man prayeth a woman/ the more dothe she the contrarye/

raylar: reviler   *inuentar*: fabricator

❦This historye maketh mencion/ how Esope made his lady to come home ageyne*t* [b 3ᵛ]

ANd by cause Exantus was angry for the departynge of his wyf/ Esope said to his maister/ be not angry/ for withoute prayenge I shalle anone make her to retorne and come home ageyne/ And after Esope wente to the market/ and bought capons and poullaylle°/ And as he bare them passynge by the hows/ where his maystresse was/ It happed/ that one of the seruaunts of the hows cam out/ & Esope demaunded hym/ haue ye sente no thynge to the weddynge of my lord[59]/ to what weddyng sayd the seruaunt/ vnto the weddynge of Exantus sayd Esope/ For to morne° he shalle wedde a newe wyf/ And anone the seruaunt wente in to the hows/ and sayd to Exantus Wyf/ Madame ther ben newe tydynges/ And what ben they sayd she/ Exantus shalle haue a newe wyf/ & be maryed/ And forthwith incontynent she departed/ & came home to the hows of Exantus cryenge/ Now knowe I well the trouthe/ And wherfore thou madest this grete payllart to angre me/ by cause thou woldest take another wyf/ but I shall kepe the wel ther fro/ As longe

t ageyye C.

poullaylle: chickens   *to morne*: tomorrow

as I shalle lyue shalle neuer woman come here in/ exantus be thou sure/
❡Thenne was Exantus glad/ and wel ioyous for to haue ageyne his wyf
And coude Esope grete thanke/

❡This Historye conteyneth how Esope arayed tongues [b 4ʳ]

ANd a lytel whyle after Exantus bad his scolers to dyne with
hym/ And sayd to Esope/ goo anone to the market/ & bye
for vs the best mete/ that thou shalt fynde/ And Esope wente to the
market/ he thought in hym self/ Now shall I shewe/ that I am no fole
but wyse/ And when Esope came to the market/ he bought the tongues
of swyne and oxen[60]/ And dyghted° them with vynegre/ and sette them
on the table/ And the scolers sayd to Exantus/ thy dyner is ful of
philosophye/ And this Exantus sayd to Esope/ bryng vs other mete/ and
Esope brought forth moo° tongues arayed in another manere/ that is to
wete with garleck and oynyons[61]/ And the scolers sayd Maystre these
tongues ben wel dressid For that one dyfferensyth fro the other/ And
exantus badde esope to brynge other mete/ And esope brought yet
forth tongues/ Thenne were the scolyers angry/ and sayde/ wylt thow
alwey gyue vs tongues. And exantus al angry in his courage/ said to esope/
what other mete hast thou ordeyned for vs/ And esope said/ forsothe
none other/ And exantus said to esope/ Ha grete hede/ sayd I not to the/
that thou sholdest bye the best mete that thou coudest fynde/ So haue I
doo sayd Esope/ And I thanke god that here is a philosopher/ I wold
fayne knowe of the/ what is better than the tongue/ For[t] certaynly al arte/
al doctryne and philosophye ben notyfyed° by the tongue/ Item for to
gyue salewes/ bye/ selle/ and to doo syte[62] men/ Alle these thynges ben
done by the tongue/ the men ben preysed ther by/ And the grettest
partye° of the lyf of mortal men is in the tongue/ And thus ther is no
thyng better than a good tongue/ ne no thynge more swete/ ne better of
sauour/ ne more prouffitable to mortal men/ ❡Thenne sayd the Scolyers
to Exantus/ thou hast wronge[63] to angre the thus/ For Esope hath sayd
ryght wel/ ❡And after alle these wordes they aryse fro the table/ ❡And
on the morne after Exantus wold in excusynge hym self/ of theyr lytel
seruyse[64] desyred them to come ageyne at souper/ And they shold haue

---

[t] For For C.

dyghted: prepared   *moo*: a greater number of   *notyfyed*: made known
partye: part

other seruyse⁶⁵/   ⫷And Exantus sayd to Esope in the presence of them
that were there/ goo in to the markette/ And bye the werst mete that thou
canst fynde/ For al my frendes here shall soupe with me/ and Esope without
troublyng of [b 4ᵛ] hym self wente to the bocherye/ And bought ageyne
tongues/ And dyghted them/ as he dyd to fore/ ⫷And whanne they came
to souper/ he serued them with tongues as he dyd the day to fore/ And
the scolers sayd/ we ben comen ageyn to tongues And by cause the
scolers were not pleased/ Exantus seyd to Esope/ thou grete hede/ sayd I
not to the/ that thou sholdest bye the werst mete that thou coudest fynde/
so haue I done sayd Esope/ what is werse or more stynkynge than the
euylle tongue/ by the tongue men ben perysshed/ by the tongue they
come in to pouerte/ by the tongue the Cytees ben destroyed/ by the tongue
cometh moche harme/ ⫷Thenne sayd one of them that satte at the table/
Exantus/ yf thou sette thy purpos° to this foole/ he shalle brynge the out
of thy wytte/ For he sheweth wel by his forme to be shrewysshe/ For
lyke as he is disformed of his body/ so is he of his courage/ And Esope
sayd to hym/ thow arte ryght euylle/ For thou settest and makest stryf
bytwene the mayster and the seruaunt/ And wenest to be more curyous°
than other/ And Exantus for to haue cause to bete Esope said Ha grete
hede/ by cause thou callest the philosopher curyous/ go gete me a man/
that setteth ne retcheth° by no thynge/ that is to saye that is not curyous/
[b 5ʳ]

E Sope departed/ and wente out of the place⁶⁶/ beholdyng here and
    there/ yf he coude fynde ony man/ that retchid of no thynge/ he
took hede/ and sawe a man/ a grete vylayne/ syttyng vpon a block shakynge
and waggyng his legges/ To whome Esope sayd/ My lord prayeth the to
come dyne with hym/ who anone arose withoute sayenge of ony word and
entryd in to the hows with Esope/ And not sayeng god kepe you satte
hym at the table/ And Exantus sayd to Esope what man is this/ And
Esope sayd to hym/ A man that retcheth of no thynge/ ⫷Thenne Exantus
sayd to his wyf secretely/ to thende that we maye auenge vs on Esope/ and
bete hym wel/ Fayre loue doo that I shalle bydde yow/ ⫷Thenne he sayd
a lowde with an hyhe⁶⁷ voys/ Dame put water in a bacyn/ and wesshe this
pylgryms feet/ For he thoughte the vylayne wold not haue suffred it/ but
haue fled for shame/ And than shold he haue cause to haue beten Esope/
⫷Thenne the lady took water/ and putte it in a bacyn/ and beganne to

---

purpos: proposition, question   *curyous*: solicitous   *retcheth*: take heed

wasshe the vylayns feet/   ⟨And how wel° 68/ that he wyst that she was
the lady/ yet he thought/ this lord wyll doo me worship/ and suffred her
to wasshe his feet without sayeng of ony word/ And Exantus sayd to his
wyf/ Dame gyue hym drynke/ And the vylayne sayd to hym self/ It is
well reason° 69/ that I drynke fyrst/ And took the pyece°/ and dranke as
moche as he myght/ And Exantus tooke a plater wyth fysshe/ and sette it
to fore hym/ And the vylayne beganne to ete/ ⟨And Exantus seyd to the
cook/ this fysshe is not wel arayed/ ⟨Thenne Exantus commaunded to

strype the Cook and bete hym wel/ And the vylayne sayd to hym self/
thys fysshe is wel dyght/ and the Cook is beten withoute cause/ but I
retche not/ soo I may fylle my bely/ And I shalle alwey ete/ and saye
nothyng/ ⟨And Exantus sayd to the baker/ brynge hyder the tarte/
Incontynent as the tarte was sette on the table/ And the vylayne brake it
in pyeces/ and wythoute ony wordes he beganne to ete therof/ And
Exantus beholdyng hym how he ete/ called the baker/ and sayd this tarte
is euyll baken and hath no sauour/ And the baker sayd/ yf I made it/ it
is wel dressyd/ And yf it be none of myne/ the blame is not in me/ but in
thy wyf/ ⟨And Exantus sayd [b 5ᵛ] thenne yf my wyf haue made it/ I
shalle brenne° her anone al quyck°/ And badde his wyf she shold not

how wel: although   it is well reason: it is in accordance with reason
pyece: drinking-vessel   brenne: burn   quyck: alive

ansuere/ by cause he wold fynde cause to bete Esope/ ℂThenne sayd
Exantus to one of his seruaunts/ goo fetche somme woode and brusshes/
and go brenne my wyf/ Alle this sayd he to see/ yf the vylayn wold aryse
for to kepe her fro brennynge/ And the vylayne sayd to hym self. this
man here wylle brenne his wyf without cause/ Thenne he sayd to the
lord/ yf thou wylt brenne thy wyf Abyde a lytell whyle/ And I shalle goo
and fetche myn in the feldes/ And brenne them bothe to gyder/ whanne
Exantus herd these wordes/ he had grete meruaylle/ and sayd/ veryly this
felawe retcheth of no thynge/ ℂAnd thenne he sayd to Esope/ thou hast
vaynquysshed me/ but now late it suffyse the For from hens forth/ yf
thou wylt serue me truly/ thou shalt soone retourne in to thy lyberte/
ℂAnd Esope sayd to hym/ I shalle so serue the/ that thow were neuer
better seruyd And thre dayes after/ Exanctus sayd to Esope/ Go and loke
yf ther be moche peple in the bayne/ For yf ther be none there I wylle
go and bayne° me/ And as Esope wente by the wey he mette with the Iuge
of the Cyte/ ℂAnd by cause he knewe hym/ he sayd to esope whether
gost thou/ thou grete hede/ And Esope sayd to hym/ I wote neuer/ by
cause he wende°/ he mocqued hym/ The Iuge commaunded hym to
pryson/ And as he was ledde/ he sayd to the Iuge/ loo I sayd to the well/
that I wyst not whether I wente/ For I supposed not that thow woldest
haue putte me in pryson/ And the Iuge beganne to smyle/ And sayd to
them that ledde hym/ late hym goo/ And as Esope thenne wente to the
bayne/ he sawe there a grete companye of men/ whiche were there
spryngynge and lepyng And there lay a stone at the entre of the dore/ at
whiche they stumbled and hurted theyr feet/ And there was one man/ that
entred and stumbled theron/ And anone he tooke hit awey that ther shold
no man more be hurte therof/ And Esope retourned home/ and sayd to
Exantus/ that there was there but one man in the bayne/ And Exantus
sayd to Esope/ take suche thynge as is necessary for vs/ And late vs gone
to the bayne/ whanne they were comen to the bayne/ he sawe a grete
companye/ and sayd to Esope/ Now arte thou worthy to be [b 6ʳ] beten/
For thou saydest to me/ that there was but one man/ and ther ben mo
than an honderd⁷⁰/ And Esope sayde to hym/ ther is but one man/ And
yf thou wylt here me/ thou shalt saye that I saye trouthe/ For that stone
that thou there seest was at the entre of the bayne/ And alle they that
passed/ stombled atte stone/ and none was so wyse to take it awey/ but
this one man/ And therfore I sayd to the/ that there was noman but he/
For alle the other ben but children and ygnoraunt/ And exantus sayd to
hym/ thow hast wel excused the/ and fonde no cause to bete hym/

bayne: bathe   *wende*: thought

¶This Historye conteyneth how Esope ansuerd his mayster[t][71]

After that Exantus had wesshen hym/ he retourned homeward/ And as he wente/ he purged his bely/ & eased hym by the wey/ And Esope was besyde with a paylle full of water/ And Exantus sayd to Esope/ wherfore is it that whanne a man hath eased hym and purged his bely/ that he loketh vpon the ordure or matere/ and esope ansuerd hym and sayde/ there was in tyme passed a philosopher/ that ofte purged so his bely/ & for fere that he shold lese his scyence [b 6ᵛ] he alwey loked/ and byheld yf he voyded hit with his fylthe or ordure/ whan he had purged his bely/ ¶And euer after men loken whan they haue purged theyre belyes/ what they voyde/ but thou oughtest not to doubte therof/ For thou hast no wytte to lese/ ne scyence/ For to a folysshe demaunde/ belongeth a folysshe answere/ ¶And on the morne nexte folowynge as Exantus was sette at the table with alle his frendes/ holdyng a pyece ful of wyn in his hand shoke for fere of the questions that men asked of hym/ And Esope sayd to hym/ My mayster Dyonysyus sayth that the good wyn hath thre vertues/ The fyrst is voluptuosyte/ The second is gladnesse/ and the thyrd is that it maketh men foolys and oute of theyr wyttes wherfore I praye the/ lete vs drynke Ioyously and make good chere/ And by cause Exantus was as thenne almoste dronke/ For he hadde wel dronken sayd to Esope/ hold thy pees/ For thou art counceyller of helle/ And Esope sayd to hym ageyne/ kepe the wel/ For yf thou fynde me in helle/ I shalle auenge me on thy self

And thenne one of the scolyers sayd/ seyng/ that exantus had dronke ynough/ and was charged° of ouer moche wyn/ sayd to hym/ My mayster I aske of the/ yf a man myght drynke alle the see/ wherfore not sayd Exantus/ I my self shalle drynke it wel/ Thenne sayd ageyne the scolyer/ And yf thou drynke it not/ what wylt thou lese°/ and Exantus sayd my hows/ I am content sayd the scoler/ and ageynst hit I shalle leye an honderd crownes/ And the pactions and bargayne thus bytwene them made gaf for gaige° or pledge eche of them two theyr signets of gold/ and thenne wente home/ ¶And on the morne as Exantus was rysen vp oute of his bedde/ and sawe that he had not his rynge on his

[t] ᴜᴀyster C.

charged: heavy   *lese*: lose   *gaige*: pledge

fyngre/ he sayd to Esope/ knowest thou not where my rynge is I wote not sayd Esope/ but wel I me remembre and knowe for certayne/ that this daye we shalle be put oute of this hows And why sayd Exantus/ Esope sayd to hym/ Remembryst thou not the bargeyne and paction that thou yesterday at euen made/ And what be they sayd Exantus/ Thou arte bound to drynke oute al the see/ and for gage and pledge hast thow lefte thyn rynge of gold/ ⊂And whanne exantus herd these [b 7ʳ] wordes he was sore abasshed/ and sayd/ In what maner shal I drynke oute alle the see/ this may not be/ for hit is Impossyble/ wherfore Esope I pray the to counceylle me/ yf it pleaseth to the/ so that I may vaynquysshe/ or els to breke and sette that bargayn and paction at nought/ And Esope sayd to hym thou shalt not vaynquysshe/ but parauenture I shalle make/ that thou shalt wel breke the paction⁷² / And the manere of hit said Esope is this/ that whanne thyn aduersarye shalle requyre the to doo. and fulfylle thy promesse/ thou shalt charge and commaunde to thy seruauntes/ that they brynge a table/ and al suche other thynges that ben necessary to it vpon the Ryuage° of the see/ and make the botelers and seruaunts to abyde there with the/ And before alle the companye thou shalt make a pyece to be wasshen and fylled full of the water of the See/ and shall take it in thy hand/ and praye that the paction may be declared before alle the felauship & saye that thou wylt asseure the promesse as wel before drynke as after/ And thenne thus shalt thou saye to alle the felauship/ My lordes of Samye⁷³ ye knowe how yesterday at euen/ I made promesse to drynke alle the water of the see/ but also ye wote wel/ how many grete floodes and Ryuers come and falle in to the See/ wherfore I demaunde and aske as rayson is/ that myn aduersary kepe and hold the Ryuers and floodes/ that they entre not in to the see/ And thenne I shal drynke al the see/ And soo the paction shall be broken and vndone

⊂This historye conteyneth how Exantus excused hym from his promesse by the counceylle of Esope

E Xantus thenne knowynge/ that the Counceylle of Esope was wel good/ he was full gladde/ ⊂His Aduersary thenne came before the Cytezeyns of the Cyte toᵗ telle and signefye° the pactyon and prayed the Iuge that Exantus shold doo that/ whiche he hadde promysed to doo/

ᵗ te C.

Ryuage: shore   *signefye*: declare

¶And Exantus commaunded to alle his seruauntes that they shold bere his bedde/ his table/ and alle [b 7ᵛ] other thynges that were necessary to hym vpon the Ryuage of the see/ And thenne before alle the company he made a pyece to be wasshen and fylled it full of the water of the see/ the whiche he tooke in his hand/ and sayd to his aduersary/ Expose we now/ and telle our paction and bargayn/ ¶Exantus thenne torned hym toward the felauship/ and sayd/ My lordes of Samye/ ye wote wel how many floodes and ryuers entre and come in to the see/ And yf myn Aduersary wylle kepe and hold them stylle/ soo that they entre no more in to the see/ I shal drynke al the water of the see/ And alle they that were there beganne thenne to saye/ Exantus sayth wel/ And thenne the Scoler aduersary to Exantus sayd/ My mayster thou hast vaynquysshed me/ wherfore I pray the that oure bargayne maye be broken/ And Exantus sayd I am content/ ¶And whanne Exantus was tourned ageyne to his hous Esope dyd praye hym sayenge thus/ My mayster by cause I haue serued and holpen° the wel in thyn nede/ lete me go free at my lyberte⁷⁴ [b 8ʳ]

E Xanctus thenne cursed hym/ sayeng/ grete hede yet shalt thou not escape free ne go fro me/ goo thou see & behold before the yate/ yf thou canst aspye two crowes to gyder/ And thenne thou come ageyne to telle it me/ For the syght of two crowes/ one nyghe the other is good fortune/ but the syght of one allone is euylle fortune/ And as Esope yssued oute of the hows/ he sawe two crowes vpon a tree/ wherfore he soone tourned ageyne/ and told it to his Mayster/ But as Exantus departed oute of the hows the one flewe awey/ Thenne sayd he/ grete hede/ grete bely/ where ben the two crowes that thou sawest/ And Esope sayd thus to hym/ As I wente to fetche the/ the one flewgh awey/ And Exantus sayd/ croked back and euylle shapen/ it is euer thus thy manere to mocque me/ but thus shalle not thow be quyte/ and commaunded to vndoo his clothes and to bete hym/ And as men bete hym/ Exantus was called to his dysner° ⁷⁵/ And thenne Esope sayd/ Allas/ how moche myserable I am/ For I haue sene two crowes to gyder/ & am bete/ And Exantus whiche sawe but one is called to the delyces°/ And ther is none/ to whome the byrdes ben so contrárye as they are to me/ ¶And whan exantus herd hym/ he was moche merueilled of the grete [b 8ᵛ] subtylyte of his wytte/ and commaunded them that bete hym/ that they shold cesse/ And within a

holpen: helped   *dysner*: dinner   *delyces*: delicacies lytel whyle after Exantus sayd to Esope/ goo thou/ and dresse vs good metes for our dyner/ For alle these lordes shalle dyne with me/ And esope wente to the market/ & bought alle that he wold bye/ And whan it was al redy/ he brought the metes in to the halle/ Where he found his maystresse lyenge vpon a bedde slepynge/ he awaked her and sayd/ Madame yf it please yow/ ye shal take hede to this mete that the dogges or cattes ete it not/ For I must go in to the kechyn ageyn/ And she ansuerd to hym go thou where thou wylt/ for my buttokes haue eyen/ ¶And whan Esope had dressyd and made redy al the other metes/ he brought them in to the halle/ and found his maystresse whiche slepte stylle vpon her bedde her buttockes toward the table And by cause she had sayd that her buttokes had eyen/ Esope wente and took vp her clothes/ so that men myght see her bare ers/ And thus he lefte her slepynge/

¶This Historye conteyneth how Exantus found his wyf al discouered [c 1ʳ]

Nd as Exantus with hym his scolers perceyued & sawe his wyf slepynge/ her buttoks al bare & naked/ by grete vergoyne° and shame tourned his face toward Esope/ and sayd/ knaue/ what is this/

vergoyne: shame

And Esope sayd/ My lord/ as I dyd put the mete vpon the table/ I prayd
my lady that she wold kepe it fro the dogges/ And she ansuerd me that
her buttoks had eyen/ And by cause I founde her slepynge/ I discouered°
her so/ to thende/ that her buttoks myght the better see and loke aboute/
And thenne Exantus said vnto hym/ Ha shrewed seruaunt ofte thou
hast payd me of° suche lesynges° what thynge werse mayst thou doo to
me/ but to mocke thus my wyf and me also/ Neuertheles for the loue
and sake of these lordes thou shalt not now be bete/ but the tyme shal
come that I shall make the deye of an euylle dethe/ ⁋And within a whyle
after Exantus sayd to Esope/ kepe and loke well/ that no fooles ydeots
entre in to my hows/ but only the oratours and philosophres/ Esope thenne
wente/ and sette hym besyde the yate/ And as one of the philesophres
came to haue entryd in to the hows/ Esope beganne to groygne°/ and
sayd to hym/ come in thou dogge/ And the philosopher wenynge/ that he
had mocqued hym/ al wrothe and angry wente fro thens/ And thus dyd
many other/ But at the last came there one/ whiche was subtyle ynough/ to
whome Esope dyd/ as he hadde done to the other/ ⁋And he that was wyse
ansuerd hym swetely/ And thenne Esope lete hym goo/ and entre in to
the hows/ ⁋And anone he wente ageyne to his lord And sayd to hym/ No
philosopher is come to the yate/ but this one/ wherfore Exantus wend that
alle the other hadde mocqued with hym/ and was wrothe and angry/
⁋And on the morne as they mette with Exantus/ they sayd to hym thus/
Exantus well thou mocquest vs yesterdaye/ For he that kepte thy yate
castyng on vs ashrewed loke⁷⁶ dyd calle vs dogges/ For the whiche thynge
Exantus was troubled and more angry and wrothe than to fore he was/
⁋And anone he called Esope/ and sayd to hym/ goo thow Crokedbacked/
Counterfaytte/ and fals Chorle/ they whome thou sholdest haue receyued
with worship and greete [c 1ᵛ] honour/ thou hast vitupered and mocked/
Esope ansuerd to hym/ thou hast charged and commaunded me that none
I shold lete entre in to thy hows/ but wyse and sage philosophres And
Exantus sayd to hym/ Ha fals face⁷⁷ and croked/ ben not these wyse and
sage/ Nay said Esope/ For whanne I said that they shold entre/ they
entryd not/ but lyke fooles went ageyne theyr way withoute spekynge of
ony word/ but thys allone ansuerd wysely/ And therfor I repute and
hold hym as sage/ and they as fooles/ For a fool is he that lyghtely taketh
ony word in angre/ And thenne alle the sages and philosophres that were
there approuued the ansuere of Esope trew and good/ & moche they were
merueylled of the grete wysedome/ whiche was in hym

---

discouered: uncovered   *of*: by means of   *lesynges*: falsehoods   *groygne*: grunt

¶This history maketh mencyon how Esope found a tresour And how Exantus made hym to be put in pryson/

And within a lytel whyle after/ as exantus was with Esope/ beholdynge the greete sepulcres or Tombes/ [c 2ʳ] and the Epytaphes of the auncyent folke/ ¶And Esope whiche perceyued an arche/ whiche was nyghe of a columpne vnto the whiche men wente vp to it by foure steppes he wente thyder/ and sawe somme lettres withoute consonaunce or vnderstandynge°/ sauf only by poyntes[78] intytuled after the maner and forme of these lettres whiche ben latyn lettres/ A/ B/ D O/ ct/ H/ c/ H[79]/ Esope called his mayster and sayd to hym/ My lord what bytokenen these lettres/ Exantus loked and beheld them wel/ And a long whyle he thought what they sygnefyed/ And by cause he coude not vnderstonde the signyficacion of them/ he sayd to Esope/ telle me what these lettres signefyen/ And Esope said to hym/ My lord yf I shewe the here a fayr tresour/ what reward shalle I receyue of the/ Exantus his mayster sayd to hym/ haue thou a good courage/ For I shalle gyue to the fredome and lyberte and the half of this tresour/ And anone Esope wente doune[80] the four steppes/ and so depe he delued at the foote of the

vnderstandynge: meaning

columpne/ that he found the tresour the whiche anone he gaf to his lord
and sayd to hym/ My lord I praye the that now thou wylt doo to me as
thou hast promysed me/ & Exantus sayd to hym/ or euer thou haue
lyberte and fredome/ thou must lerne and teche me how thow wost and
knowest this scyence/ for more I repute & sette by the scyence & hold it
to gretter merueylle[81]/ than to haue the tresour/ Esope said thenne to
hym/ he that fyrst put here this tresour as philosophye denoteth and
specyfyeth it by the lettres[t] the whiche ben here wreton in latyn/ Ascende
gradus istos[82] quatuor fodias/ et inuenies thesaurum auri/ ¶And after
Exantus told hym/ Syth thou arte soo subtyl/ thow shalte not yet haue no
lyberte/
¶And Esope sayd to hym Loke wel what thou doost/ For this Tresoure
apperteyneth° to the kynge/ And Exantus asked of hym and sayd/ How
knowest thow hit/ By the lettres whiche signyfyen to vs/ that thow gyue
and take to the kynge Dyonysyus the Tresour whiche thou hast found/
¶And whanne Exantus herd hym saye that the tresour whiche they had
so founde/ was apperteynynge to the kynge Dyonysices/ he sayde thus to
Esope/ Take the halfe of alle this Tresoure/ and [c 2ᵛ] and lete no man
knowe of it/ ¶Esope thenne sayd to hym/ thou gyuest it me nought/ but
he that put and delued it here/ gyueth it to me/ And Exantus sayd/ how
knowest thow hit ¶And Esope ansuerd to hym/ For the lettres folowynge
shewen and signyfyen hit/ that is to wete/ E/ D/ Q/ I/ T/ A/ the whiche
lettres signefyen this latyn/ Euntes dimitte quem inuenistis thesaurum
auri/ And thenne sayd Exantus/ goo we home/ and there shalle we
departe° it/

¶This Historye maketh mencyon how Esope was delyuerd oute of pryson/
And how Exantus promysed to hym that he shold gyue hym fredome and
lyberte

A Nd as Exantus was tourned ageyne in to his hows fro the place
where as esope had found the tresour in the tresour before
seid he merueiled of the wysedom þt was in [c 3ʳ] Esope/ but for the
lyberte and fredome whiche he demaunded he was wrothe and angry/ And
dredyng the tongue of Esope made hym to be put fast in pryson/ And
Esope said to hym/ This is a fayr promesse of a philosopher/ thou

---

[t] lr̄es C.

apperteyneth: belongs   *departe*: divide

knowest well/ how thow promysest to me lyberte/ And in stede of fredome
& lyberte I am put in pryson/ And as Exantus herd hym soo speke he
reuoked and chaunged his sentence/ & made hym to be delyuerd/ ⟨And
after he sayd to Esope/ yf thou wylt be putte to thy lyberte/ hold thy
tongue in peas/ and accuse me nomore/ And Esope sayd/ do what
pleaseth the/ For wylt thou or not thou shalt put me to my lyberte/
⟨That same tyme befelle a merueyllous dede within the Cyte of Samye/
For as men playd there the comyn and publyk playes/ as yet at this tyme
is custome to doo in many good Cytees/ An Egle sodenly flewhe thorugh
all the communyte of the peple/ and toke & bare awey with hym the
rynge and the Seal of hym that soueraynly had the myght & puyssaunce
of al the Cyte/ And lete it falle in to the pytte° of a man whiche was in
lyberte/ For the whiche dede and token alle the peple of Samye was
gretely meruaylled/ And thenne arose a grete rumour° thorugh the Cyte
among the peple/ For moche they were doubtuous of som persecucion/ &
wyst not what that thyng myght signefye/ wherfore they were in grete
doubte and in grete heuynesse/ And therfor Incontynent they came
toward Exantus/ as to hym whiche they held for the moost sage and wyse
man of all the cyte of Samye/ and demaunded of hym what this meruaylle
sygnyfyed/ and also what thynge myght befalle therof/ Exantus was
ygnoraunt/ & knewe not the signyfycacion of this merueyll[83]/ wherfore
he demaunded of the peple tyme & space for to gyue herupon an ansuere/
Exantus thenne was in grete heuynesse and dolour by cause he wyst not
what he shold saye/ ne ansuere to the peple/ And Esope whiche sawe
hym so heuy/ and ful of sorowe/ demaunded of hym and sayd/ why arte
thou soo heuy in thy courage/ leue sorowe/ and take with the Ioye and
gladnesse/ gyue to me the charge for to ansuere to the Samyens/ And to
morne thou shalt saye to them suche wordes/ My lordes of Samye/ I am
no dyuyn ne Interpretour of the merueyllous thynges which ben to come/
Netheles [c 3ᵛ] I haue a seruaunt in my hows/ whiche as he sayth can telle
suche thynges/ yf it please yow I shalle make hym come before yow[84]/
And thenne yf by my counceyll I satisfye alle the felauship/ thou shalt
therfore receyue & haue worship glorye & prouffyt/ And yf I can not
satisfye them/ thou shalt be delyuerd of grete Infamye and shame/ And
I shalle be rebuked & put to grete shame/ Thenne Exantus hauynge his
trust in the Wordes of Esope wente on the morowe in to the grete place
of Samye/ and assembled there the peple of the Cyte and went vp on
hyghe where as the Iuge was acustomed to sytte/ and that whiche he had

pytte: well (?)   *rumour*: uproar

lerned of his seruaunt Esope/ he declared there byfore the Samyens/ the whiche thynges by hym reherced and sayd/ prayd hym that he wold make his seruaunt to come thyder before them/ Esope came anone thyder/ And as he was before all the company/ alle the peple of the Samyens loked and byheld hym with grete merueyll/ by cause he was so counterfayted and croked of body/ and sayd/ loke here is a fayre persone able to be a sewre° dyuyn/ and wente & mocked with hym/ ⟪And Esope beynge thenne on the hyghest party of alle the place/ began to make a token or signe wyth his hand vnto the peple of the Samyens/ to thende/ that they shold holde theyr peas and kepe scylence amonge them/ And sayd to*t* them in this manere/ My lordes for what cause lawghe yow & scorne me of my fygure & forme/ & knowe ye not that men must not loke in the face of a man to see & byhold of what fygure or forme that he is of/ but only to knowe his wysedom Also men ought not to loke and take hede to the vessel/ but to suche thyng as is within the vessel/ For ofte a fowle vessel is full of good wyn/ And thenne whan the Samyens herd these wordes/ they sayd to Esope/ Yf thou canst gyue vs good counceylle for the welthe of alle the comyn peple/ we al praye the that thou wylt doo it anone/ And thenne Esope hauynge confidence and trust in his wysedome and scyence/ sayd thus/ Nature or kynd of the whiche cometh all good/ hath this daye set & put debate or stryf bitwene the lord & the seruaunt/ for he that shall vaynquysshe shal not be paid ne rewarded after his desserte/ for yf the lord gete the victorye[85] I that am his seruaunt shal haue no lyberte/ as ry3t requyreth/ but I shal be bete [c 4*r*] and cursed/ & also emprysoned/ wherfor yf ye wil/ that I gyue yow good enseygnement° of that that ye demaunde & aske I requyre you that ye do make me free & be put ageyn in to my lyberte[86] to thende that with trust & good confydence I may speke to you And I promyt° & enseure yow that I shal shewe vnto yow the sygnyfycacion and vnderstandynge of this augry or signe/ & thenne they al with an egal voys sayde/ he axeth thyng resonable & Iuste/ wherfor exantus shal make hym to be free as reson is/ the whiche thyng exantus reffused to doo/ And the lord of the auctoryte publyke[87] sayd vnto hym/ Exantus yf thou wylt not obeye to the peple by the vertue of myn auctoryte/ I shal take hym out of thy seruytude & shal humble thy self in the temple of Junoys[88]

t do C.

sewre: sure   *enseygnement*: instruction   *promyt*: promise

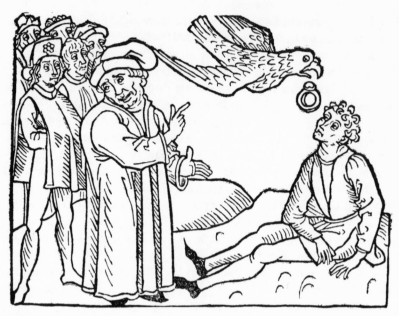

❦This historye folowyng maketh mencyon/ hou esope was restitued into his lyberte

ANd by cause that exantus was requyred & prayd by al his good frendes that he shold restore & put[89] esope in to lyberte/ he said to Esope/ hou be hit that it is not by my good wyl I gyue the lyberte/ And anon he that made there [c 4ᵛ] the cryes° and proclamacions wente in to al the places where suche cryes were done/ Exantus the philosopher hath gyuen lyberte to Esope/ And thus was accomplysshed that/ what esope had said/ wyll ye or wyl you not/ I shal ones be put in to lyberte/ And thenne Esope went in to the myddes of alle the felauship/ and made signe with his hand that euery one shold kepe pees & scylence/ And after said to them/ My lordes of Samye/ the Aygle whiche is kynge aboue al other byrdes/ As the kynges ben aboue the peple hath take awey the rynge and seal of your prefect or gouernour/ This bytokeneth/ and sygnefyeth/ that a kynge shalle demaunde & axe your lyberte/ and shal destroye alle your lawes/ And whan the Samyens herd the wordes/ they wexed° and became al abasshed & sore aferd And anon after came a pursyuaunt° or messager/ whiche brought with hym Royal lettres/ the whiche demaunded after the senate of the Samyens/ this messager was

cryes: public announcements   *wexed*: grew   *pursyuaunt*: herald

brought before the counceylle of the towne/ to whome he presented &
toke his lettres[t] in the whiche was conteyned that whiche folowed/
⟪Cressus[90] kynge of lyndyens[91]/ To the Senate & comyn peple of Samye
gretynge/ I commaunde yow that ye doo to me obeyssaunce & that ye
paye to me my trybutes[92]/ the whiche thynge yf ye reffuse it to fulfyll &
do/ I shall put yow al to dethe & brenne your toune/ the whiche lettres
sene & redde/ the samyens were al abasshed/ & for drede were enclyned
& wyllyng to obeye vnto him Neuertheles they wold knowe & haue the
counceylle of esope & praid hym to saye therof his sentence/ the which
wente & sette hym in the syege°/ & said to them My lordes of Samye/ how
be hit/ that I wylle[93]/ that ye be enclyned to obeye the kyng of lyndye/
Neuertheles to thende that I may counceylle yow that whiche is nedeful
& couenable° for the publyke welthe & prouffyt I do yow to know/ that
fortune in this mortal lyf sheweth ij thynges & two maners of wayes/ The
one is lyberte wherof the begynnynge is hard/ and dyffycyle°/ but thende
of hit is good swete and facyle/ The other waye is seruytude/ wherof the
begynnynge is facyle/ but thende therof is sharp/ ful bytter and hard/
And whan the samyens herd these wordes knowynge what it behoueth
to the publyk & comyn welthe/ beheld & took aduys of the sentence of
Esope/ And sayd al to gyder [c 5[r]] By cause that we be in lyberte/ we wylle
not be seruaunts to no man/ And with this ansuere sente ageyne the
Messager to Cressus/ And whan the kyng herd this ansuere/ he was
wroth & sorowful/ & gadred al his men of werre/ and also all the nobles
& gentyls of his reame°/ & made a grete armee for to haue destroyed the
Samyens/ the whiche thyng he myght wel haue brought about had not be
his messager[94]/ whiche sayd to hym/ Ryght dere Syre & my souerayne
lord/ thou mayst not be auengyd of the Samyens as longe as they haue
Esope with them whiche in al their affayres & nede helpeth & counceylleth
them/ wherfore hit is necessary that thou sende an ambassade° vnto the
Samyens/ that they wyll sende to the Esope/ & that thou shalt pardonne
& forgyue to them theyr offence/ For yf thou mayst haue Esope/ they of
Samye ben in thyn hand/ And the kyng sodenly sent an ambassade to
them of Samye/ the whiche Ambassatours applyqued° & sette theyre
wyttes to shewe vnto the Senate of Samye the wylle of their lord[t]
Cressus[95]/ & said that they shold sende Esope to the lord Cressus/
⟪And whan Esope vnderstode what the kynge demaunded/ he said to the

---

[t] lr̄es C.   [t] lerd C.

syege: official seat   *couenable*: suitable   *dyffycyle*: difficult   *reame*: realm
ambassade: ambassadorial group   *applyqued*: applied

Samyens/ My lordes It pleaseth me wel to go toward the kyng But er I go thyder I wyl telle you a fable [c 5ᵛ]

❡This historye maketh mencion/ how the wolues sente ambassatours vnto the Sheep

IN a tyme whan the bestes coude speke the wolues made werre ageynst the shepe/ And by cause that the shepe myght not kepe them ne hold ageynst the wolues they demaunded helpe of the dogges/ the whiche fyghtyng for the sheep made the wolues to torne them backward/ ❡And by cause the wolues coude ne myght not gete ne haue ony proye° ne wynne nothynge vpon the sheep for the loue of the dogges that kepte the sheep/ the wolues sent an Ambassade vnto the sheep for to haue perpetuel pees with them/ And for to haue pees/ the wolues went and demaunded that for to eschewe al suspecion⁹⁶/ the dogges shold be taken to the wolues/ or els destroyed for euer/ And the sheep as fooles and for to haue good pees consented to this demaunde/ And whan the dogges were slayne/ the wolues tooke vengeaunce on the sheep as appyereth⁹⁷/ whanne Esope hadde reherced this fable/ the Samyens determyned in them self that Esope shold not go toward the kyng

❡This historye conteyneth/ how Esope obeyed not to the samyens/ but went toward the kyng [c 6ʳ]

ESope obeyed not to the wylle of the Samyens/ but went with the Ambassade toward the kynge/ And whan he was come in to the kynges Courte/ the kyng seynge that Esope was soo gretely disformed and counterfaite of body/ he was wrothe and angry with hym self/ And sayd as by grete merueylle is the same he/ for the trust of whome/ they of Samye wylle not obeye to me/ ❡Esope thenne sayd/ Ha ryght dere syre and kynge magnyfyke/ certaynly I am not come before thy mageste by force/ but of my good wylle I am comen to the/ trustynge soo moche of thy benygnyte/ that thou shalt here what I shalle say to the/ The kynge gafe hym audyence and leue to saye what he wold/ and thus he sayd/ that other daye was a man whiche chaced the flyes/ the whiche man took a nyghtyngale⁹⁸/ the whiche seyng that he wolde haue kylled her/ prayd to the fawkoner/ sayenge/ I praye the that withoute cause thou wylt not slee me/ For to no body I doo no harme ne domage/ For I ete not the corne/ ne wyth my hornes I hurte no body/ but gyue solas and Ioye to all them

proye: prey

that gone by the way of my songe and voys/ and in me shalt thou fynde but only the voyce/ And whan the Faukoner herd these wordes he lete goo her/ wherfore ryght dere Syre I praye the that withoute cause/ I whiche am nought/ and as nothynge/ thou wylt not slee me/ For to no body I doo no harme/ ne also wold I doo/ And for the debylyte and feblenesse of my body I may nought doo/ but I can speke and say thynges whiche ben prouffitable to them that ben in the mortal lyf of this present world/ The kynge was thenne merueylled and meued° of pyte and of

myserycorde° sayd to Esope/ I gyue not to the thy lyf/ but fortune gyueth it to the/ And yf thou wylt haue ony thynge of me// aske hit/ and hit shall be graunted/ & gyuen to the/ And Esope sayd Ryght dere Syre only one thynge I demaunde of the/ that is to wete/ that thou gyue me the trybutes of the Samyens/ wel sayd the kynge I am content/ Thenne kneled Esope and sayd to the kynge/ Syre I thanke and regracye° yow moche/ And after that he composed the fables whiche ben wreton in this booke⁹⁹/ and to the kynge he gaf them/ And demaunded of hym the lettres of the gyfte for the remyssion of the trybutes of the Samyens/ the [c 6ᵛ] whiche he delyuerd to hym by the kynges commaundement/ & with his good wyl with many other grete yeftes/ And Esope thenne took leue of the kynge/ and to Samye he retorned ℂWhanne Esope was arryued

---

meued: moved emotionally   *myserycorde*: pity   *regracye*: thank

in to Samye/ the Samyens receyued hym worshipfully/ and made grete
Ioye of his comynge/ And Esope commaunded to the peple to be
assembled to gyder at a certayne houre in to the comyn place/ ❡Thenne
wente Esope and sette hym in the syege and recyted & redde the Royal
lettres/ how the kynge Cressus remytted and forgaf to them the trybutes/
After this Esope departed fro Samye/ and wold goo to disporte hym self
thorugh many regyons/ nacions and Cytees gyuynge enseygnementes/ by
historyes and fables to the mortall men/ He came to Babyloyne/ And
by cause he dyd shewe there his sapyence/ he was well receyued/ and
worshipfully festyed of Lycurre[t] kyng of babyloyne[100]/ And at that tyme
the kynges dyd sende the one to the other playes and proposycions
problematyks[101]/ and suche other playsaunces° for theyr disportes°/ And
he whiche coude not interprete them/ sente trybute to hym that sended
them/ ❡And by cause that Esope coude wel interprete them taught to the
kynge of Babyloyne the maner of hit/ And syn he composed there many
fables whiche the kyng of Babyloyn sente to other kynges/ And by cause
they coude not interprete them they sente many trybutes to the kynge of
Babyloyne/ wherfore the royalme was eslargysshed° and fylled of many
grete Rychesses/ And after that by cause Esope had no children/ he adopted
a noble and yonge child to his sone/ the whiche he presented to the kynge/
And he receyued hym as he had be his own sone/ whiche child was named
Enus/ This Enus within a lytel whyle after/ medled with the chamberere
of Esope whiche he held for his wyf/ and knewe her bodyly/ And by cause
he was in grete doubte that Esope wold auenge hym he accused Esope
toward the kynge of cryme of lezemageste or treason[102]/ and composed
fals lettres shewynge by them to the kynge/ how by the fables whiche he
sente here and thyder he hadde bytrayd hym/ and that he had conspyred
his dethe [c 7[r]]

❡This Historye maketh mencyon/ how the kynge commaunded that
Esope shold be put in his fyrst dygnyte° and offyce And how he par-
donned/ and forgaf to his adopted sone/

THe kynge Lycurius byleuynge and gyuyng credence to the accusa-
cion maade ageynste Esope was gretely wrothe/ And commaunded
to Herope[103] his Seneschalle that Esope shold be put to deth/ And Herope

---

[t] Sycurre C.

playsaunces: pleasing things   *disportes*: entertainment, games
eslargysshed: augmented   *dygnyte*: position of esteem

seynge/ that this sentence was not Iuste/ kepte Esope secretely within a sepulcre/ And alle his goodes were confysked° to his sone whiche had accused hym/ And within a longe whyle after/ Nectanabus¹⁰⁴ whiche was kynge of Egypte wenynge that Esope had be putte to dethe/ as the comyn renomme or talkynge was sent a proposycion problematyke to Lycurre kyng of babyloyne/ the whiche conteyneth this that foloweth/ Nectanabus kynge of Egypte/ to Lycurre kynge of Babyloyne gretynge/ By cause that I wylle edyffye or byld a towre/ the whiche shalle not touche heuen ne erthe/ I praye the that thow wylt sende me massons for to make vp the sayd Toure/ And this prayer [c 7ᵛ] by the accomplysshed/ I shalle gyue to the ten trybutes of al my Reame and londes/ And whan the kynge of Babyloyne herd this demaunde/ he was gretely troubled and wroth/ and thought how he myght satisfye and gyue an ansuere to this question/ And thenne he called to hym al his sages for to haue the solucion of the said question/ And by cause that none coude make the solucion/ the kynge was more angry than to fore/ And for the grete sorowe that he took herof he felle doune to the ground/ and sayd Allas I am wel myserable and myschaunt°/ that haue lost the crowne of my Royalme/ cursed be he by whome I made Esope to be put to dethe/ ⫶And thenne whan Herope the Seneschall knewe the grete anguysshe and sorowe of the kynge/ he sayd to hym/ Ryght dere Syre take nomore sorowe ne afflyction in thyn herte/ but pardone and forgyue me/ For I made not Esope to be put to dethe/ as thou commaundest me/ For wel I wyste that yet thou sholdest haue nede of hym/ And doubtynge to doo ageynst thy mageste/ syn that tyme vnto this day/ I haue kepte hym in a sepulcre/ ⫶And whanne the kynge herd these wordes/ he wexed ful of Ioye/ And anone rose fro the ground where as he laye/ & wente and enbraced his Seneschall/ sayenge/ yf hit be so that Esope maye be yet on lyue/ durynge my lyf I shalle be bound to the/ And therfore I praye the/ yf hit be soo/ lete hym come to me anone/ Esope was brought before the kyng/ whiche fyll doune to the kynges feet/ And whanne the kynge sawe that Esope was so pale and afflyged° ¹⁰⁵/ he had of hym pyte/ and commaunded or badde that he sholde be taken vp/ and clothed of newe/ And whanne Esope was vpon his feet/ he came before the kynge/ and ful mekely salewed hym/ And demaunded of hym the cause why he had ben put in pryson/ And the kyng sayd to hym/ that his adopted sone Enus hadde accused hym And thenne the kynge commaunded/ that Enus shold be punysshed of suche payne/ of the whiche oughte to be punysshed they that make theire faders to deye/ But Esope

---

confysked: confiscated   *myschaunt*: wretched   *afflyged*: afflicted

prayd the kynge that he wold forgyue hym/ And thenne the kyng shewed
to Esope the question of the kynge of Egypte/ ⟨And whanne Esope had
sene the lettres he sayd to the kynge/ wryte and sende ageyne this sentence
to the kynge of Egypte/ [c 8ʳ] gyuynge to hym this ansuere/ that after the
wynter shal be passed and gone/ thou shalt sende vnto hym werkmen for
to byld and make vp his toure/ and for to ansuere to hym in al thynges/
And thus he sente his Ambassatours to the kynge of Egypte/ After this
the kynge made alle the goodes of Esopeᵗ to be restytued vnto hym/ and
to be put in his fyrst dygnyte gyuyng to hym auctoryte and myght to
punysshe his sone after his wylle/ But Esope benygnely receyued ageyne
in to his own hows his adopted sone/ and swetely chastysed and corryged°
hym/ and sayd to hym/ My sone kepe thou my commaundements and
take and put them in to thy courage/ For we gyue well counceylle to
other/ but for vs we can not take hit¹⁰⁶/ ⟨And by cause that thou arte
an humayne man thou must be subgette to fortune/ And therfore thou
shalt fyrst loue god/ and shalle kepe thy self fro the wrath and angre of
thy kynge/ And by cause that thou arte an humayne man haue thenne
cure° and sollycitude of humayne thynges/ For god punyssheth the euyll
and wycked folke/ and also it is not heuenly thynge to doo to ony body
ony harme/ but shewe thy self cruell to thyn enemyes to thende that of
them thou be not condampned/ And to thy frendes make ioyefull
semblaunt° and good chere/ to thende that thou mayst haue euer the
soner theyre help and good wylle/ For thou oughtest to desyre and
wysshe prosperyte and welfare to alle thy frendes/ and aduersyte to alle
thyn enemyes/ Thou must speke fayre to thy wyf/ to thende that she
take none other man/ For by cause a woman is moche varyable and
meuable°/ as men flatere and speke fayre to her/ she thenne is lasse¹⁰⁷
enclyned to doo ony euylle/ kepe the wel fro the felauship of a man to
moche cruel/ For how be hit that he haue good prosperyte yet he is
myserable/ Stop thyn eres/ and kepe and hold wel thy tongue/ kepe the
fro moche talkynge/ And haue not enuye of other mens good/ For enuye
letteth the enuyous/ Haue cure and regard ouer thy famylle° or meyny°/
and that° thou be loued lyke a lord/ Haue shame in thy self to doo
ageynst reason/ And be not neclygent or recheles to lerne euery daye/
Telle not thy counceylle to thy wyf in no wyse/ Spend and wast not thy
good wylfully/ For better is [c 8ᵛ] to a man to leue his goodes after his

---

ᵗ After this the kynge made al the goodes of egipt: After this the kynge made alle the goodes
of Esope   C.

corryged: corrected   *cure*: concern   *semblaunt*: appearance   *meuable*: fickle
famylle: household   *meyny*: servants of the household   *and that*: in order that

dethe/ than to be indygent and a begger in his lyf/ ⟨Salewe or grete
Ioyously suche as thou mete by the waye/ For the dogge maketh wyth his
taylle feest and chere to them that he knoweth by the waye ⟨Mokke no
body/ ⟨And neuer cesse thy wytte to sapyence[108] ⟨And alle that thou
borowest yeld it ageyne with good will to thende that men lene° to the
another tyme with good wylle ⟨And they whiche thou mayst wel helpe/
refuse them not/ ⟨Kepe the fro euylle companye/ ⟨And thyn affayres or
besynes shewe vnto thy Frendes/ ⟨And beware that thou do nothynge ·
wherof thou mayst repente the after/ ⟨And whanne aduersyte shalle
come on the/ bere it pacyently[109]/ ⟨Lodge and herberowe° them that
ben vnpurueyed of lodges[110]/ A good word is medycyn ageynst the vyces/
⟨Certaynly he is wel happy that maye gete to hym a good frend/ For
nothynge is soo secretely kepte/ but that ones° it is knowen and
manyfested/

⟨This Historye maketh mencion/ how Enus departed fro Esope and
kylled hym self [d 1ʳ]

And after many admonestementes and techynges Enus the sone
of Esope departed fro the companye of Esope seyng that
Iniustly and withoute cause he had accused hym/ He was full of heuynesse
and sorowfull/ and wente vp to the top of a hyghe montayne/ And fro
thens he dyd cast hym self doune to the foote of the hylle/ And thus
wylfully he brake his bones/ and kyld hym self[111]/ as he that euer had
kepte euylle rewle and mysgouernaunce/ For of euylle lyf foloweth
euylle ende/ ⟨After this Esope commaunded to the Faukeners that they
shold take foure yonge egles whiche were yet within theyr nest/ And
whanne Esope hadde them/ he acustomed° and taught them for to ete
theyr mete hyghe and lowe[112]/ and eche of them had to theyr feet two
children fasted and bounden/ and as the children lyfte vpward or made
theyr mete to come dounward/ the yonge egles in lyke wyse flough vp &
doune for to take theyr mete/ And these thynges thus dressyd° and made/
and that the wynter was gone & passed/ Esope took his leue of the kynge
Lycurre/ and with his Egles and children wente in to Egypte/ And
whanne Esope arryued and came byfore the kynge of Egypte/ the kynge
seyng that Esope was Crokedbacked and counterfaytte of body/ thought
in hym self that he was but a beest/ and that the kyng of Babyloyne

---

lene: lend   *herberowe*: shelter   *ones*: one time in the future   *acustomed*: trained
dressyd: prepared

mocqued hym and his persone/ For he consydered not that a fowle
vessell may be full of ryght good wyn/ For men must not only take hede
to the vessel/ but to that whiche is in hit/ ⦗Esope thenne kneled before
the kynge and moche humbly he salewed hym/ And the kynge syttyng
in his mageste receyued hym ryght graciously and benyngly/ sayeng to
hym in this manere/ how lykest° thow me and the myn¹¹³/ And Esope
ansuerd Syre thow lykest and semest to me to be the sonne/ and thy men
the sparkes of hit/   [d 1ᵛ]

⦗This Historye maketh mencion how Esope rendryd the solucion to the
kynge of Egypte vpon the question/ whiche he sente to the kynge of
Babyloyne/

Whanne the kynge herd the ansuere of Esope/ he was moche
merueylled of that he was so subtyle in his ansuere/ and sayd
to hym in this manere/ Hast thou broght with the all them whiche shalle
edyffye and make vp my Tour/ ye sayd Esope/ but fyrst thow must shewe
to me the place where as thow wylle haue it/ ⦗The kynge thenne departed
oute of his palays/ and ledde Esope in to a fayr feld/ and sayd/ Seest thow
this fayre feld/ It is the place where I wylle haue my toure edyffyed/

lykest: compare; resemble

⟨Esope thenne to eche corner of this feld leyd an Egle with two children/
The child held thenne the mete vpward in to the ayer/ and the egles
beganne to flee after hit/ ⟨And thenne the Children with a hyghe voys
beganne to crye/ sayeng/ brynge now to vs claye stones & bryk/ wood &
tyeles[114] [d 2ʳ] for to haue byld vp the toure/ ⟨And whanne the kyng
saw this/ he said to Esope as by grete admyracion·how sayd he/ haue ye
men in your land whiche haue wynges/ And Esope sayd/ many suche
one we haue there/ ⟨Thenne sayd the kyng to Esope/ thow hast vayn-
quysshed me by thy reasons and wordes[115]/ But I praye the and requyre/
that thow wylt ansuere to me vpon a questyon whiche is thys/ I haue
maade mares to be broughte to me oute of Grece/ the whiche conceyuen
and bere horses by the help[116] of the horses/ that ben in Babyloyne/ And
Esope thenne ansuerd to hym/ Syre/ to morne I shalle gyue to the an
ansuere vpon this question/

⟨And after that Esope was retorned in to his lodgys°/ said in this manere
to his seruaunts/ Make ye so amonge yow all that ye gete me a grete
Catte/ And the seruauntes accomplysshed the commaundement of
Esope/   ⟨Esope thenne openly before alle the folke maade the
Catte to be bete wyth roddes/ ⟨And as the Egypcyans sawe this/ they
ran anone after the sayd catte for to haue take hym/ but they myght not
the whiche faytte or dede the Egypciens wente and shewed[117] it to the
kynge/ ⟨And anone the kynge commaunded that Esope shold be brought
to fore his persone/

⟨And whanne he was before his mageste/ the kyng sayd to hym/ Esope
come hyder/ what hast thow done/ woste thow wel that the god whiche is
adoured and worshypped of vs/ is of suche fygure and lykenesse as a
catte/ For certeynly alle the Egypcyens worshyppeth the ydolle maade
after the forme and fygure of a catte/ wherfore gretely thow haste
offended/   ⟨And Esope sayd thus to the kynge/ Syre this fals and
euylle beest/ on the nyghte laste passyd offended gretely ageynst the kynge
of Babyloyne For this beest hath slayne a Cok whiche he moche loued by
cause he fought strongly/ And sange on all the houres of the nyȝt And
the kynge thenne seyd to hym/ Esope I had neuer byleuyd that thow
sholdest haue maade soo grete a lesynge before me/ For hit maye not be
that this catte shold haue gone and come on a nyght fro hens to Babyloyne/
And esope smylyng sayd to hym/ Syre in suche maner cometh [d 2ᵛ] and
goth fro Babyloyne hyther the horses of Babyloyn by the whiche thy
marys/ brought oute of grece conceyuen and bere yong horses[118]/

lodgys: lodgings

¶And thenne after these wordes sayd by Esope/ the kynge preysed
gretely the sapyence of Esope/   ¶And the kynge made more of
hym and more worshipped° hym than he dyd to fore/ ¶And on the next
morowe the kyng of Egypt made al the best and grettest philosophres and
wyse men of alle his Countrey to be called before hym/ the whiche he
infourmed of the grete subtylyte & wytte of Esope/ And commaunded[119]
them to come to souper in to his Courte wyth Esope/ ¶And as they were
syttynge at the table/ the one of them sayd thus to Esope/ Thou must
pardonne me/ For here I am sente to speke with the[120]/ ¶And Esope
ansuerd to hym Saye what hit pleaseth to the/ It is not/ Godis wylle that
no man shold make ony lesynge[121]/ wherfor youre wordes shewen/ that
lytylle ye drede and loue youre god/ For ye talke and saye but fables and
lesynges[122]/ ¶And after another sayd to hym/ there is a grete Temple in
the whiche is a Columpne/ ryght grete/ the whiche Columpne bereth and
susteyneth xij/ Cytees/ And euery Cyte is couerd with thyrtty grete
saylles° vpon the whiche two wymmen ben euer rennynge/
And Esope ansuerd to hym in this manere/ The smal and lytyll children of
Babyloyne knowe the solucion of this questyon/ For this Temple wherof
thou spekest is the heuen/ and the columpne is the erthe/ And the twelue
Cytees ben the twelue monethes of the yere/ and the thyrtty sayllys ben
the dayes of the monethes/ And by the two wymmen whiche euer withoute
cesse renne ouer the thyrtty saylles/ is to vnderstonde° the day and
nyght/ ¶Thenne sayd the kynge of egipt to the lordes of his Courte/
Hit is now ryght and reason/ that I send trybutes and yeftes vnto the kyng
of Babyloyne/   ¶And one of them sayd to the kynge/ Syre we must
yet make to hym another question/ the whiche is this what is hit/ that we
neuer herd ne neuer we sawe/ And the kynge thenne beganne to saye to
Esope/ I pray the to gyue solucion of this question
And Esope retourned in to his lodges and fayned to make [d 3ʳ] an
oblygacion/ In the whiche Esope made to be wreton thys whiche foloweth/
I Nectanabus kynge of Egypte knowe° before alle men to haue borowed
of the kynge Lycurre a thousand marke of gold/ the whiche I Nectanabus
kynge of Egypte promytte to rendre hit and paye to the sayd kynge
Lycurre within a certeyn terme/ whiche as thenne was passed/ the whiche
Cyrographe° or wrytynge[123] Esope presented on the morne folowynge to
the kynge of Egypte/ Gretely was the kynge esmerueylled° of this Cyro-
graphe/ And sayd to the noble men of his Courte whiche were there

---

worshipped: honored   *saylles*: wind-catching devices attached to the arm of a windmill
vnderstonde: signify   *knowe*: acknowledge   *cyrographe*: obligation
esmerueylled: astonished

presente/ Haue yow euer sene ne herd saye that the kynge Lycurre had
lente to me ony money ne other thynge/ And the knyghtes sayden Nay/
⟨Esope thenne sayd to them/ yf hit be as ye saye to me/ your question
is assoylled°/ For now ye haue herd and sene that/ whiche ye herd ne
sawe neuer/ ⟨And thenne the kynge of Egypte sayd that the kynge
Lycurre was well happy and eurous° 124 to haue in his myght and
subiection suche a subget and seruaunt/ as Esope was/ And sente ageyne
Esope in to Babyloyne/ with grete yeftes and trybutes for the kynge of
Babyloyne/

⟨This Historye maketh mencyon how Esope retorned in to Babyloyn/
⟨And how for to make hym to be worshipped he dyd do make a statue
or ymage of gold

Whanᵗ Esope was come before the kynge of Babyloyn he told
and reherced to hym al that he had done in Egypte/ wherfore
the kynge commaunded/ that in the worship of Esope a statue or ymage of
gold shold be sette in the publyke or comyn place/ ⟨And within a whyle
after esope had desyre & wylle for to goo in to grece/ and asked leue of

ᵗ THan C.

assoylled: solved　　*eurous*: lucky

the kynge for to goo thyder/ wherof the kynge was soroufull And Esope
promysed to hym that he shold retorne in to Babyloyne/ And that there
he wold lyue and deye with hym/ And thus the kynge graunted hym leue/
And as Esope was goyng & walkyng thurgh al the cytees [d 3ᵛ] of grece
he shewed his sapyence and fables¹²⁵ in suche wyse that he gate° worship
and glory/ and was renommed° and knowen thorughoute alle the lond
of grece/ And at the last he wold come in to the lond of delphye/ whiche
was the best¹²⁶ prouynce of al grece/ The cytezeyns thenne of the Cyte
of delphye by theyr enuye mocked and dishonoured Esope/ And Esope
sayd to them/ My lordes ye be lyke the wood whiche is on the see¹²⁷/ For
whanne men see it of ferre/ hit semeth to be moche grete but as men come
nyghe/ hit appyereth but small and a lytel thynge/ Thus is it of yow/ For
whan I was ferre fro yow. I wend that ye had be the best of alle the land/
and now I knowe that ye be the werst/ And whanne the Delphyens herd
these wordes/ they held a counceylle to gyder where as the one of them
said/ moost wyse lordes¹²⁸ ye knowe wel ynough/ how this man hath
hadde grete syewte° and grete glorye in alle the Cytees and places where
as he hath ben/ wherfore yf we take not hede to vs/ he shalle take fro vs
oure grete auctoryte and shalle destroye vs/

⟨And thus to gyder they machyned° how and in what manere they
myghte [d 4ʳ] put hym to dethe/ but they durst not attempte ne falle on
hym for the grete companyes of straungers whiche thenne were within
the Cyte/ neuertheles as they aspyed and sawe that one of the seruaunts
of Esope made the males° and other gere redy for to ryde and departe
thens/ they went & took a coupe of gold oute of the Temple of Appollo/
and secretely put and thrested it in to the male of Esope/ Esope thenne
whiche ygnored° and nothynge knewe of this trayson departed oute of
delphye/ But he was not ferre whanne the traytours ranne after hym/ And
with grete noyse and clamour¹²⁹ took hym/ And as they tooke hym/
Esope said to hem/ My lordes why take yow me/ And they sayd to hym/
Ha a theef of celestyal ornaments/ Crokebacked and sacrylege/ wherfore
hast thou dyspoylled & robbed the Temple of Appollo/

gate: got   renommed: renowned   syewte: following   machyned: plotted
males: bag   ygnored: did not know

❡This Historye maketh mencyon how Esope was bytrayd   ❡And how
he reherced to the Delphyns the fable of the rat and of the frogge [d 4ᵛ]

THe whiche thynge Esope denyed and agaynsayd/ And thenne the
Delphyns vnbynded the male in the whiche they found the Coup
of gold/ And thenne wente and shewed it before the people[130]/ And
consyderynge and seynge the waye of their malyce and wykkednes also
knowynge that he myght not escape beganne to wepe/ & to make sorowe
on his fortune/ And one of his frendes named demas as he sawe Esope
thus wepynge/ comforted hym sayeng Haue good courage and reioyse[131]
thy self/ And anone the delphyns wente and concluded to gyder/ that
they as a sacrylege worthy to receyue vylaynous dethe/ shold take Esope
and make hym to be ledde vpon a hyghe Montayne/ for to be there throwen
doune fro the top of the hylle vnto the fote of hit/ whanne Esope knewe
theyre sentence/ he sayd to them and reherced this fable for to withdrawe
them oute of theyre malyce/ and sayd that pees was amonge alle beestes/
the ratte and the frogge loued moche eche other/ And the Ratte called the
frogge for to come and soupe with hym[132]/ The ratte sayd to the frogge/
ete of that whiche pleaseth to the/ And as they hadde ynough/ the frogge
sayd to the Ratte/ come with me/ and thou shalt be wel festyed atte
souper/ And to thende that thou maist the better passe the Ryuer/ thou
shalt bynd thy self to my fote/ The ratte was bound to the frogges feet/
And anone the frogge lepte in to the water/ and drewe the Rat after her/
And as the Ratte was nyghe drowned he sayd to the frogge/ wrongly thou
makest me suffre dethe/ but they that shall abyde on lyue°/ shalle auenge
this mysdede on the/ And as they were thus drawynge the one forward
and the other backward A kyte seynge this stryf and debate/ took them
bothe to gyder/ & ete them/ And semblably ye make me to deye wrong-
fully/ But Babyloyne and grece shalle auenge me vpon yow/ But yet for
al this the Delphyns lete not goo Esope/ but in stede of dethe[133] they
drewe and polled° hym shrewdly/ and the best wyse that he coude he
deffended and reuenged hym self[134] ageynst them [d 5ʳ]

❡This Historye maketh mencyon how Esope ended and deyd[135]

ANd as Esope was thus fyghtynge ageynst them/ he scaped oute
of theyr handes and fledde in to the Temple of Appollo/ but
al that prouffited hym nothynge For by force and strengthe they had &

abyde on lyue: remain alive   *polled*: jerked

drewe hym oute of the Temple/ And thenne they ledde hym where as
they wold haue hym for to be put to dethe/ And Esope seynge hym so
vytupered[136] sayd to them in this manere/ ⫷My lordes drede yow not
your god Appollo shalle auenge me vpon yow/ but not withstondynge
alle that he coude saye he was broughte to the place where he shold deye/
And seynge that he coude not scape fro them/ he beganne to reherce to
them this fable/ A woman was ones the whiche had a doughter whiche
was vyrgyne and foole/ ⫷The moder prayd ofte to the goddes/ that they
wold gyue to her doughter wytte and rayson/ her doughter was ones with
her in the Temple/ and herd what she sayd in her prayer/ And as this
mayde was ones gone in to the feldes/ she sawe a man whiche fylled a
sak ful of corn[137] [d 5ᵛ] She came there and demaunded of hym/ what he
made/ And he sayd/ Fayr doughter I put wytte in to this sack/ And she
sayd ageyne to hym/ Allas my frend I praye the that thow wylt put some
wytte in to my body/ and my moder shalle paye the wel for thy labour/
And anone he tooke her and putte his wytte in to her bely and tooke fro
her her maydenhede/ and ful gladde she retourned home to[t] her moder/
and sayd to her/ My moder I haue found a fair yong man/ whiche hath
putte wytte in to my body/ And the moder heryng these wordes wexed
ful of sorowe and seyd to her doughter/ My doughter thow hast not
recouered al thy wytte/ but the wytte that thou haddest thow hast lost/
Item/ to them he reherced another fable/ A husbond man was somtyme
whiche fro his yongthe vnto his old age had euer be in the feldes/ and neuer
came in to no cyte/ he prayd his maystre that he myght ones see the
Cyte/ & they had hym vpon a charyot/ the whiche was atled° and
drawen[138] with asses/ and sayd to hym/ pryke wel these asses/ for he shalle
lede the in to the Cyte/ And after that he had pryked them/ there rose vp
a grete tempest wherof these asses were soo sore troubled that they lefte
the ryght waye and tooke another/ and wente and drewe[139] the carte vp
vnto a Montayn And by cause that the asses coude not see for the grete
orage° and tempest/ they fylle° bothe the charyot and al vnto the foot of
the hylle/ And as the old man sawe hym self fallynge/ he sayd to Iupyter
in this manere/ Ha Iupiter/ yf I haue offendyd the/ must I therfore deye
so myserably/ I am more angry of these fowle and inutyle asses/ by whome
I muste receyue dethe/ than yf they were fayr and good horses/ And in
lyke wyse it happeth to me/ For of good men and Iuste I shalle not be put
to dethe/ but by yow/ whiche are iniques°/ euyll and peruers/ And as they
were all come to the place for to caste doune Esope/ he sayd to them

[t] tr   C.

atled: led away   *orage*: storm   *fylle*: fell   *iniques*: iniquitous

another fable/ sayenge in this maner/ A man whiche was enamoured on
his doughter/ the whiche by force he took and defloured her/ And the
doughter sayd to her fader/ Ha fader thou arte an euylle man & oute of
thy wytte/ that hast done to me suche shame and vergoyne/ For rather I
shold haue suffred this cryme and lothely dede of an honderd other men
than of the/ of whos blood I [d 6ʳ] am made and formed¹⁴⁰/ Semblably
is of me/ For I had leuer° and rather I shold suffre alle the perylle of the
world of noble men/ than to be put of yow chorles so vylaynsly to dethe
But I rendre and yelde thankynges and mercy to the goddes prayeng to
them that they punysshe yow of the euyll whiche ye haue and wylle doo
to me/ And thenne they casted and threwe hym doune fro the top of the
hylle vnto the foot of hit/ And thus deyde Esope myserably

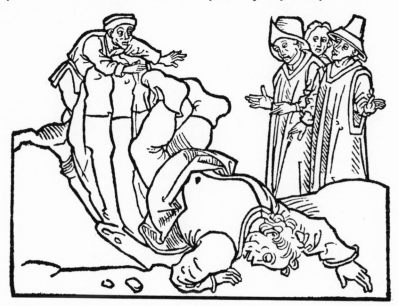

❡This Historye maketh mencyon how the Delphyns sacryfyed° to their
god/ And after edyffyed a Temple for to pease hym of the deth for Esope

A Nd after that Esope was thus put to dethe/ it befelle that in
theyr cyte ranne suche a pestylence and famyn that they lost
alle theyr wyttes/ ❡And for this cause they sacryfyed to their god Appollo/

leuer: rather   *sacryfyed*: sacrificed

for to pease hym of the dethe of Esope/ And by cause that Iniustly and wrongfully they had put Esope to dethe[141]/ they made and ediffyed a temple And whan the prynces and grete lordes of grece had tydynges [d 6ᵛ] how the delphyns had put Esope to dethe/ they came to Delphye for to punysshe them whiche had Iniustly and myserably put Esope to dethe/

❡Here endeth the lyf of Esope/ ❡And foloweth the Regystre of the fables of his fyrste booke/

⟪Here begynneth the preface or prologue of the fyrste book of Esope

I Romulus sone of thybere of the Cyte of Atyque/ gretyng[142]/ Esope
man of grece/ subtyle and Ingenyous/ techeth in his fables how men
ought to kepe and rewle them well/ And to thende that he shold shewe
the lyf and customes of al maner of men/ he induceth° the byrdes/ the
trees and the beestes spekynge to thende that the men may knowe wherfore
the fables were found/ In the whiche he hath wreton the malyce of the
euylle people and the argument of the Improbes°/ He techeth also to be
humble and for to vse wordes[143]/ And many other fayr Ensamples
reherced and declared here after/ the whiche I Romulus haue translated
oute of grekes tongue in to latyn tongue/ the whiche yf thou rede them/
they shalle aguyse° and sharpe[144] thy wytte and shal gyue to the cause of
Ioye/ [d vij^r]

⟪The fyrst fable is of the Cok and of the precious stone/

A S a Cok ones sought his pasture in the donghylle/ he fond a
precious stone/ to whome the Cok sayd/ Ha a fayre stone and
precious thow arte here in the fylth And yf he that desyreth the had found
the/ as I haue he shold haue take the vp/ and sette the ageyne in thy
fyrst estate/ but in vayne I haue found the/ For no thynge I haue to do
with the/ ne no good I may doo to the/ ne thou to me/ And thys fable
sayd Esope to them that rede this book/ For by the cok is to vnderstond
the fool whiche retcheth not of sapyence ne of wysedome/ as the Cok
retcheth and setteth not by the precious stone/ And by the stone is to
vnderstond this fayre and playsaunt book

---

induceth: introduces   *improbes*: wicked persons   *aguyse*: sharpen

¶This second fable is of the wulf and of the lambe/ [d 8ʳ]

OF the Innocent and of the shrewe Esope reherceth to vs suche
a fable/ how it was so/ that the lambe and the wulf had bothe
thurst/ and went bothe to a Ryuer for to drynke/ ¶It happed that the
wulf dranke aboue & the lambe dranke bynethe/ And as the wulf sawe
and perceyued the lambe/ he sayd with a hyghe voys/ Ha knaue why
hast thou troubled and fowled my water/ whiche I shold now drynke/
Allas my lord sauf your grece/ For the water cometh fro yow toward me/
Thenne sayd the wulf to the lambe/ Hast thow no shame ne drede to
curse me/ And the lambe sayd My lord with your leue/ And the wulf
sayd ageyne/ Hit is not syxe monethes passyd that thy fader dyd to me
as moche/ And the lambe ansuerd yet was I not at that tyme born/ And
the wulf said ageyne to hym/ Thou hast ete my fader/ And the lambe
ansuerd/ I haue no teeth/ Thenne said the wulf/ thou arte wel lyke thy
fader/ and for his synne & mysdede thow shalt deye/ The wulf thenne
toke the lambe and ete hym/ This fable sheweth that the euylle man[145]
retcheth not by what maner he may robbe & destroye the good & innocent
man[146] [d 8ᵛ]

ᵗ teeeth C.

❡The thyrd fable is of the rat/ and of the frogge/

Ow it be so/ that as the rat wente in pylgremage/ he came by a
Ryuer/ and demaunded helpe of a frogge for to passe/ and go
ouer the water¹⁴⁷/ And thenne the frogge bound the rats foote to her
foote/ and thus swymed vnto the myddes ouer° the Ryuer/ And as they
were there the frogge stood stylle/ to thende that the rat shold be
drowned/ And in the meane whyle came a kyte vpon them/ and bothe
bare them with hym/ This fable made Esope for a symylytude whiche is
prouffitable to many folkes/ For he that thynketh euylle ageynst good/ the
euylle whiche he thynketh shall ones falle vpon hym self

❡The fourth fable is of the dogge and of the sheep

F·the men chalengynge° ¹⁴⁸ whiche euer be sekynge occasion
to doo some harme and dommage to the good/ saith Esope
suche a fable/ Somtyme was a dogge/ whiche [e 1ʳ] demaunded of a sheep
a loof of brede that she had borowed of hym/ And the sheep ansuerd
that neuer she had none of hym The dogge made her to come before the
Iuge/ And by cause the sheep denyed the dette/ the dogge prouysed°
and broughte with hym fals wytnes/ that is to wete the wulf/ the mylan
& the sparhawkᵗ°/ And whanne these wytnes shold be examyned and
herd/ the wulf sayd to the Iuge/ I am certayne & me remembreth wel/
that the dogge lend to her a loof of brede And the Myllan went and sayd/
she receyued hit presente my persone¹⁴⁹/ And the sperowhawk sayd to
the sheep/ Come hyder why denyest thow that whiche thow hast take and
receyued/ And thus was the poure sheep vaynquysshed/ ❡And thenne
the Iuge commaunded to her that she shold paye the dogge/ wherfore
she sold awey before the wynter her flees and wulle for to paye that/ that
she neuer had/ And thus was the poure sheep despoylled/ In suche
maner done the euylle hongry peple whiche by theyr grete vntrouthe and
malyce robben¹⁵⁰ and despoyllen the poure folke

ᵗ spaehawk C.

ouer: on the surface of   *chalengynge*: slanderous   *prouysed*: provided
sparhawk: sparrowhawk

❡The fyfthe fable is of the dogge and of the pyece of flessh [e 1ᵛ]

HE that desyreth to haue other mens goodes oft he loseth his owne good/ wherof Esope reherceth to vs suche a fable/ In tyme passed was a dogge that wente ouer a brydge/ and held in his mouthe a pyece of flesshe/ and as he passed ouer a brydge/ he perceyued and sawe the shadowe° of hym/ and of his pyece of flesshe within the water/ And he wenynge that it had be another pyece of flesshe/ forthwith he thought to haue take it/ And as he opend his mouthe/ the pyece of flesshe fylle in to the water/ And thus he lost hit/ Ryghte soo is of many/ for whanne they thynke to robbe other/ they lese theyr owne and propre° good/ wherfor for the loue of a vayn thynge men ought not to leue that whiche is certeyn

❡The vj fable is of the lyon and of the cowe/ of the goote and of the sheep

MEn sayen comynly that it is not good to ete plommes with his lord/ ne to the poure it is not good to haue partage° and dyuysyon with hym whiche is ryche & myghty/ wherof Esope reherceth suche a fable/ The cowe/ the gote & the sheep went ones a huntyng & chase¹⁵¹/ with the lyon & toke [e 2ʳ] a herte/ And whanne they came*ᵗ to haue theyr parte/ the lyon sayd to them/ My lordes I late yow wete°/ that the fyrst part is myn by cause I am your lord/ the second by cause/ I am stronger than ye be/ the thyrd/ by cause I ranne more swyfter than ye dyd/ And who so euer toucheth the fourthe parte/ he shalle be myn mortal enemy/ And thus he took for hym self alone the herte/ And therfore this fable techeth to al folk/ that the poure ought not to hold felauship with the myghty/ For the myghty man is neuer feythfull to the poure

❡The seuenth fable is of the theef and of the sonne

NO man is chaunged by nature but of an euyll man maye wel yssue and come a wers than hym self/ wherof Esope telleth suche a fable/ A theef held the feest of his weddynge/ And his neyghbours

---

*ᵗ cake C.

shadowe: reflected image   *propre*: owned as property   *partage*: act of dividing
late yow wete: cause you to know

came there as the fest was holden[152] and worshipped and bare honour to the theef/ And as a wyse man sawe that the neyghbours of this theef were ioyeful and glad/ he sayd to them/ ye make Ioye & gladnes of that/ wherof ye shold wepe/ take hede thenne to my wordes and vnderstond your Ioye/ ⟨The sonne wold ones be maryed/ But alle the Nacions of the world were [e 2ᵛ] ageynst hym/ & prayd Iupiter that he shold kepe the sonne fro weddyng/ & Iupiter demaunded of them the cause why they wolde not haue hym to be wedded/ the one of them said/ Iupiter thou knowest wel/ how ther is but one sonne & yet he brenneth vs al/ & yf he be maryed & haue ony children/ they shal destroye al kynde°/ And this fable techeth vs that we ought not to be reioysshed° of euyll felauship/

⟨The viij fable is of the wulf and of the crane

Who so euer doth ony good to the euyll man he synneth as esope saith/ for of ony good which is don to the euils cometh no prouffit/ wherof Esope reherceth to vs suche a fable/ A wulf ete & deuoured a sheep of whos bones he had one in his throte which he coude not haue out & sore it greued hym Thenne went the wulf & praid the

kynde: nature   *reioysshed*: be glad

78

crane that she wold draw oute of his throte the bone/ & the crane put her
nek in to his throte & drewe out the bone wherby the wulf was hole°/
⟨And the crane demaunded of hym to be payd of her salary/ ⟨And the
wulf answerd to her/ Thow arte well [e 3ʳ] vnconnyng° & no good
connyng°/ remembryng the good that I haue done to the/ for whan thou
haddest thy neck within my throte/ yf I had wold/ I myght haue ete
the/ And thus it appiereth by the fable how no prouffite cometh of ony
good whiche is done to the euyls [e 3ᵛ]

⟨The ix fable is of the two bytches

IT is not good to byleue what flaterers and euyll men saye/ for by
theyr swete wordes/ they deceyue the good folke/ wherof Esope
reherceth suche a fable/ Ther was a bytche whiche wold lyttre and be
delyuerd of her lytyl dogges/ and came to the hows of another bytche/ &
prayd her by swete and fayre wordes that she wold lene to her a place
for to lyttre her lytyll dogges/ And this other lend to her/ her bed and her
hows wenynge to doo wel/ And whan the bytche had lyttred her lytel
dogges/ the good bytche sayd to the other/ that it was tyme that she shold

hole: well   *vnconnyng*: ignorant   *connyng*: knowing

79

goo and departe oute of her hows And thenne the bytche and her yonge dogges ranne vpon the other/ and boot° 153 and casted her oute of her owne hows/ And thus for to haue doo well/ grete dommage cometh ofte therfor And ofte the good men lese theyr goodes by the decepcion and flaterye of the peruers and euylle folke/

⟨The tenthe fable is of the man and of the serpent [e 4ʳ]

H E that leneth° and helpeth154 the euylle men/ synneth/ for after that men haue doo to them some good/ they hurte them afterward/ For as men sayen comynly/ yf ye kepe a man fro the galhows/ he shalle neuer loue yow after/ wherof Esope reherceth suche a fable/ ⟨A man was somtyme/ whiche fond a serpent within a vyne/ and for the grete wynter and frost the serpent was hard155/ and almost dede for cold wherof the good man had pyte and toke and bare her in to his hows and leyd her before the fyre/ and so moche he dyd that*t* she came ageyne in to her strengthe and vygour156/ She beganne thenne to crye and whystled157 about the hows and troubled the good wyf/ and the children/ wherfor this good man wold haue her oute of his hows/ And whanne he thoughte to haue take her she sprange after his neck for to haue strangled hym/ And thus hit is of the euyll folk whiche for the good done to them/ they yeld ageyne euyll and deceyuen them whiche haue had pyte on them/ And also theyre felauship is not good ne vtyle/

⟨The xj fable is of the lyon and of the asse

O F them whiche mocken other esope reherceth such a fable Ther was an asse which met with a lyon to whom he said my broder god saue the & the lyon shaked his hede [e 4ᵛ] and with grete payne he myght hold his courage/ to haue forthwith deuoured158 hym/ But the lyon sayd to hym self/ It behoueth not that teethe soo noble and so fayre as myn be touchen not/ ne byten suche a fowle beest/ For he that is wyse must not hurte the foole ne take hede to his wordes/ but lete hym go for suche as he is

t that that   C.

boot: beat   *leneth*: support, help

¶The xij fable is of the two rats

BEtter worthe is to lyue[159] in pouerte surely/ than to lyue rychely
beyng euer in daunger/ wherof Esope telleth suche a fable/ There
were two rats/ wherof the one was grete and fatte/ and held hym in the
celer of a Ryche man And the other was poure and lene/ ¶On a daye this
grete and fat ratte wente to sporte hym in the feldes and mette by the way
the poure rat/ of the whiche he was receyued as well as he coude in his
poure cauerne or hole/ and gaf hym of suche mete as he had[160]/ Thenne
sayd the fatte ratte come thow wyth me/ And I shalle gyue the wel other
metes/ He went with [e 5ʳ] hym in to the toune/ and entred bothe in to the
celer of the ryche man/ the whiche celer was full of alle goodes/ And whan
they were within the grete rat presented and gaf to the poure rat of the
delycious metes/ sayeng thus to hym/ Be mery and make good chere/ and
ete and drynke Ioyously/ ¶And as they were etynge/ the bouteler of the
place came in to the celer/ & the grete rat fled anon in to his hole/ &
the poure rat wist not whyther he shold goo ne flee/ but hyd hym behynd
the dore with grete fere and drede/ and the bouteler torned ageyne and
sawe hym not/ And whan he was gone the fatte rat cam out of his cauerne
or hole/ and called the poure ratte/ whiche yet was shakynge for fere/ and
said to hym/ come hyder and be not aferd/ & ete as moche as thou wylt/

And the poure rat sayd to hym/ for goddes loue lete me go oute of this celer/ For I haue leuer ete some corne in the feldes and lyue surely/ than to be euer in this torment/ for thou arte here in grete doubte & lyuest not surely/ And therfore hit is good to lyue pourely & surely For the poure lyueth more surely than the ryche [e 5ᵛ]

The xiij fable is of the Egle and of the foxe

How the puyssaunt & myghty must doubte the feble Esope re-herceth to vs suche a fable/ Ther was an Egle whiche came ther as yong foxes were/ and took awey one of them/ and gaf hit to his yonge egles to fede them with The foxe wente after hym & praid hym to restore and gyue hym ageyne his yong foxe/ And the Egle sayd that he wold not/ For he was ouer hym lord & maister¹⁶¹/ ⫷And thenne the foxe fulle of shrewdnes and of malyce beganne to put to gyder grete habondaunce of strawe round aboute the tree/ where vpon the egle and his yonge were in theyr nest/ and kyndeled it with fyre/ ⫷And whan the smoke and the flambe began to ryse vpward/ the Egle ferdfulle and doubtyng the dethe of her lytylle egles restored ageyne the yonge foxe¹⁶² to his moder

⫷This fable sheweth vs/ how the myghty men oughte not to lette° in ony thynge the smale folke/ For the lytyll ryght ofte may lette and trouble the grete

lette: harm

¶The xiiij fable is of the Egle whiche bare a nutte in his becke and of the rauen [e 6ʳ]

He that is sure and wel garnysshed° yet by fals counceyll may be bytrayed/ wherof Esope telleth suche a fable/ ¶An Egle was somtyme vpon a tree/ whiche held with his bylle a nutte[163]/ whiche he coude not breke/ The rauen came to hym/ and sayd/ Thow shalt neuer breke it/ tylle thow fleest as hyghe as thow mayst/ And thenne late it falle vpon the stones/ And the Egle beganne to flyhe and lete fall his proye[164]/ and thus he lost his notte/ ¶And thus many one ben deceyued thorugh fals counceylle/ and by the fals tongue of other

¶The xv fable is of the rauen and of the foxe

They that be glad and Ioyefull of the praysynge of flaterers oftyme repente them therof/ wherof Esope reherceth to vs suche a fable/ A rauen whiche was vpon a tree/ and held[165] with his bylle a chese/ the whiche chese the fox desyred moche to haue/ wherfore the foxe wente and preysed hym by suche wordes as folowen/ O gentyll rauen thow art the

garnysshed: prepared for defense

fayrest byrd of alle other byrdes/ For thy fethers ben so fayr so bryght
and so resplendysshynge°/ and can also so wel synge¹⁶⁶ [e 6ᵛ] yf thow
haddest the voys clere and small thow sholdest be the moost happy of al
other byrdes/ And the foole whiche herd the flaterynge wordes of the
foxe beganne to open his bylle for to synge/ And thenne the chese fylle
to the grounde/ and the fox toke and ete hit/ And whan the rauen sawe
that for his vayn glorye he was deceyued wexed heuy and sorowfull/ And
repented hym of that he had byleued the foxe/ And this fable techeth vs/
how men ought not to be glad ne take reioysshynge° in the wordes of
caytyf° folke/ ne also to leue° flatery ne vaynglory

¶The xvj fable is of the lyon/ of the wyld bore/ of the bole & of the asse

Hanne a man hath lost his dignyte or offyce/ he muste leue
his fyrst audacyte or hardynes/ to thende/ that he be not
iniuryed° and mocqued of euery one/ wherof Esope sheweth vnto vsᵗ
suche a fable/ There was a lyon whiche in his yongthe was fyers and moche
outragyous°/ ¶And when he was come to his old age/ there came to hym
a wyldbore/ whiche with his teeth rent and barst a grete pyece of his body
[e 7ʳ] and auenged vpon hym of the wrong that the lyon had doo to hym
before that tyme/ ¶After came to hym the boole whicheᵗ smote and hurted
hym with his hornes/ And an asse came there/ whiche smote hym in the
forhede with his feete by maner of vyndycacion/ And thenne the poure
Lyon beganne to wepe sayenge within hym self in this manere/ whan I
was yonge and vertuous° euery one doubted and fered me/ And now that
I am old and feble/ and nyghe to my dethe/ none is that setteth ne holdeth
ought by me/ but of euery one I am setten a back°/ And by cause that
now I haue lost bothe vertue and strengthe/ I haue lost alle good and
worship/ And therefore this fable admonesteth many one whiche ben
enhaunced in dygnyte and worship shewynge to them/ how they must be
meke and humble/ For he that geteth and acquyreth no frendes ought to
be doubtous° to falle in suche caas and in suche peryls

ᵗ vnto suche C.   ᵗ whicha C.

resplendysshynge: resplendent   reioysshynge: pleasure   caytyf: mean
leue: believe   iniuryed: calumniated   outragyous: violent   vertuous: strong
setten a back: repudiated   doubtous: fearful

⊂The xvij fable is of the asse and of the yong dogge [e 7ᵛ]

None ought to entermete hym° of that what he can not do wherof Esope recyted suche a fable/ Of an asse whiche was in the hows of a lord/ whiche lord had a lytyll dogge/ whiche he loued wel/ and gaf hym mete and ete vpon his table/ And the lytyll dogge lyked*[^168] and chered°/ and lepte vpon his gowne/ And to alle them that were in the hows he made chere/ wherfor the asse was enuyous and sayd in hym self/ yf my lord and his meyny loue this myschaunt beste by cause that he chereth and maketh feste to euery body/ by gretter reason they ought to loue me yf I make chere to them/ Thenne sayd he in hym self/ Fro hensforth I shalle take my disporte and shalle make Ioye and playe with my lord/ and wyth his meyny/ And ones as the asse was in this thoughte and ymagynacion/ hit happed that he sawe his lord whiche entryd in to his hows/ the asse beganne thenne to daunse and to make feest and songe with his swete voys/ and approched hym self toward his lord & went & lepte vpon his sholders/ and beganne to kysse and to lykke[^168] hym/ The lord thenne beganne to crye oute with a hyghe voys and sayd/ lete this fowl and payllard/ whiche hurteth and byteth me sore/ be bete and putt

[^t]: loked   C.

entermete hym: intrude one's self   *chered*: entertained awey[169]/ The lordes seruauntes thenne toke anone grete staues/ and beganne to smyte vpon the poure asse[170]/ and so sore corryged and bete hym/ that after he had no luste ne courage[171] to daunse/ ne make to none chere ne feste/ And therfore none ought to entermete hym self for to doo a thynge/ whiche as for hym impossyble is to be done/ For the vnwyse displeseth there/ where as he supposeth to please

❧The xviij fable is of the lyon and of the rat/

THe myghty and puyssaunt must pardonne and forgyue to the lytyll and feble/ and ought to kepe hym fro al euylle/ For oftyme the lytyll may welgyue ayde and help to the grete/ wherof Esope reherceth to vs suche a fable Of a lyon whiche slepte in a forest and the rats disported and playd[172] aboute hym/ It happed that the rat wente vpon [e 8ʳ] the lyon/ wherfore the lyon awoke/ and within his clawes or ongles° [173] he tooke the rat/ ❧And whanne the rat sawe hym thus taken & hold sayd thus to the lyon/ My lord pardonne me/ For of my deth nought ye shalle wynne/ For I supposed not to haue done to yow ony harme ne displaysyre/ ❧Thenne thought the lyon in hym self that no worship ne glorye it were to put it to dethe/ wherfor he graunted his pardone and lete hym go within a lytell whyle/ After this it happed so that the same lyon was take at a grete trappe/ And as he sawe hym thus caught and taken/ he beganne to crye and make sorowe/ And thenne whan the rat herd hym crye/ he approched hym & demaunded of hym wherfore he cryed/ And the lyon ansuerd to hym/ Seest thow not how I am take and bound with this gynne°/ Thenne sayd the ratte to hym/ My lord I wylle not be vnkynde/ but euer I shal remembre the grace whiche thou hast done to me/ And yf I can I shall now helpe the[174]/ The ratte beganne thenne to byte the lace or cord/ and so long he knawed° [175] it that the lace brake[176]/ And thus the lyon escaped/ ❧Therfore this fable techeth vs how that a man myghty and puyssaunt ought not to disprayse the lytyll/ For somtyme he that can no [e 8ᵛ] body hurte ne lette may at a nede gyue help and ayde to the grete[177]

ongles: claws   *gynne*: snare   *knawed*: gnawed

⟪The xix fable is of the mylan whiche was seke° and of his moder

HE that euer doth euylle ought not to suppose ne haue no trust that
his prayer at his nede shalle be herd[178]/ Of the whiche thynge
Esope sheweth to vs suche a fable/ Of a mylan° whiche was seke/ so moche
that he had no truste to recouere his helthe/ And as he sawe hym so vexed
with feblenes/ he prayd his moder that she shold praye vnto the goddes
for hym/ And his moder ansuerd to hym/ My sone thow hast so gretely
offendyd and blasphemyd the goddes that now they wol auenge them on
the/ For thow prayest not them by pyte ne by loue/ but for dolour and
drede/ For he whiche ledeth[t] euylle lyf/ and that in his euylle delynge is
obstynate/ ought not to haue hope to be delyuerd of his euyll/ For whan
[f 1ʳ] one is fall in to extremyte of his sekenes/ thenne is the tyme come
that he must be payed of his werkes and dedes[179]/ For he that offendeth
other in his prosperyte/ whan he falleth in to aduersyte/ he fyndeth no
frendes/

ᵗ ledew   C.

seke: sick   *mylan*: kite

❡The xx fable maketh mencion of the swalowe/ and other byrdes[180]

H E that byleueth not good counceyll/ may not fayll to be euylle
counceylled/ wherof Esope reherceth to vs suche a fable/ of a
plowgh man/ whiche sowed lynseed/ & the swalowe seyng that of the same
lynseed men myght make nettes and gynnes/ wente and sayd to alle other
byrdes/ Come with me ye al & lete vs plucke vp al this/ For yf we leue hit
growe/ the labourer shal mowe° make.therof gynnes° and nettes for to take
vs al/ Alle the byrdes dispraysed his counceyl ❡And thenne as the swalowe
sawe this/ he wente and herberowed her[181] in the plowgh mans hows/
❡And whanne the [f 1ᵛ] flaxe was growen and pulled vp[182]/ the labourer
made grynnes and nettes to take byrdes/ wherwith he took euery day
many other byrdes/ and brought them in to his hows/ to the whiche
byrdes the swalowe thenne sayd/ I told yow wel/ what that shold happe
therof/ wherfore men ought not to disprayse good counceylle/ For he
that is euyl aduysed and not wel counceyled shalle haue moche payne

❡Here fynysshed the fyrst booke of Esope/ And begynneth the Regystre
or table of the fables of the second book of esope

mowe: be able   *gynnes*: snares

LIBER SECUNDUS

❡Here foloweth the prohemye of the second book of the fables[t] of esope/ man wyse subtyle and Ingenyous/

Alle maner of fables ben found for to shewe al maner of folk/ what maner of thyng they ought to ensyewe° and folowe/ ❡And also what maner of thyng they must and ought to leue and flee/ for fable is as moche to seye in poeterye/ as wordes in theologye/ ❡And therfore I shalle wryten fables for to shewe the good condycions of the good men/ for the lawe hath be gyuen for the trespacers or mysdoers And by cause the good ond Iuste be not subget to the lawe as we fynde

---

[t] balted   C.   [t] book booke of eso fables   C.

ensyewe: seek after

and rede of alle the Athenyens/ the whiche lyued after the lawe of kynde/ And also they lyued at theyr lyberte/ but by theyre wylle wold haue demaunded a kynge for to punysshe alle the euyll/ but by cause they were not customed to be refourmed ne chastysed/ whan ony of them was corrected/ and punysshed/ they were gretely troubled/ whan theyr newe kynge made Iustyce/ For by cause that before that tyme they had neuer be vnder no mans subiection/ and was grete charge to them to be in seruytude/ wherfore they were sorowful that euer they had demaunded ony thynge/ ageynst the whiche esope reherceth suche a fable whiche is the fyrst and formest° of this second book

⟨The fyrst fable is of the frogges and of Iupyter

NO thyng is so good as to lyue Iustly and at lyberte For fredome and lyberte is better than ony gold or syluer/ wherof Esope reherceth to vs suche a fable/ There were frogges whiche were in dyches and pondes at theyre lyberte/ they alle to gyder of one assente & of one wylle maade a request to Iupiter that he wold gyue them a kynge/   And Iupyter beganne therof to merueylle[185]/ And for theyre kyng he casted to them a grete pyece of wood/ whiche maade a grete sowne and noyse in the water/ wherof alle the [f 2ᵛ] frogges had grete drede and fered moche/ And after they approched to theyr kynge for to make obeyssaunce vnto hym/ ⟨And whanne they perceyued that hit was but a pyece of wood/ they torned ageyne to Iupiter prayenge hym swetely that he wold gyue to them another kynge/ And Iupiter gaf to them the Heron for to be theyr kynge/ And thenne the Heron beganne to entre in to the water/ and ete them one after other/ And whanne the frogges sawe that theyr kyng destroyed/ and ete them thus/ they beganne tendyrly to wepe/ sayeng in this manere to the god Iupiter/ Ryght hyghe and ryght myghty god Iupiter please the to delyuere vs fro the throte of this dragon° and fals tyraunt[186] whiche eteth vs the one after another/ And he sayd to them/ the kynge whiche ye haue demaunded shalle be your mayster/ For whan men haue that/ which men oughte to haue/ they ought to be ioyeful and glad And

formest: foremost   *dragon*: monster in a generalized sense, fiend

he that hath lyberte ought to kepe hit wel/ For nothyng is better than lyberte/ For lyberte shold not be wel sold for alle the gold and syluer of all the world [f 3ʳ]

¶The second fable is of the Columbes or douues of the kyte and of the sperehawke/

Ho that putte and submytteth hym self vnder the saue gard or protection of the euylle/ thou oughtest to wete & knowe/ that whan he asketh & demaunded ayde & helpe/ he geteth none/ ¶Wherof Esope reherceth to vs suche a fable/ Of the douues whiche demaunded a sperehawke for to be theyr kynge/ for to kepe them fro the kyte or mylan/ And whanne the sperehawke was maade kynge ouer them/ he beganne to deuoure them/ the whiche columbes or douues sayd amonge them/ that better it were to them to⁴ suffre of the kyte than to be vnder the subiection of the sperehawke/ & to be martred as we be/ but therof we be wel worthy/ For we oure self ben cause of this meschyef/ And therfore whanne men done ony thyng/ men ought well to loke and consydere thende of hit/ For he dothe prudently and wysely whiche taketh good hede to the ende [f 3ᵛ]

¶The thyrd fable is of the theef and of the dogge

Hanne that one gyueth ony thyng/ men ought wel to take hede/ to what ende hit is gyuen/ wherof Esope reherceth suche a fable/ Of a theef which came on a ny3t within a mans hows for to haue robbed hym/ And the good mans dogge beganne to bark at hym/ And thenne the theef casted at hym a pyece of brede/ And the dogge sayd to hym/ thow castest not this brede for no good wylle/ but only to the ende/ that I hold my pees/ to thende that thow mayst robbe my mayster/ And therfore hit were not good for me/ that for a morsell of brede/ I shold lese my lyf/ wherfore goo fro hens/ or els I shalle anone awake my mayster and alle his meyne/ The dogge thenne beganne to bark/ and the theef beganne to flee/ And thus by couetyse many one haue

---

⁴ do C.

oftyme receyued grete yeftes/ the whiche haue ben cause of theyr dethe and to lese theyre heedes[187]   ¶wherfore hit is good to consydere and loke wel/ to what entencion the yeft is gyuen/ to [f 4ʳ] thende that none may be bytrayd thurgh yeftes/ Ne that by ony yeftes none maketh some trayson ageynst his mayster or lord

¶The fourthe fable maketh mencyon of the sowe and of the wulf

IT is not good to byleue all suche thynges as men may here/ wherof Esope sayth suche a fable/ Of a wulf whiche came toward a sowe/ whiche wepte and made sorowe for the grete payne that she felte/ by cause she wold make her yong pygges/ And the wulf came to her sayeng/ My suster make° thy yong pygges surely/ for ioyously and with good wylle/ I shalle helpe & serue the/ And the sowe sayd thenne to hym/ go forth on thy waye/ for I haue no nede ne myster° [188] of suche a seruaunt/ For as longe as thow shalt stonde here I shal not delyuere me of my charge/ For other thyng thow desyrest not/ than to haue and ete them/ The wulf thenne wente/ and the sowe was anone delyuerd of her pygges/ For yf she had byleuyd hym she had done a sorowful byrthe/ And thus he that folysshly byleueth/ folysshly it happeth to hym [f 4ᵛ]

¶The fyfthe fable maketh mencyon of the Montayn whiche shoke

RYght so it happeth/ that he that menaceth hath drede and is ferdfull/ wherof Esope reherceth to vs suche a fable Of a hylle whiche beganne to tremble and shake by cause of the molle° whiche delued hit/ And whanne the folke sawe that the erthe beganne thus to shake/ they were sore aferd and dredeful/ and durst not wel come ne approche the hylle/ But after whanne they were come nyghe to the Montayne/ & knewe how the molle caused this hylle shakynge/ theyr doubte and drede were conuerted vnto Ioye/ and beganne alle to lawhe/ And therfore men ought not to doubte al folk whiche ben of grete wordes and menaces/ For somme menacen that haue grete doubte

make: give birth to   *myster*: need   *molle*: mole

⟨The vj fable is of the wulf and of the lambe [f 5ʳ]

THe byrth causeth not so moche to gete some frendes/ as doth the goodnes/ wherof Esope reherceth to vs suche a fable/ Of a wulf whiche sawe a lambe among a grete herd of gootes/ the whiche lambe sowked a gote/ And the wulf wente and sayd to hym/ this gote is not thy moder/ goo and seke her at the Montayn/ for she shalle nourysshe the more swetely and more tendyrly than this gote shalle/ And the lambe ansuerd to hym/ This goote nouryssheth me in stede of my moder/ for she leneth to me her pappes soner than to ony of her own children/ And yet more/ hit is better for me to be here with these gootes than to departe fro hens/ and to falle in to thy throte for to be deuoured/ And therfore he is a foole whiche leueth fredome or surete/ for to put hym self in grete perylle and daunger of dethe/ For better is to lyue surely and rudely in sewrte° than swetely in peryll & daunger [f 5ᵛ]

⟨The vij fable speketh of the old dogge and of his mayster

MEn ought not to dysprayse the auncyent ne to putte a bak[189]/ For yf thow be yonge/ thow oughtest to desyre to come to old age or auncyente° [190]/ And also thow ouȝtest to loue and prayse the fayttes° or dedes whiche they haue done in theyr yongthe/ wherof Esope reherceth to vs suche a fable/ Of a lord whiche had a dogge/ the whiche dogge had be in his yongthe of good kynde/ For ye wote wel/ that of kynde the dogges chacen and hunten in theyr yongthe/ and haue grete luste to renne and take the wyld beestes/ whan thenne this dogge was come to old age/ and that he myght nomore renne/ It happeth ones that he lete scape and go fro hym an hare/ wherfore his mayster was sorowfull and angry/ and by grete wrathe beganne to bete hym/ The dogge sayd thenne to hym/ My mayster/ of° good seruyse thow yeldest to me euylle gwerdone° and reward/ For in my yonge age I serued the ful wel/ And now that I am comen to myn old age/ thow [f 6ʳ] betest and settest me a bak[191]/ haue memorye how in myn yong age/ I was stronge and lusty/ And how I made grete oultrages° and effors°/ the whiche caused my yongthe/ And now when I am bycome old and feble thow settest nought of me/ ⟨This

---

sewrte: security   *auncyente*: old age   *fayttes*: feats   *of*: in return for
gwerdone: reward   *oultrages*: violent efforts   *effors*: exertions of power

fable techeth that who so euer doth ony good in his yongthe/ in his auncyente and old age he shalle not contynue in the vertues whiche he posseded° in his yong age

⟨The viij fable is of the hares and of the frogges

MEn say comynly that after° that the tyme goth/ so must folke go[192]/ For yf thow makest distinction of the tyme[193] thow shalt wel accord the scryptures/ wherof Esope reherceth to vs suche a fable/ And sayth thus/ that he whiche beholdeth the euylle of other/ must haue pacyence of the euylle that maye come vpon hym/ For somtyme as a hunter chaced thurgh the feldes and woodes/ the hares beganne to flee for fere [f 6ᵛ] And as they ranne/ they adressyd° them in to a medowe fulle of frogges/ ⟨And whanne the frogges herd the hares renne they beganne also to flee and to renne fast/ And thenne a hare whiche perceyued them so ferdfull sayd to alle his felawes/ Lete vs no more be dredeful ne doubtuous/ for we be not alone that haue had drede/ For alle the frogges ben in doubte/ and haue fere and drede as we haue/ Therfore we ought not to despayre/ but haue trust and hope to lyue/ And yf somme aduersyte cometh vpon vs/ we must bere it pacyently/ For ones the tyme shalle come that we shalle be oute of payne and oute of all drede/ Therfore in the vnhappy and Infortunat tyme men ought not be despayred/ but oughte euer to be in good hope to haue ones better in tyme of prosperyte[194]/ For after grete werre cometh good pees/ And after the rayne cometh the fair weder

⟨The ix fable maketh mencyon of the wulf and of the kydde [f 7ʳ]

GOod Children ought to obserue and kepe euer the commaunde-ments of theyr good parentes and frendes[195]/ wherof Esope reciteth to vs suche a fable/ Of a gote whiche had made her yonge kydde/ and honger toke her soo that she wold haue gone to the feldes for to ete some grasse/ wherfore she sayd to her kyd/ My child/ beware wel/ that

---

posseded: possessed   *after*: according as   *adressyd*: directed

yf the wulf come hyder to ete the/ that thow opene not the dore to hym/
❡And whanne the gote was gone to the feldes/ came the wulf to the dore/
And faynynge the gotes voyce sayd to the kydde/ My child opene to me
the dore/ And thenne the kydde ansuerd to hym/ goo hens euylle and fals
beste/ For well I see the thurgh that hole/ but for to haue me thow faynest
the voyce of my moder/ ❡And therfore I shalle kepe me well fro openynge
of ony dore of this hows/ And thus the good children ought euer to kepe
wel/ and put in theyr hert & memory the doctryne and the techyng of
theyr parentes/ For many one is vndone and lost[196] for faulte of obedyence

❡The tenthe fable is of the good man and of the serpente [f 7ᵛ]

HE that ought not to be assewred° that applyketh and setteth
hym[197] to doo to somme other eny euyll/ wherof esope reherceth
suche a fable/ Of a serpent/ whiche wente & came in to the hows of a
poure man/ whiche serpent lyued of that whiche felle fro the poure mans
table/ For the whiche thynge happed a grete fortune to this poure man
and bycame moche ryche/ But on a daye this man was angry ageynste the
serpent/ and took a grete staf/ and smote at hym/ and gretely hurted hym/
wherfore the serpente wente oute of his hous And therin he came neuer

assewred: reassured, confirmed

ageyne/ And within a lytyll whyle after this/ this man retourned and felle
ageyne in to grete pouerte/ And thenne he knewe that by the fortune of the
Serpent he was bycome ryche/ and repentyd hym moche of that he smote
the serpent/ And thenne this poure man wente and humbled hym bifore
the serpent sayenge to hym/ I praye the that thow wylt pardonne me of
thoffense that I haue done to the ⟪And thenne sayd the serpente to the
poure man/ Syth thow repentest the of thy mysdede/ I pardonne and
forgyue it to the But as longe as I shalle be on lyue/ I shalle remembre
me of thy malyce/ For as thow hurtest me ones/ thow maist as wel hurte
me another tyme/ For the wounde that thow madest to me/ may not
forgete the euylle whiche thow hast done to me wherfore he that was ones
euylle/ shalle euer be presumed & holden for euylle/ And therfore men
ought to presume ouer hym/ by whome they receyue some dommage[198]
and not haue suspecte theyr good and trewe frendes[199]

⟪The xj fable is of the herte/ of the sheep & of the wulf

THe thyng which is promysed by force & for drede is not to be
hold/ wherof esope reherceth suche a fable of a hert which in the
presence of a wulf demaunded of a sheep that she shold paye a busshel[200]
of corn/ And the wulf commaunded to the sheep to paye hit[201]/ And
whanne the day of payment was come/ the herte came and demaunded
of the sheep his corn And the sheep sayd to hym/ the couenaunces° and
pactyons made by drede and force oughte not to be holden/ For it was
force° to me beynge to fore the wulf to promytte & graunte to gyue[202]
to the that whiche thow neuer lenest to me/ And ther [f 8ʳ] for thow shalt
haue ryght nought of me/ Wherfore somtyme it is good to make promesse
of some thynge for to eschewe gretter dommage or losse/ For the thynges
whiche are done by force haue none fydelyte

⟪The xij fable is of the balled° man/ and of the flye/

OF a lytel euylle may wel come a gretter/ Wherof Esope recyteth
suche a fable/ Of a flye/ whiche pryked a man vpon his bald
hede/ And whanne he wold haue smyte her/ she flewgh awey/ and thus

---

couenaunces: contracts   *it was force*: it was necessary   *balled*: bald

he smote hym self/ wherof the flye beganne to lawhe/ And the bald man sayd to her/ Ha a euylle beest thow demaundest wel thy dethe/ yf I smote my self wherof thow lawhest and mocquest me/ but yf I had hytte the/ thow haddest be therof slayne/ And therfore men [f 8ᵛ] sayen comynly that of the euylle of other/ men ought not to lawhe ne scorne/ But the Iniuryous mocquen and scornen the world/ and geteth many enemyes/ For the whiche cause oftyme it happeth that of a fewe wordes euyll sette²⁰³/ cometh a grete noyse and daunger

❡The xiij fable is of the foxe and of the storke

T How oughtest not to doo to other that whiche thow woldest not that men shold doo to the/ wherof Esope reherceth to vs suche a fable/ Of a foxe whiche conueyed° a storke to souper/ And the foxe put the mete vpon a trauncher/ the whiche mete the storke myght not ete/ wherof she tooke & had grete displaysaunce/ & wente & departed oute of the foxes hows al hongry and wente ageyne to her lodgys/ And by cause that the foxe had thus begyled her/ she bythoughte in [g 1ʳ] her self/ how she myght begyle the Foxe/ For as men saye/ it is meryte to begyle the

conueyed: accompanied as a courtesy

begylers/ wherfore the storke prayd the foxe to come and soupe with her/
and put his mete within a glas/ And whanne the foxe wold haue eten/ he
myght not come ther by/ but only he lycked the glas/ bycause he cowde
not reche to the mete with his mouthe/ And thenne he knewe wel that he
was deceyued/ And thenne the storke sayd to hym/ Take of suche goodes
as thow gauest to me/ And the poure foxe ryght shameful departed fro
thens/ And with the staf which he had made he was bete And therfore
he that begyleth other/ is oftyme begyled hym self²⁰⁴/

⁅The xiiij fable is of the wulf and of the dede mans hede [g 1ᵛ]

Any one ben whiche haue grete worship and glorye/ but noo
prudence/ ne noo wysedom they haue in them²⁰⁵ wherof
Esope reherceth suche a fable/ Of a wulf which found a dede mans hede/
the whiche he torned vp so doune with his foote/ And sayd/ Ha a how
fayr hast thow be and playsaunt/ And now thow hast in the neyther wytte/
ne beaute/ & yet thow arte withoute voys and withoute ony thought/ And
therfore men ought not only to behold the beaulte° and fayrenesse of the
body/ but only the goodnes of the courage/ For somtyme men gyuen
glorye and worship to some/ whiche haue not deseruyd to haue hit/

beaulte: beauty

¶The xv fable is of the Iaye and of the pecok [g 2ʳ]

None ought to were and putte on hym the gowne of other/ wherof Esope reherceth to vs suche a fable Of a Iaye full of vayne glory/ whiche took and putte on hym the fethers of a pecok/ and with them he aourned°/ and arayed hym self²⁰⁶ well/ And whanne he was wel dressyd and arayed/ by his oultrecuydaunce° or ouerwenynge²⁰⁷ wold haue gone and conuersed amonge the pecoks/ and dispraysed alle his felawes/ And whanne the pecoks knewe that he was not of theyr kynd/ they anone plucked of alle his fethers/ And smote and bete hym by suche maner/ that no fethers abode vpon hym/ And he fledde away al naked and bare²⁰⁸/

¶And thenne whanne his felawes sawe hym/ they sayd to hym/ What gallaunt come hyther/ where ben thy fayre fethers/ whiche thow haddest but late a gone/ Hast thow no shame ne vergoyne to come in oure companye/ And thenne alle the byrdes came vpon hym/ and smote & bete hym/ sayenge thus to hym/ yf thow haddest be content of thyn owne vestymentes/ thow haddest not come to this vylony/ Therfor hit appereth that hit is not good to were another mans [g 2ᵛ] gowne/ For suche weren fayre gownes and fayr gyrdels of gold that haue theyr teeth*ᵗ* cold²⁰⁹ at home

¶The xvj fable is of the mule and of the flye

Somme maken grete menaces/ whiche haue no myghte/ ¶Wherof Esope reherceth suche a fable/ ¶Of a carter/ whiche ladde a Charyot or carte/ whiche a Mule drewe forthe/ And by cause the Mule wente not fast ynough/ the flye sayd to the Mule/ Ha a payllart Mule/ why goost thow not faster/ I shalle soo egrely pryke the/ that I shalle make the to go lyghtely/ ¶And the Mule answerd to the flye/ god kepe and preserue the mone fro*ᵗ* the wolues²¹⁰/ For I haue no grete drede ne fere of the/ But I drede and doubte sore my mayster/ whiche is vpon me/ whiche constrayneth me to fulfylle his wylle/ ¶And more I oughte to drede and doubte hym more/ than the/ whiche arte nought/ and of no valewe ne myght/ ¶And thus men ought not to sette by [g 3ʳ] ne doubte them/ whiche haue no myght ne that ben of no valewe

ᵗ treth C.   *ᵗ* for C.

aourned: decorated   *oultrecuydaunce*: arrogance

⸿The xvij fable is of the ante and of the flye

TO make boost and auauntynge° is but vayne glorye and folye/
wherof Esope recyteth suche a fable/ Of the ante or formyce²¹¹
and of the flye/ whiche stryued to gyder/ for to wete whiche was the most
noble of them bothe/ & the flye sayd to the formyce°/ Come hyder
formyce/ wylt thow compare thy self to me that dwelle in the kynges
places and palays/ and ete and drynke at theyr table/ And also I kysse
bothe kynge and quene/ and the most fayre maydens/ And thow poure
and myschaunt beest thow arte euer within the erthe/ And thenne the
formyce ansuerd to the flye/ Now knowe I wel thy vanyte and folye/
⸿For thow auauntest the of that wherof thow sholdest disprayse the/ For
fro alle places where as thow goost or flyest/ thow arte [g 3ᵛ] hated chaced
and put oute²¹²/ and lyuest in grete daunger/ for assone as the wynter
shalle come thow shalt deye/ And I shal abyde on lyue alone within my
chambre or hole/ where as I drynke and ete at my playsyr/ For the wynter
shalle not forgyue to the thy mysdede/ but he shalle slee the/ ⸿And thus
he that wylle mocque or dispreyse somme other/ he ought fyrst to loke
and behold on hym self wel/ For men sayn comynly/ who that beholdeth

auauntynge: boasting   *formyce*: ant

in the glas/ wel he seeth hym self/ ⟨And who seeth hym self/ wel he knoweth hym self/ And who that knoweth hym self wel/ lytel he preyseth hym self/ ⟨And who that preyseth hym self lytyll/ he is ful wyse and sage

⟨The xviij fable is of the wulf/ of the foxe/ and of the ape

HE that ones falleth in to somme euylle faytte or dede/ he shalle euer lyue with dishonour and in suspecion/ of the peple/ ⟨And how be it that by aduenture he [g 4ʳ] purposed to doo somme prouffitable thynge to somme other/ yet he shold not be trusted ne byleued/ wherof Esope reherceth to vs suche a fable/ Of a wulf/ whiche maade the foxe to be cyted before the Ape/ ⟨And the wulf sayd that the foxe was but a theef and a payllart and a knaue of poure folke/ And the foxe sayd that he lyed/ and that he was a good and trewe man/ And that he dyde moche good/ ⟨And thenne the ape whiche was sette as a Iuge/ gaf suche a sentence/ And sayd thus to the wulf/ Come hyther/ thow hast not loste alle that whiche thow demaundest/ ⟨And thow Foxe I byleue wel that thow hast vsurped and robbed som thynge/ how be it/ that thow denyest hit in Iustyce/ But for as moche that pees may be bytwixe yow bothe/ ye shall parte to gyder your good/ to thende/ that none of yow haue no hole parte/ For he that is wonte and acustomed to robbe and gnawe²¹³/ with grete payne he may absteyne hym self fro hit/ For a begyler wylle euer begyle other/ ⟨And by cause that the ape felte them bothe gylty and suspycious made theyr dyfference to be acorded°/ and parted half by half/ For they that ben customed to doo ony frawde or falshede/ shall euer lyue ryȝte heuyly and in suspycion

⟨The xix fable is of the man and of the wesel

MEn ought wel to loke and behold the courage & thought of hym/ whiche dothe good/ and the ende/ wherfor he dothe hit/ wherof Esope reherceth suche a fable Of a man whiche tooke a wesell/ the whiche chaced after the rattes wythynne his hows/ ⟨And after whanne he had taken her/ he wold haue kylled her/ ⟨And whanne the poure Weselle sawe the wrathe and furour of her mayster/ she cryed to hym/ mercy/ sayenge thus/ My lord I requyre and praye the/ that thow wylt pardonne to me/ And that thow wylt reward me of the grete seruyse

acorded: settled

whiche I haue done to the/ For euer I haue chaced the rats oute of thy hows/

⟨And the man sayd to her/ thow dydest not that for [g 4ᵛ] the loue of me/ but only thow hast done it for to fylle thy bely For yf thow haddest done it for the loue of me/ I shold haue pardonned to the/ ⟨And by cause that thow dydest not for to serue me/ but for to lette and adommage° me/ For that the rattes myght not ete/ thow barest it awey/ And soo by cause/ that thow arte wexed fatte of myne owne brede/ thow must rendre and yeue to me alle the fatnesse/ whiche thou hast conquered and goten here/ For he that robbeth shall be robbed/ Iuxta illud/ pillatores pillabuntur/ For hit suffyseth not to doo wel/ but men must haue good wylle and good entencion for to do hit/ For an almesse° that is done for vayne glorye/ is not merited/ but dismeryted/ wherfore I shal not pardonne the/ but incontynent and withoute taryenge thow shalt deye/ For by cause that thow hast deseruyd no mercy/ thow shalt now be putte to dethe²¹⁴

⟨The xx fable maketh mencion of the Oxe/ and of the frogge/ whiche wold haue compared° her to hym [g 5ʳ]

The poure ought not to compare hym self to hym which is ryche and myghty/ As sayth this fable of a frogge/ whiche was in a medowe/ where she aspyed and sawe anᵗ oxe whiche pastured/ She wold make her self as grete and as myghty as the oxe/ and by her grete pryde she beganne to swelle ageynste the oxe/ And demaunded of his children yf she was not as grete as the oxe and as myghty/ And theyr children ansuerd and sayd nay moder/ For to loke and behold on the oxe/ it semeth of yow to be nothynge²¹⁵/ And thenne the frogge beganne more to swelle/ ⟨And when the oxe sawe her pryde/ he traddeᵗ° and thrested° her with his fote²¹⁶/ and brake her bely/ Therfore hit is not good to the poure to compare hym self to the ryche/ wherfore men sayn comynly/ Swelle not thy self/ to thende that thow breste not²¹⁷

⟨Here fynysshed the second booke of Esope/
⟨And after begynneth the regystre or table of the thyrd book of Esope [g 5ᵛ]

ᵗ on C.   ᵗ thradde C.

adommage: harm   *almesse*: charitable offering   *compared*: rivaled
tradde: trampled   *thrested*: crushed

LIBER TERCIUS

CThe fyrst fable is of the lyon and of the shepeherd
CThe second fable is of the hors and of the lyon
CThe thyrd fable is of the horse/ of the asse/ and of theyre fortune
CThe fourthe fable is of the beestes and of the byrdes
CThe fyfthe fable is of the nyghtyngale & of the sperehawke
CThe sixthe fable is of the wulf/ and of the foxe
CThe seuenth fable is of the herte and of the hunter
CThe eyght fable is of Iuno and of Venus
CThe ix fable is of the woman and of the knyght
CThe x fable is of the yonge man and of the yong woman²¹⁸
CThe xj fable is of the fader and of the euylle sone
CThe xij fable is of the serpent/ and of the mone²¹⁹
CThe xiij fable is of the wulues and of the sheep
CThe xiiij fable is of the wulf²²⁰ and of the wood
CThe xv fable is of the wulf and of the dogge
CThe xvj fable is of the feet/ of the handes and of the mans bely
CThe xvij fable is of the ape and of the foxe
CThe xviij fable is of the man that kept mules & of the asse
CThe xix fable is of the herte and of the oxe
CThe*ᵗ* xx fable is of the fallace of the lyon/ and of his conuersacion

CHere begynneth the thyrdde booke of the subtyle fables of Esope/ wherof the fyrste maketh mencion/ of the lyon/ & of the pastour or herdman

THe myghty and puyssaunt oughte not to be slowfull° of the bene- fetes done to them by the lytyl and smalle And oughte not also to forgete them/ but that they may be rewarded of them/ CAnd this fable approueth esope & sheweth vnto vs²²¹/ of a lyon whiche ranne after a beest/ and as he ranne/ a thorne entred in to his foote/ whiche hurted and greued hym gretely/ wherfore he myght no ferther goo/ but as wel as he cowde he came to a shepeherd whiche kepte his sheep and beganne to flatere° with his taylle shewynge to hym hys [g 6ʳ] foote/ whiche was sore hurted and wounded/ The sheepherd was in grete drede and casted before

ᵗ [C is omitted] C.
slowfull: ungrateful   *flatere*: ingratiate himself

the lyon one of his sheep But the lyon demaunded no mete of hym/ For more he desyred to be medycyned° and made hole of his foote/ ⫶And after whanne the sheepherd sawe the wounde/ he with a nydle subtylly drewe oute of his foote the thorne/ and had oute of the wound alle the roten flesshe/ and enoynted hit with swete oynements/ ⫶And anone the lyon was hole/ And for to haue rendryd graces° and thankys to the sheep-herd or pastour the lyon kyssed his handes/ And after he retorned ageyn in to the hyest° of the woode²²²/ And within a lytel whyle after it happed

that this lyon was taken and conueyed to the Cyte of Rome and was put amonge the other beestes for to deuoure the mysdoers/ Now it befelle that the sayd shepeherd commysed° a crymynous dede/ wherfore he was condempned to be deuoured by these bestes/ And ryght soo as he was cast emong them the lyon knewe hym/ and beganne to behold on hym/ and made to hym chere. and lykked hym with his tongue/ And preserued and kepte hym from alle the other bestes/ ⫶Thenne [g 6ᵛ] knewe the sheepherd that it was the lyon whiche he maade hole/ And that he wold thenne haue recompensed hym of the good whiche he had done to hym/ wherof alle the Romayns were all wonderly abasshed/ And wold knowe the cause of hit And the sheepherd/ sayd to them as aboue is sayd/ ⫶And

medycyned: healed *graces*: thanks *hyest*: deepest part
commysed: committed

whanne they knewe the cause/ they gaf leue to the sheepherd/ to goo
home/ and sente ageyne the lyon in to the forest/ And therfore this is
notary° and trewe that al maner of folke ought to rendre and gyue
thankynges grace and mercye to theyre good doers/ For slowfulnes is a
synne/ whiche is moche displaysaunt to god/

❡The second fable is of the lyon and of the hors

EChe one ought to eschewe dyssymylyng/ for none ouȝt to were on
hym the skyn of the wulf/ but that he wyll be lyke to hym/ For
none ouȝt to fayne hym self other than suche as he is/ As to vs reherceth
this fable/ ❡Of a lyon whiche sawe a hors/ whiche ete grasse in a medowe/
And for to fynde somme subtylyte and manere for to ete and deuoure
[g 7ʳ] hym/ approched to hym/ and sayd/ god kepe the my broder/ I am a
leche/ and with al a good phisycyen/ ❡And by cause that I see that thow
hast a sore foote/ I am come hyther for to hele the of hit/ And the hors
knewe wel all his euyl thought And sayd to the lyon/ My broder I thanke
the gretely/ and thow arte welcome to me/ I praye the that thow wylt
make my foote hole/ And thenne the lyon sayd to the hors/ late see thy
foote²²³/ And as the lyon loked on hit/ the hors smote hym on the forhede/
In suche wyse that he brake his hede and fyll oute of his mynde²²⁴/ & the
lyon felle to the ground/ And soo wonderly he was hurte/ that almost he
myght not ryse vp ageyne/ And thenne sayd the lyon in hym self/ I am
wel worthy to haue had this/ For he that sercheth euylle/ euyll cometh
to hym/ And by cause that I dyssymyled and fayned my self to be a
medycyn/ where as I shold haue shewed my self ᵗ a grete enemye/ I
therfore haue receyued good reward/ And therfore euery body oughte to
shewe hym self suche as he is/

❡The thyrd fable maketh mencion of the asse/ of the hors/ & of theyr
fortune [g 7ᵛ]

HE that is wel fortuned and happy/ and is atte vpperest° of the
whele of fortune/ may wel falle doune/ And therfore none ought
to disprayse the poure/ but ought to thynke how the whele of fortune is

ᵗ sel C.

notary: well known   *vpperest*: top

moche doubtuous° as sheweth this present fable/ Of a fayr hors whiche
was wel harnaysed and arayed/ and his sadel and brydel garnysshed with
gold/ whiche hors mette with an asse sore laden in a narowe way/ And by
cause that the asse tourned hym not a bak Incontynent the hors sayd to
hym/ Ha a chorle hast thow noo shame ne vergoyne/ that thow doste ne
berest none worshippe ne reuerence vnto thy lord/ who holdeth now me/
that wyth my foote I breke not thyn hede/ by cause that thow puttest
not thy self asyde and oute of my waye/ so that I myght passe & goo on

my waye/ The poure asse ansuerd ne sayd to hym neuer a word/ and was
sore aferd that the hors shold haue bete hym/ wherfore he held his pees
as wyse and sage/ And the hors wente his waye/ ⁊And within a lytel
whyle after/ it befelle/ that fortune tourned his whele vp so doune/ For
thys fayre hors became old lene and seke²²⁵/ ⁊And whanne his maystre
sawe that his hors was thus lene and seke and oute of prosperyte/ he
comaunded that he shold be had in to the toun And that in stede of his
ryche sadel men shold put and sette on his backe a panyer for to bere
dounge° in to the feldes/ Now it happed that the asse whiche was in a
medowe etyng grasse perceyued and sawe the hors and wel knewe hym*/
wherof he was wonder abasshed/ and merueylled moche that he was thus

---

ᵗ hpm C.

doubtuous: uncertain *dounge*: dung

poure and so lene bycome/ ❡And the Asse went toward him and sayd/ Ha a felawe. where is now thy fayre sadel/ and thy ryche brydel/ garnysshed with gold/ how arte thow now bycome soo lene and suche a payllard/ what haue prouffyted to the thy fayre and ryche rayments/ and what auaylled now to the thy grete fyerste and pryde/ and thy grete presumpcion whiche ones thow shewest to me/ Thynke now/ how thow arte lene and vnthryfty°[226]/ And how thow and I ben now of one offyce/ And the myserable and vnhappy hors was abasshed/ And for shame loked dounward/ & ansuerd neuer one word[227]/ for alle his felycite was thenne torned in to aduersyte/ ❡And therfore they that ben in felycite/ oughte [g 8r] not to dysprayse them/ whiche ben in aduersyte/ For many one I knewe ryche and myghty/ whiche are now poure/

❡The iiij fable maketh mencyon of the beestes and of the birdes

NOne maye doo no good to two lordes at ones/ whiche ben contrary one to that other/ as sayth to vs this fable that the beestes made grete werre ageynst the byrdes/ & fought euery day to gyder/ And the backe° feryng the wulues[228] And that the beestes shold vaynquysshe and ouercome the byrdes/ wold haue hold with the beestes/ and be ageynst the byrdes/ And whanne the bataylle was ordeyned on bothe sydes/ the egle beganne to entre in to the batayll of the beestes by suche a strengthe/ that with the help of the other byrdes he gat the feld/ and vaynquysshed/ and ouercame the bestes/ wherfor the bestes maade pees with the byrdes/ and were alle of one [g 8v] acord and of one wylle/ And for the treason that the backe had made/ she was condempned to neuer see the day/ And neuer flee/ but only by nyght/ And also she was despoylled of alle her fethers/ And therfore he that wylle serue two lordes contrary one to other may not be good ne trewe/ And they whiche relynquen° and leue[229] theyr owne lordes for to serue another straunger/ whiche is enemy to theyr lord/ ben wel worthy to be punysshed/ For as the Euangely° sayth/ None may serue bothe god and the deuyl

vnthryfty: not thriving *backe*: bat *relynquen*: abandon *euangely*: gospel

¶The v fable is of the nyghtyngale and of the sperehawke/

HE that oppresseth the Innocents shalle haue an euyl ende/ wherof Esope reherceth to vs suche a fable/ Of a sperehawk/ whiche dyd put hym within the nest of a nyghtyngale/ where he fond the lytyl and yonge byrdes/ the nyghtyngale came and perceyued hym/ wherfore she praid the sperehawke/ sayeng/ I requyre and praye the as moche as I [h 1ʳ] may/ that thow haue pyte on my smal byrdes/ And the sperehawke ansuerd and sayd/ yf thow wylt that I graunte the thy request/ thow must synge swetely after my wylle and gree° ²³⁰ And thenne the nyghtyngale beganne to synge swetely/ not with the herte/ but with the throte onely/ For he was soo fylled of sorowe that otherwyse he myght not doo/ The sperehawk sayd thenne to the nyghtyngale/ This songe playseth me not/ And toke one of the yonge byrdes and deuoured hit/ And as the sayd sperehawke wold haue deuoured and eten the other²³¹ came there a hunter whiche dyd caste a grete nette vpon the sperehawke/ And whanne she wold haue fleen awey/ he myght not/ for he was taken/ And therfore he that doth harme & letteth the Innocents/ is worthy to deye of euylle dethe/ As Caym dyd whiche slewe his broder Abel

¶The sixth*ᵗ* fable is of the foxe and of the wulf [h 1ᵛ]

FOrtune helpeth bothe the good and euylle folke/ and to alle them/ whiche she helpeth not she sendeth euylle to them/ And they that setten alle theyr malyce ageynste fortune ben subuertysed° and ouer-thrawen by her/ wherof Esope reherceth suche a fable/ Of a wulf whiche had assembled to gyder a grete proye/ or moche mete for to haue lyued more delyciously/ wherof the foxe had grete enuye/ and for to haue robbed somme of this good/ he came vnto the cauerne or hole²³² where as this proye or mete was in/ and sayd to the wulf/ My godsep° the wulf/ by cause hit is longe syth I sawe the/ I am in grete heuynesse and sorowe/ and also by cause we haue not ben in long tyme gone chaced and gone to gyder²³³/ ¶And whan the wulf knewe the malyce of the foxe/ he sayd to hym thow arte not come hyder for to see me/ ne how I fare/ but thou arte come for to robbe and rauysshe my good/ For the whiche wordes the

---

ᵗ seuenth C.

gree: desire   *subuertysed*: subverted   *godsep*: friend

foxe was moche angry/ and wente toward a sheepherd/ to whome he
sayd/ yf thow wylt be auenged of the wulf whiche is enemy of thy heerd
or parke°²³⁴/ on this day I shalle put hym vnder thy handes/ And the
sheepherd ansuerde to the foxe in this manere/ yf thow doo as thow sayst/
I shall paye the wel/ And thenne the foxe shewed to hym the hool/
wherin the wulf was/ And the sheepherd Incontynent wente toward the
hole/ and with a spere he kyld the wulf/ And by this manere the foxe was
wel fylled and refresshyd of the good of other/ but as he retorned home-
ward/ he was taken & deuoured by somme dogges/ wherfore he seyd to
hym self/ by cause that ryght euylle I haue done/ euylle cometh now to
me/ For synne retorneth euer vpon his mayster/ And he that lyueth but
of rauyn and robberye shal at the last be knowen²³⁵ and robbed/

❡The seuenth fable is of the herte and of the hunter

Men preysen somtyme that/ that shold be blamed & vitupered/
And ofte men blamen & vytuperen that/ that shold be preysyd/
as reciteth to vs this fable of a herte/ To whome it happyd on a tyme that
he drank in a fontayn [h 2ʳ] or welle as he dranke/ he sawe in the water his
hede which was horned/ wherfore he preysed moche his hornes/ And as

parke: flock

he loked on his legges/ whiche were lene and smal/ he dispreysed and vytupered them/ And as he was drynkynge in the fontayne he herd the voys and barkynge of dogges/ wherfore he wold haue fledde awey in to the forest for to saue hym self/ but as he sawe the dogges so nyghe hym he wold haue entrid within a busshe/ but he myght not/ for his hornes kepte hym withoute²³⁶/ And thenne seyng that he myght not escape began to saye within hym self/ I haue blamed & vytupered my legges/ whiche haue ben to me vtyle and prouffitable/ And haue preysed my hornes/ whiche ben now cause of my dethe/ And therfor men ought to disprayse that thynge/ whiche is vnprouffitable/ and preyse that whiche is vtyle and prouffitable/ And they ought to preyse and loue the chirche and the commaundements of the same/ the whiche ben moche vtyle & prouffytable/ And dispreyse and flee al synne and vyce/ whiche ben inutyle harmeful and dommageable [h 2ᵛ]

⟪The viij fable maketh mencion of Iuno/ of Venus/ and of the other wymmen

BEfore the goddes and the goddesses men muste euer preyse chastyte/ for it is a worshipful & an honest thyng²³⁷ to a woman to hold hyrᵗ contente with a man alone/ but Venus for her disporte & for to dryue aweye the tyme/ wold Interprete the sayenge of the hennes/ wherfore she demaunded a henne whiche was in her hows/ but at this tyme I shal kepe my tongue/ and no ferther I shalle speke therof/ For many wyse men whiche haue sene and redde alle this book vnderstanden wel alle the nature of hit/ And by cause it is lycyte° & honest/ And that we alle ben bounden to kepe the ladyes in theyre worship and honour/ also that in euery place where hit shalle be possyble to vs. we ought to preyse them/ we shalle now cesse to enquere ferther of this matere²³⁸/ and Historye/ whiche we shall leue in latyn for the grete clerkes²³⁹/ & in especial [h 3ʳ] for them that wylle occupye theyr tyme to studye and rede the glose of the sayd Esope

ᵗ arman to hold hywo   W. Bo.
lycyte: allowable

¶The nynthe fable is of the knyght and of the wydowe

THe woman whiche lyueth in this world without reproche or blame is worthely° 240 to be gretely preysed/ Wherof Esope reherceth suche a fable of a man and of a woman/ whiche loued moche eche other/ It happed thenne by the effors of Atropos or dethe241/ the whiche we al must suffre/ that the sayd man deyde/ And as men wold haue borne hym in to his graue/ whiche was withoute the toune there to be buryed/ his wyf made grete sorowe and wepte pyteously/ And whanne he was buryed/ she wold abyde stylle vpon the graue/ and lete do make a lytyll lodge or hows therupon/ and oute of this lodge she wold neuer departe for no prayer ne fayr word/ neyther for ony yeftes ne for menaces of her parentes Now it befell in the toun that a mysdoer was condampned to be hanged/ ¶And to thende that he shold not be taken fro the galhows/ hit was thenne commaunded that a knyght [h 3ᵛ] shold kepe hym/ And as the knyght kepte hym/ grete thurste took hym/ And as he perceyued the lodge of the sayd woman he wente to her/ and prayd her to gyue hym somme drynke/ And she with good herte gaf hym to drynke/ And the knyght dranke with grete appetyte/ as he that had grete thurste/ & whan he had dronke/ he torned ageyne to the galhows ward/ This knyght came another tyme to the

worthely: worthy

woman for to comforte her/ And thre tymes he dyd soo/ And as he was
thus goyng and comynge/ doubtynge hym of no body/ his hanged man
was taken and had fro the galhows/ And whanne the knyght was come
ageyne to the galhows & sawe that he had loste his dede man/ he was gretely
abasshed & not withoute cause For hit was charged to hym vpon peyne
to be hanged/ yf he were take awey/ This knyght thenne seynge his
Iugement/ tourned and went ageyne²⁴² to the sayd woman/ & cast hym
at her feete/ and laye before her as he had be dede/ And she demaunded
of hym/ My frend/ what wylt thow that I doo for the/ Allas sayd he/ I
praye the that thow socoure and counceylle me now at my grete nede/
For by cause I haue not kept wel my theef/ whiche men haue rauysshed
fro me/ the kynge shalle make me to be put to dethe/ And the woman
sayd/ Haue no drede my frend/ For well I shalle fynde the manere wherby
thow shalt be delyuerd/ For we shall take my husbond/ and shalle hange
hym in stede of thy theef/ ⁌Thenne beganne she to delue/ and tooke oute
of the erthe her husbond/ and at ny3t she hanged hym at the galhows in
stede of the other/ & sayd to the knyght/ My ryght dere frend I pray the
that this be kept wel secrete/ For we doo hit theefly°/ And thus the dede
men haue somme/ whiche make sorowe for them/ but that sorowe is
sone gone and passyd/ And they whiche ben on lyue haue some whiche
drede them/ but theyr drede wantith and faylleth whan they ben dede

⁌The tenthe fable maketh mencyon of the yonge man/ and of the comyn
woman [h 4ʳ]

OF the comyn and folysshe wymmen²⁴³ Esope reherceth to vs
suche a fable/ Of a woman whiche had to name Tahys²⁴⁴/ the
whiche was cause by her feyned loue of the dethe and losse of many
yonge men²⁴⁵/ to one of the whiche she had be bete ofte before that tyme/
she sayd to hym in this wyse/ My ryght dere loue and good frende/ I
suppose that of many one I am wel byloued and desyred/ Neuertheles I
shall sette my loue on thy self alone/ wherfore I pray the that thow mayst
be myn/ and I shalle be thyn/ for alle thy goodes I retche not/ but only
I desyre thy swete body²⁴⁶/ And he that knewe the feyntyse and falsheed
of the woman/ ansuerd to her/ ryght benyngly and swetely/ thy wyll and
the myn ben both but one alone/ For thow arte she whiche I moost
desyre/ and the whiche I shalle loue alle the terme of my lyf/ yf thow

theefly: stealthily

deceyue me nomore²⁴⁷/ For by cause that thow hast deceyued me in tyme passed/ I am euer aferd of the/ but notwithstondynge this/ thow arte now moche playsaunt and fayr to the syghte of me/ And thus the one begyled that other/ For the loue of a comyn²⁴⁸ woman is not to be trusted/ For thow oughtest to knowe and thynk within thy self/ that the comyn and folyssh²⁴⁹ woman loue the not/ but she loueth thy syluer²⁵⁰

(The xj fable is of the fader and of the euylle sone/ [h 4ᵛ]

THe good and wyse fader ought to chastyse his children in theyr yong age/ and not in theyr old age/ For thenne hit is moche dyffycyle to make them bowe As to vs reciteth this fable/ Of a fader of famylle/ whiche had a sone/ the whiche dyd no thynge that he oughte to haue done but euer was goynge and playeng in the toune/ And the fader for the cryme and mysrewle of his sone brawled° euer and bete his meyny/ And sayd to them suche a fable/ Of a plough man or labourer/ whiche bond a bole by the hornes to an oxe The booll wold not be bound/ and smote strongly with his feet after the man/ and launched°²⁵¹ his hornes at hym/ (And at the last whan he was bound/ the labourer sayd to them/

brawled: berated   launched: thrusted

I haue ioyned and bound yow bothe to gyder/ to thende that ye doo somme labour/ But I wyll that the lest of yow two/ that is to wete the boole/ be lerned and corryged of the moste/ whiche is the oxe/ For I must sayd the labourer to hym self bynde them thus to gyder/ to thende that the bole/ whiche is yong fyers and malycious and strong/ smyte ne hurte no body/ wherof grete dommage myght come to me/ But by cause that I wote well/ that the oxe shalle teche and corryge hym wel/ I haue [h 5ʳ] put and bound them bothe to gyder/ ❡Thus this fable sheweth to vs/ that the fader ought to teche and gyue good ensample to his children and chastyse them whanne they be yong For he that wel loueth/ wel he chastyseth

❡The xij fable is of the serpent²⁵²

THe Auctor that is to wete Esope reherceth to vs suche a fable of two euyls/ sayeng that a serpent entryd somtyme within the forge of a smythe/ for to serche somme mete for her dyner/ It happed/ that she fond a fyle whiche she beganne to gnawe with her teethe/ Thenne sayd the fyle to her/ yf thow byte and gnawe me/ yet shalt thow doo to me no hurte/ but bytynge and gnawyng on me/ thow shalt hurte thyn owne self/ For by my strengthe alle the yron is planed by me/ And therfore thow arte a foole to gnawe me/ For I telle the/ that none euyll may hurte ne adommage another as euylle as he/ Ne none wycked may hurte another wycked/ ne also the hard ageynst the hard shalle not breke eche other/ ne two enuyous men shal not both ryde vpon an asse/ wherfor the [h 5ᵛ] myghty and stronge must loue hym whiche is as myghty and as stronge as hym self is

❡The xiij fable is of the wulues and of the sheep

WHanne men haue a good hede°/ and a good defensour/ or a good Capitayne/ men oughte not to leue hym/ for he that leueth hym repenteth hym afterward of hit/ as to vs reherceth this fable/ Of the sheep whiche had werre and discencion with the wolues/ And by cause that the wulues made to stronge werre ageynst the sheep/ the shepe thenne tooke for theyr help the dogges/ and the whethers also²⁵³/

hede: commander

And thenne was the bataylle of the sheep so grete and so stronge/ &
fought so vygorously ageynst the wolues. that they put them to flyȝt[254]
⟨And whanne the wolues sawe the strengthe of theyr aduersaryes/ they
sent an ambassade toward the sheep for to trete [h 6ʳ] the pees with
them/ the whiche Ambassade sayd to the sheep in this maner/ yf ye wylle
gyue vs the dogges/ we shalle swere vnto yow oure feythe/ that we shalle
neuer kepe ne hold werre ageynst yow/ And the sheep ansuerd/ yf ye
wylle gyue vs your fayth/ we shalle be content/ And thus they made pees
to gyder/ but the wulues kyld the dogges/ whiche were capytayns and
protectours[255] of the sheep/ And the dogges dyde but lytyll hurte to the

wulues/ wherfore whanne the lytyl and yong wulues[256] were growen in
theyr age/ they came of eche part and countrey/ and assembled them to
gyder/ and all of one accord and wylle sayd to theyre Auncestres and
faders[257]/ we must ete vp alle the sheep/ And theyr faders ansuerd thus
to them/ we haue maade pees with them/ Neuertheles the yonge wolues
brake the pees and ranne fyersly vpon the sheep/ and theyr faders wente
after them/ ⟨And thus by cause that the sheep had delyuerd the dogges
to the wolues/ the whiche were theyr capitayns/ and that they had none
that kepte them/ they were all eten and deuoured of the wulues/ Therfore
hit is good to kepe well his capytayne/ whiche may at a nede gyue socour
and helpe/ For a trewe frend is oftyme better at a nede than a Royalme/

For yf the sheep had kepte the loue of the dogges/ the wolues had neuer deuoured them/ wherfore it is a sure thynge to kepe wel the loue of his protectour and good frende/

❡The xiiij fable is of the man and of the wood

HE that gyueth ayde and help to his enemy is cause of his dethe/ as recyteth this fable of a man whiche made an axe/ And after that he had made his axe/ he asked of the trees/ and sayd/ ye trees gyue yow to me a handle/ And the trees were content/ ❡And whanne he had maade fast his handle to the axe/ he began to cutte and throwe doune to the ground alle the trees/ wherfore the oke and the Asshe sayd/ yf we be cutte/ hit is wel ryght and reason/ For of oure owne self we ben cut and thrawen doune/ ❡And thus hit is not good to put hym self in to the daunger and subiection of [h 6ᵛ] his enemye/ ne to helpe hym for to be adommaged/ as thou maist see by this presente fable/ For men ought not to gyue the staf/ by whiche they may be beten with

❡The xv fable is of the wulf and of the dogge [h 7ʳ]

LYberte or fredome is a moche swete thynge/ as Esope reherceth by this fable/ of a wulf and of a dogge whiche by aduenture mette to gyder/ wherfore the wulf demaunded of the dogge/ wherof arte thow so fatte and so playsaunt/ And the dogge ansuerd to hym/ I haue wel kepte my lordes hows/ & haue barked after the theues whiche came in the hows of my mayster/ wherfore he and his meyny gyue to me plente of good mete/ wherof I am fatte and playsaunt/ and the wulf sayd thenne to hym/ It is wel sayd my broder/ Certaynly syth thow arte so wel atte thyn ease and farest so wel I haue grete desyre to dwelle with the/ to thende that thow & I make but one dyner/ wel sayd the dogge/ come on with me yf thow wylt be as wel at thyn ease as I am/ and haue thou no doubte of no thynge/ The wulf wente with the dogge/ and as they wente by the way/ the wulf beheld the dogges neck/ whiche was al bare of here/ and de-maunded of the dogge/ My broder why is thy neck so shauen/ And the dogge ansuerd/ it is by cause of my grete coler of yron/ to the whiche dayly I am fasted/ And at nyght I am vnbound for to kepe the hows the better/ Thenne sayd the wulf to the dogge/ This I myster ne nede not/ For I that

am in lyberte/ wylle not be put in no subiection/ And therfor for to fylle
my bely/ I wylle not be subget/ yf thou be acustommed for to be bound/
contynue thow in hit/ and I shalle lyue as I am wonte and acustomed/
therfore there is no rychesse gretter/ than lyberte[t]/ For lyberte is better
than alle the gold of the world/

❧The xvj fable maketh mencion of the handes/ of the feet/ & of the mans
bely

HOw shalle one do ony good to another/ the which can doo no good
to his owne self/ As thow mayst see by this fable/ Of the feet and
of the handes/ whiche somtyme had grete[t] stryf with the bely/ sayenge/
Al that we can or may wynne with grete labour thow etest it all/ and yet
thou [h 7ᵛ] doost no good/ wherfore thou shalt no more haue nothynge of
vs/ and we shalle lete the deye for honger/ And thenne when the bely was
empty and sore hongry/ she beganne to crye & sayd Allas I deye for
hongre/ gyue me somwhat to ete/ And the feet and handes sayd/ thou
getest no thynge of vs/ And by cause that the bely myght haue no mete/
the conduyts thorugh the whiche the metes passeth became smal and
narowe/ And within fewe dayes after the feete and handes for the feblenes
whiche they felte wold thenne haue gyuen mete to the bely/ but it was to
late/ for the conduits were ioyned to gyder And therfore the lymmes
myght doo no good to other/ that is to wete the bely/ And he that
gouerneth not wel his bely with grete payne he may hold the other lymmes
in theyr strengthe and vertue/ wherfor a seruaunt ought to serue wel
his mayster/ to thende that his mayster hold and kepe hym honestly/ and
to receyue and haue good reward of hym/ when his mayster shalle see his
feythfulnesse [h 8ʳ]

❧The xvij fable is of the Ape and of the foxe

OF the poure and of the Ryche Esope reherceth suche a fable/
Of an ape/ whiche prayd the foxe to gyue hym somme of his
grete taylle for to couere his buttoks therwith/ sayenge thus to hym/ what
auaylleth to the soo long a taylle/ hit doth but wagge²⁵⁸/ And that whiche

---

[t] lybete C.   [t] grede C.

letteth the/ shalle be prouffitable and good for me/ The foxe said to hym
I wold that hit were yet lenger/ For rather I wold see hit al to fowled and
dagged°/ than hit shold bere to yow suche honour/ as to couere thy fowle
buttoks therwith/ And therfor gyue thou not that thynge of whiche thow
hast nede of/ to the ende that afterward thow myster not of hit

¶The xviij fable is*t* of the Marchaunt[259] and of the asse

MAny one ben trauaylled° after theyr dethe/ wherfor men ought
not to desyre the dethe/ As reherceth Esope by this fable/ Of
a marchant whiche ladde an Asse laden [h 8ᵛ] vnto the market/ And for
to be the sooner at the market/ he bete his asse/ and sore prycked hym/
wherfor the poure asse wysshed & desyred his owne deth/ wenyng to
hym° that after his dethe he shold be in reste/ And after that he had be
wel bete & chaced° he deyde/ And his mayster made hym to be flayne/
and of his skynne he dyd doo make tambours whiche ben euer bete/ And
thus for what payne that men may haue durynge his lyf/ he ought not to
desyre and wysshe his dethe/ For many one ben/ whiche haue grete
payne in this world that shall haue a gretter in the other world/ For the
man hath no reste for the dethe but for his merytes

¶The xix fable is of the herte and of the oxe

ONely for to flee none is assured[260] to scape the daunger wherfore
he fleeth/ As thow shalt mowe see by this fable/ Of a herte
whiche ranne byfore the dogges[261]/ and to thende that he shold not be
take/ he fledde in to the fyrst toun that he found/ & entryd in to a stable
where as many oxen were/ to whom he sayd the cause why he was come
there/ prayeng them swetely that they wold saue hym/ And the oxen sayd
[i 1ʳ] thus to hym/ Allas poure herte thow arte amonge vs euylle adressyd/
thow sholdest be more surely in the feldes. ¶For yf thow be perceyued
or sene of the oxeherd or els of the mayster/ Certaynly thow arte but dede/
Helas for god & for pyte I praye yow that ye wylle hyde me within your
racke°/ and that ye deceyue me not[267]/ and at nyght next comynge/ I

---

t si BM.

dagged: smeared with dirt   *trauaylled*: harassed   *hym*: himself
chaced: afflicted   *racke*: frame for holding fodder

shalle goo hens/ and shalle putte my self in to a sure place/ ⁋And whanne
the seruaunts came for to gyue heye to the oxen/ they dyd cast heye
before the oxen/ and wente ageyne theyre waye and sawe not the hert/
wherof the herte was gretely reioysshed wenynge to haue scaped the
perylle of dethe/ He thenne rendred thanke and graces to the oxen/ and
one of the oxen sayd to hym/ It is facyle to scape out of the handes of the
blynd but hit is not facyle to scape fro the handes of hym that seeth wel/
For yf oure mayster come hyther whiche hath more than an honderd
eyen/ Certaynly thow arte deed yf he perceyue the²⁶³ ⁋And yf he see
the not/ certaynly thow arte saued/ and shalt goo forthe on thy waye
surely/

The mayster withyn a short whyle after entryd in to the stable [i 1ᵛ]
And after he comma︥nded²⁶⁴ to vysyte° and see the hey/ whiche was
before his oxen/ And hym self went and tasted°/ yf they had ynough of hit/
And as he tasted thus the heye/ he felt the hornes of the herte with his
hand/ and to hym self he sayd/ what is that that I fele here/ and beynge
dredeful called alle his seruauntes/ and demaunded of the manere how
the herte was come thyder/ And they sayd to hym/ My lord I knowe
nothynge therof/ And the lord was full gladde and made the herte to be
taken and slayne/ and maade a grete feest for to haue ete hym/ Therfore
it happeth oftyme/ that he whiche supposeth to flee is taken and hold
within the lace or nette/ For he that fleeth awey is in grete perylle/ wher-
fore men ought wel to kepe them self to doo suche dede/ that they must
nedes flee therfore

⁋The xx fable maketh mencion of the fallace of the lyon/ And of his
conuersacion [i 1ᵛ]

To conuerse° with folke of euylle lyf is a thyng moche peryllous/
And only to speke with them letteth moch other/ As this fable
reherceth of a lyon ryght strong and ryght myghty/ the whiche made
hym self kynge for to haue grete renommee° and glorye/ And fro thenne
forthon he beganne to chaunge his condycions and customme shewyng
hym self curtois/ and swore that he shold hurte no bestes/ but shold kepe°
them ageynst euery one/ And of this promesse he repented hym by cause
hit is moche dyffycyle and hard to chaunge his owne kynd/ And therfore

vysyte: examine   *tasted*: examined by touch   *conuerse*: associate
renommee: renown   *kepe*: guard

whanne he was angry[265]/ he lad with hym somme smalle beestes in to a secrete place for to ete and deceyue[266] them/ And demaunded of them/ yf his mouthe stanke or not/ And they that sayd that it stanke or not were al saued/ And alle they the whiche ansuerd not he kylled/ & deuoured them al/ It happed that he demaunded of the Ape/ yf his mouthe stanke or not/ And thape sayd no but that hit smelleth lyke bame°/ And thenne the lyon had shame to slee the ape/ but he fond a grete falsheed for to put hym to dethe/ He fayned to be seke and commaunded that al his leches & Cyrurgyens° [267] shold anone come vnto hym/ whan they were come/ he commaunded them to loke° his vryne/ And whan they had sene hit/ they sayd to hym/ Syre ye shalle soone be hole/ but ye must ete lyght metes/ And by cause that ye be kynge/ alle is at your commaundement/ And the lyon ansuerd Allas Ryght fayne I wold ete of an Ape/ Certaynly sayd the medecyn that same is good mete/ Thenne was the Ape sente for And not withstondyng that he worshipfully spak & ansuerd to the kynge/ the kynge made hym to deye/ and deuoured hym ℂTherfore hit is peryllous and harmeful to be in the felauship of a Tyraunt/ For be hit euylle or good he wylle ete and deuoure euery thynge/ And wel happy is he/ that may escape[t] fro his blody handes[268]/ And that may eschewe and flee the felauship of the euyll tyraunts[269]

ℂHere fynysshed the thyrdde booke of the subtyle fables of Esope/ And begynneth the table of the fourthe booke/ [i 2ᵛ]

---

[t] ecape   C.

bame: balm   *cyrurgyens*: surgeons   *loke*: inspect

LIBER QUARTUS

[t] T C.

⸿The fyrst fable maketh mencyon of the foxe and of the raysyns

HE is not wyse/ that desyreth to haue a thynge whiche he may not haue/ As reciteth this fable Of a foxe/ whiche loked and beheld the raysyns that grewe vpon an hyghe vyne/ the whiche raysyns he moche desyred for to ete them ⸿And whanne he sawe that none he myght gete/ he torned his sorowe in to Ioye/ and sayd these raysyns ben sowre/ and yf I had some I wold not ete them/ And therfore this fable sheweth that he is wyse/ whiche fayneth not[275] to desyre that thynge the whiche he may not haue/

⸿The second fable is of the auncyent wesel and of the rat/

WYtte is better than force or strengthe/ As reherceth to vs this fable of an old wesel/ the whiche myghte no more take no rats/ wherfor she was ofte sore hongry[276] [i 3ᵛ] and bethought her that she shold hyde her self withynne the floure for to take the rats whiche came there for to ete hit. And as the rats came to the floure/ she took and ete them eche one after other/ And as the oldest rat of all perceyued & knewe her malyce/ he sayd thus in hym self/ Certaynly I shalle kepe me wel fro the[277]/ For I knowe alle thy malyce & falshede ⧼And therfore he is wyse that scapeth the wytte and malyce of euylle folke/ by wytte and not by force

⧼The thirdde fable is of the wulf and of the sheepherd and of the hunter

Many folke shewe them self good by theyr wordes whiche are ful of grete fantasyes[278]/ As reherceth to vs thys fable of a wulf whiche fledde byfore the hunter/ And as he fledde he mette with a sheepherd/ to whome he said My frende I praye the that thow telle not to hym that foloweth me which wey I am gone/ & the sheepherd said to hym haue [i 4ʳ] no drede ne fere no thynge/ For I shalle not accuse° the/ For I shalle shewe to hym another way/ And as the hunter came/ he demaunded of the sheepherd yf he had sene the wulf passe/ And the sheepherd both with the heed and of the eyen shewed to the hunter the place where the wulf was/ & with the hand and the tongue shewed alle the contrarye/ And incontynent the hunter vnderstood hym wel/ But the wulf whiche perceyued wel all the fayned maners of the sheepherd fled awey/ ⧼And within a lytyll whyle after the sheepherd encountred and mette with the wulf/ to whome he sayd/ paye me of that° [279] I haue kepte the secrete/ ⧼And thenne the wulf ansuerd to hym in this manere/ I thanke thyn handes and thy tongue/ and not thyn hede ne thyn eyen/ For by them I shold haue ben bytrayd[280]/ yf I had not fledde aweye/ ⧼And therfore men must not truste in hym that hath two faces and two tongues/ for suche folke is lyke and semblable to the scorpion/ the whiche enoynteth with his tongue/ and prycketh sore with his taylle [i 4ᵛ]

⧼The fourth fable is of Iuno the goddesse and of the pecok and of the nyghtyngale

Every one oughte to be content of kynde/ and of suche good as god hath sente vnto hym/ wherof he must vse Iustly/ As reherceth this fable of a pecok whiche came to Iuno the goddesse/ and sayd to her I am heuy and sorowful/ by cause I can not synge as wel as the nyghtyngale For euery one mocketh and scorneth me/ by cause I can not synge/ And Iuno wold comforte hym and sayd/ thy fayre forme and beaute is fayrer

accuse: disclose   *of that*: because

and more worthy and of gretter preysynge than the songe of the nyghtyn-
gale/ For thy fethers and thy colour ben resplendysshyng as the precious
Emerawd° And ther is no byrde lyke to thy fethers ne to thy beaulte/
⟨And the pecok sayd thenne to Iuno/ All this is nought/ syth I can not
synge/ And thenne Iuno sayd ageyne thus to the pecok for to contente
hym/ This is in the disposycion of the goddes/ whiche haue gyuen to
eyther of yow one propyrte/ and one vertue/ suche as it pleasyd them/ As
to the they haue gyuen fayr fygure/ to the egle haue they gyuen strengthe/
and [i 5ʳ] to the nyghtyngale fayr & playsaunt songe²⁸¹/ And so to all
other byrdes/ wherfore euery one must be content of that that he hath
For the myserable auarycious/ the more goodes that they haue the more
they desyre to haue

⟨The v fable maketh mencion of the panthere and of the vylayns

Very one ought to do wel to the straunger and forgyue to the
myserable/ As reherceth this fable of a panthere whiche fylle in
to a pytte/ And when the vylayns or chorles of the countrey sawe her/
somme of them beganne to smyte on her/ and the other sayd pardonne
and forgyue her/ for she hath hurted no body/ and other were that gaf

emerawd: emerald

to her breed/ And another sayd to the vylayns/ beware ye wel that ye
slee her not/ And by cause that they were al of dyuerse wyll/ euerychone°
of them wente and retorned home ageyne wenynge that she shold deye
within the sayd pytte/ but lytyl and lytyl she clymmed vp/ and wente to
her hows [i 5ᵛ] ageyne/ and made her to be wel medecyned/ in so moche/
that soone she was al hole/ ⟨And within a whyle after she hauynge in her
memorye the grete Iniurye that had be done to her came ageyne to the
place where she had be hurte and sore bete/ & began to kylle & slee al the
bestes whiche were there about & put al the sheepherds and swyneherds
& other whiche kepte beestes all to flyght/ she brente the Corne/ & many
other euyl and grete harme she dyd there aboute/ And whanne the folke

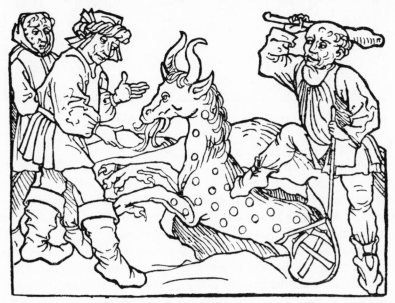

of the countrey sawe the grete dommage that she dyd to them/ they came
toward her/ prayenge that she wold haue pyte on them/ And to them she
ansuerd in this manere/ I am not come hyther to take vengeaunce on them
whiche haue had pyte and myserycorde of me/ but only on them that
wold haue slayne me/ And for the wycked and euylle folk I recyte this
fable/ to thende that they hurte no body/ For yf alle the vylaynes hadde
hadde pyte/ the one as the other of the poure panthere or serpent²⁸²
whiche was straunger and myserable/ as moche as she was fallen in to the
pytte/ the forsayd euylle and dommage had not come to them [i 6ʳ]

euerychone: everyone

¶The vj fable is of the bochers and of the whethers

WHanne a lygnage° or kynred is indyfferent° or indyuysyon[283]/ not lyghtly they shalle doo ony thynge to theyr salute°/ as reherceth to vs this fable/ Of a bocher whiche entryd within a stable full of whethers/ And after as the whethers sawe hym/ none of them sayd one word/ And the bocher toke the fyrst that he fonde/ ¶Thenne the whethers spake al to gyder and sayd/ lete hym doo what he wylle/ And thus the bocher tooke hem all one after another sauf one onely/ And as he wold haue taken the last/ the poure whether sayd to hym/ Iustly I am worthy to be take/ by cause I haue not holpen my felawes/ For he that wylle not helpe ne comforte other/ ought not to demaunde or aske helpe ne comforte/ For vertue whiche is vnyed° is better than vertue separate

¶The seuenth fable is of the fawkoner and of the byrdes [i 6ᵛ]

THe wyse ought euer to kepe and obserue the good counceyll/ And in no wyse they ought not to doo the contrarye/ As reherceth to vs this fable/ Of the byrdes whiche were Ioyeful and gladde/ as the prym-

lygnage: family   *indyfferent*: in dispute   *salute*: well being   *vnyed*: united

126

temps° came/ by cause that theyr nestes were thenne al couerd with leues/ And Incontynent they beheld and sawe a fawkoner whiche dressyd and leyd his laces and nettes for to take them/ ⟪And thenne they sayd al to gyder/ yonder man hath pyte of vs/ For whanne he beholdeth vs he wepeth/ ⟪And thenne the pertryche/ whiche had experymented and assayed all the deceytes of the sayd Fawkoner/ sayd to them/ kepe yow alle wel fro that sayd man and flee hyghe in to the ayer/ For he seketh nothynge/ but the manere for to take yow/ For yf he toke yow/ he shalle ete and deuoure yow/ or to the markette he shalle bere yow for to be sold/ And they that byleuyd his counceylle were saued/ And they that byleuyd it not were taken and lost/ ⟪And therfore they whiche byleue good counceylle are delyuerd oute of theyr peryls/ And they whiche byleue it not ben euer in grete daunger [i 7ʳ]

⟪The viij fable is of the trewe man/ of the man lyer° 284 /and of the apesᵗ

IN tyme passyd men preysyd more the folke full of lesynges and falshede than the man full of trouthe/ the whiche thynge regneth gretely vnto this daye/ As we may see by this present fable/ Of the man of

[ᵗ title missing]   C.

prymtemps: spring   *lyer*: untruthful

127

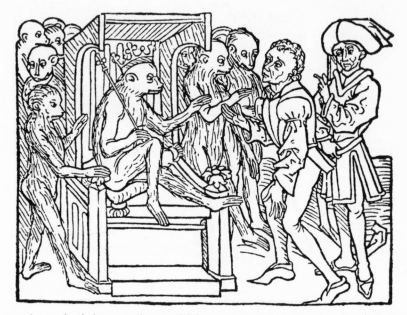

trouthe and of the man lyar/ whiche wente bothe to gyder thorugh the
countrey/ And so longe they wente to gyder by theyr Iourneyes/ that
they came in to the prouynce of the apes/ And the kynge of thapes made
them bothe to be taken and brought before hym And he beynge in his
Royal mageste/ where as he satte lyke an Emperour/ and alle his Apes
aboute hym/ as the subgets ben aboute theyr lord/ wold haue demaunded/
and in dede he demaunded to the lyer/ who am I/ And the lesynge maker
& flaterer sayd to hym/ thow arte emperour and kynge/ the fayrest
creature that is in erthe/ ¶And after the kynge demaunded of hym
ageyne/ who ben these whiche ben al aboute me/ And the lyar ansuerd/
Syre they ben your knyghtes & your subgettes for to kepe your persone/
and your Royalme/ And thenne the kynge sayd thow arte a good man/ I
wylle that thow be my grete styward of my houshold/ and that euery
one bere to the honour and reuerence/ And whan the man of trouthe herd
alle this he sayd in hym self/ yf this man for to haue made lesynges is soo
gretely enhaunced/ thenne by gretter rayson/ I shalle be more worshipped
and enhaunced/ yf I saye trouthe/ ¶And after the kynge wold aske the
trewe man/ and demaunded of hym/ who am I/ and alle that ben aboute
me/ And thenne the man of trouthe ansuerd thus to hym/ thow arte an
ape and a beste ryght abhomynable/ And alle they whiche ben aboute the
are lyke and semblable to the/ ¶The kynge thenne commaunded that he
shold be broken and toren with teeth and clawes and put alle in to pyeces/

And therfore it happeth ofte that the lyers and flaterers ben enhaunced/ and the men of trouthe ben set alowe and put a back/ For oftyme for to saye trouthe men lese theyre lyues/ the whiche thynge is ageynst Iustyce and equyte

℄The ix fable is of the hors/ of the hunter and of the hert/ [i 7ᵛ]

None ought to put hym self in subiection for to auenge hym on other/ For better is not to submytte hym self/ than after to be submytted[285]/ as reherced to vs this fable/ Of an hors whiche had enuye ouer an herte/ by cause the herte was fayrer than he/ and the hors by enuye went vnto an hunter/ to whome he sayd in this manere/ yf thow wylt byleue me/ we shalle this day take a good proye/ Lepe vpon my bak/ and take thy swerd/ and we shalle chace the herte/ and thow shalt hytte hym with thy swerd/ and kylle hym/ and shalt take hym/ and thenne his flesshe thow mayst ete/ and his skynne thow mayst selle[286]/
℄And thenne the hunter moued by auaryce/ demaunded of the hors/ thynkest thow by thy feythe that we maye take the herte/ of whome thow spekest to me of/ ℄And the hors answerd thus/ Suffyse[287] the/ For ther to I shalle put al my dylygence and alle my strengthe/ lepe vpon me/ and doo after my counceylle/   ℄And thenne the Hunter lepte forthwith vpon the hors backe/ And the hors [i 8ʳ] beganne to renne after the herte/ And whanne the herte sawe/ hym come he fled/ And by cause that the hert ranne faster/ than the hors dyd/ he scaped fro them/ and saued hym/
℄And thenne when the hors sawe and felte hym moche wery/ and that he myght no more renne/ he sayd to the hunter in this maner/ alyght fro my back/ For I may bere the no more and haue myst of my proye/ Thenne said the hunter to the hors Syth thow arte entryd in to my handes/ yet shalt not thow escape thus fro me/ thow hast the brydel in thy mouthe wherby thow mayst be kepte stylle and arrested/ And° thow[288] wylt lepe/ the sadell shalle saue me/ And yf thow wylt caste thy feet fro the/ I haue good spores for to constrayne and make the goo whether thow wylt or not where as I wylle haue the/ And*ᵗ* therfore kepe the wel/ that thow shewest not thy self rebelle vnto me/ ℄Therfore it is not good to put and submytte hym self vnder the hand of other wenynge therby to be auenged of hym/ ageynste whome men haue enuye/ For who submytteth hym self vnder the myght of other/ he byndeth hym self to hym [i 8ᵛ]

ᵗ and And   C.
and: If

❦The tenthe fable is of the asse and of the lyon

THe grete callers° 289 by theyr hyghe and lowd crye supposen to make folke aferd/ as recyteth this fable/ Of an asse whiche somtyme mette with a lyon/ to the whiche the asse sayd/ lete vs clymme vpon the montayne/ and I shall shewe to the/ how the beestes ben aferd of me/ and the lyon beganne to smyle/ and he ansuerd to the asse/ Goo we my broder/ And whan they were vpon the tòp of the hylle/ the asse bygganne to crye/ And the foxe and hares beganne to flee/ And whanne thasse sawe them flee sayd290 to the lyon/ Seest thou not how these beestes dreden and doubten me/ and the lyon sayde/ I had ben also ferdfull of thy voys/ yf I had not knowen veryly that thow arte but an asse/ ❦And therfore men nede not doubte ne drede hym that auaunceth hym self for to do that that he can not doo/ For god kepe the mone fro the wulues291/ Ne also men nede not doubte a foole for his menaces/ ne for his hyghe crye

❦The xj fable is of the hawke292 and of other byrdes/ [k 1r]

THe ypocrytes maken to god a berd of strawe293/ As recyteth to vs this fable/ Of a hawke/ whiche somtyme fayned/ that he wold haue celebred and holden a natall° or a grete feste/ the whiche fest shold be celebred within a Temple/ And to this feste and solempnyte he Inuyted and somoned alle the smal byrdes/ to the whiche they came/ And Incontynent as they were all come in to the temple/ the hauk shette the gate and put them alle to dethe/ one after an other/ ❦And therfore this fable sheweth to vs/ how we must kepe our self fro all them/ whiche vnder fayre semynge haue a fals herte/ and that ben ypocrytes*t* and deceptours° of god and of the world294/

❦The xij fable is of the foxe/ and of the lyon

FAyre doctryne taketh he in hym self/ that chastyseth° hym by the perylle of other/ As to vs reherceth [k 1v] this present fable/ Of a lyon whiche somtyme faygned hym self seke/ ❦And whanne the beestes

t ypocytes C.

callers: loudmouths   *natall*: birthday feast   *deceptours*: deceivers
chastyseth: instructs

knewe that the lyon was seke/ they wold goo alle to vysyte and see hym
as theyre kynge/ ⟨And Incontynent as the beestes entryd in to his hows
for to see and comforte hym/ he deuoured and ete them/ ⟨And whan the
foxes were come to the yate for to haue vysyted*[295] the lyon/ they knewe
wel the fallace and falshede[296] of the lyon and salewed hym at the entre
of the yate/ And entryd not within[297]/ ⟨And whan the lyon sawe that
they wold not entre in to his hows/ he demaunded of them/ why they wold
not come within/ And one of the foxes sayd to hym/ we knowe wel by
thy traces[298]/ that alle the beestes whiche haue entryd in to thy hows came
not oute ageyne/ And also yf we entryd within/ nomore shold we come
ageyne*/ ⟨And therfore he is wel happy that taketh ensample by the
dommage of other/ ⟨For to entre in to the hows of a grete lord/ it is wel
facyle but for to come oute of hit ageyne it is moche dyffycyle/ [k 2ʳ]

⟨The xiij fable is of the asse[299]/ and of the wulf

TO none euylle man feythe ne trouthe ought neuer to be adiousted/
As men may wel see by this Fable/ Of a wulf whiche vysyted°
an asse whiche was wel seke the whiche wulf beganne to fele and taste
hym/ and demaunded of hym/ My broder and my frend where aboute is
thy sore/ And the asse sayd to hym/ there as thow tastest/
⟨And thenne the wulf faynyng to vysyte hym/ beganne to byte and smyte
hym/ ⟨And therfore men must not trust flaterers/ For one thynge they
saye/ and done another

⟨The xiiij fable is of the hedgehogge[300] and of thre lytyl kyddes* [k 2ᵛ]

IT behoueth not to the yong and lytyl of age to mocke ne scorne theyr
older/ As this fable sayth/ of thre lytyll hedgehogges[301]/ whiche mocked
a grete hedgehogge[302]/ whiche fled byfore a wulf/ And whanne he per-
ceyued the scornyng of them/ he sayd to them/ Ha a poure fooles &
wood° ye wote not wherfore I fle/ For yf ye wyst and knewe wel thyn-
conuenyent° and paryll/ ye shold not mocke of hit/ And therfore whan

---

ᵗ vysyded.   ᵗ ageynet C.   ᵗkydddes C.

vysyted: examined medically   *wood*: mad   *inconuenyent*: misfortune

men seen that the grete and myghty ben ferdful and doubtous/ the lasse
or lytyll oughten[t] not to be assured/ For whan the toune is taken and goten
by fortune of warre the Countrey aboute is not therfore more acertayned/
but ouȝt to tremble and shake

¶The xv fable is of the man and of the lyon/

En ought not to byleue the paynture°/ but the trouthe and the
dede/ as men may see by this present Fable/ Of a man & of a
lyon which had stryf to gyder & were [k 3ʳ] in grete discencion for to wete
and knowe/ whiche of them bothe was more stronger/ ¶The man sayd/
that he was stronger than the lyon[t]/ And for to haue his sayenge veryfyed/
he shewed to the lyon a pyctour/ where as a man had vyctory ouer a lyon/
As the pyctour of Sampson the stronge/ ¶Thenne sayd the lyon to the
man/ yf the lyon coude make pyctour good and trewe/ hit had be herin
paynted/ how the lyon had had vyctorye of the man/ but now I shalle
shewe to the very and trewe wytnesse therof/ The lyon thenne ledde the

[t] oughen C.   [t] loyn Bm Bo.
paynture: painting

man to a grete pytte/ And there they fought to gyder/ But the lyon caste
the man in to the pytte/ and submytted hym in to his subiection and sayd/
Thow man/ now knowest thow alle the trouthe/ whiche of vs bothe is
stronger/ ❦And therfore at the werke is knowen the best and most
subtyle werker303/

❦The xvjᵗ fable is of the camel/ and of the flee [k 3ᵛ]

HE that hath no myght ought not to gloryfye ne preyse hym self of
no thynge/ As reherceth to vs this presente fable of a camele/
which bare a grete charge or burden It happed that a flee by cause of the
camels here lepte to the back of the camel/ and made her to be borne
of hym all the day And whanne they had made a grete way/ And that the
camel came at euen to the lodgys/ and was put in the stable/ the flee
lepte fro hym to the ground besyde the foote of the camel/ And after she
sayd to the camel/ I haue pyte of the/ and am comen doune fro thy back
by cause that I wylle nomore greue ne trauaylle the by the berynge of me/
And the camel sayd to the flee/ I thanke the/ how be it that I am not
sore laden of the/ And therfore of hym which may neyther helpe ne lette
men nede not make grete estymacion of

❦The xvij fable is of the Ant and of the sygale° [k 4ʳ]

IT is good to purueye hym self in the somer season of suche thynges/
wherof he shalle myster and haue nede in wynter season/ As thow
mayst see by this present fable/ Of the sygalle/ whiche in the wynter
tyme went and demaunded of the ant somme of her Corne for to ete/
❦And thenne the Ant sayd to the sygall/ what hast thow done al the
somer last passed/ And the sygalle ansuerd/ I haue songe/ ❦And after
sayd the ante to her/ Of my corne shalt not thou none haue/ And yf thow
hast songe alle the somer/ daunse now in wynter/ ❦And therfore there is
one tyme for to doo some labour and werk/ And one tyme for to haue rest/

ᵗ xvı C.
sygale: grasshopper

For he that werketh not ne doth no good/ shal haue ofte at his teeth grete cold[304] and lacke at his nede/

⟨The xviij fable is of the pylgrym and of the swerd/

AN euylle man maye be cause of the perdycion or losse of many folke/ As reherceth to vs this present Fable/ Of a pylgrym/ whiche fond in his way a swerd [k 4ᵛ] ⟨And he asked of the swerd/ what is he that hath lost the/ ⟨And the swerd answerd to the pylgrym/ A man alone hath lost me/ but many one I haue lost/ And therfor an euyl man may wel be lost/ but er he be lost he may wel lette many one/ For by cause of an euylle man may come in a Countrey many euyls

⟨The xix fable is of the sheep[t] and of the Crowe

MEn[t] ought not to iniurye° ne disprayse the poure Innocentes ne the symple folke. As reherceth this fable/ Of a Crowe/ whiche sette her self vpon the back of a sheep/ And whan the sheep had

---

ᵗ sheeep C.   ᵗ MEen C.
iniurye: calumniate

born her a grete whyle she sayd to her/ thow shalt kepe thy self wel to sette the vpon a dogge/ ⦗And thenne the crowe sayd to the sheep/ Thynke thow poure Innocent that I wote wel with whome I playe/ For I am old and malycious/ and my kynde is to lette all Innocents/ and to be frende vnto the euyls/ ⦗And[t] therfore this fable wylle telle and saye/ how ther be folke of suche kynde/ [k 5ʳ] that they wyl doo no good werk/ but only to lette euer the Innocents and symple folke

⦗The xx fable maketh mencion of the tree and of the reed/

None ought to be prowd ageynst his lord/ but oughte to humble hym self toward hym/ As this fable reherceth to vs of a grete tre/ whiche wold neuer bowe hym for none wynd/ And a reed whiche was at his foote bowed hym self as moche as the wynd wold/ And the tree sayd to hym/ why dost thow not abyde stylle as I doo/ And the reed ansuerd/ I haue not the myght whiche thow hast/ And the tree sayd to the reed prowdly/ than haue I more strengthe/ than thow/ And anone after came a grete wynde/ whiche threwe doune to the ground the sayd grete tree/ and the reed abode in his owne beynge/ For the prowde shall

[t] Ad C.

be allwey humbled And the meke and humble shalle be enhaunced/ For the roote [k 5ᵛ] of alle vertue is obedyence and humylyte

⸿Here fynyssheth the fourthe book of the subtyle Fables of Esope/ And how be it that moo of them ben not found in ony Regystre/ Neuertheles many other fables composed by hym/ haue ben founden whiche here after folowen

LIBER QUINTUS

CThe Fyrste fable maketh mencion of the Mulet/ of the foxe/ and of the wulf

MEn calle many folke Asses/ that ben wel subtyle/ And suche wenen to knowe moche/ and to be a grete clerke that is but an asse/ As hit appiereth by thys fable/ Of a mule whiche ete grasse in a medowe nyghe to a grete forest/ to whome came a foxe whiche demaunded of hym/ what arte thow/ And the mule ansuerd I am a beest/ And the foxe sayd to hym/ I ne demaunde ne aske of the that/ but I aske who was thy fader/ CAnd the Mule ansuerd/ My [k 6ʳ] grete fader° was an hors/ And the foxe sayd ageyne I ne demaunde to the that/ but only that thow tellest me/ who thow arte named/ And the Mule sayd to the foxe/ I ne wote/ by cause I was lytyll whanne my fader deyde/ Neuertheles to thende that my name shold not be forgeten/ my fader made hit to be wreton vnder my lyfte foote behynde/ wherfore yf thow wylt knowe my name/ goo thow and loke vnder my foote/ CAnd whanne the foxe vnderstood the fallace or falshede/ he wente ageyne in to the forest/ And mette with the wulf/ to whome he sayd/ Ha myschaunt beest/ what dost thow here/ Come with me/ and in to thy hand I shall put a good proy Loke in to yonder medowe/ there shalt thow fynde a fatte beest Of the whiche thow mayst be fylled/ CAnd thenne the wulf entryd in to the medowe/ and fonde there the mule/ Of whom he demaunded/ who arte thow/ And the mule ansuerd to the wulf/ I am a beest/ And the wulfᵗ sayd to hym/ This is not that that I aske to the/ but telle how thow arte named/ And the mule sayd I wote not/ but neuertheles yf thow wylt knowe my name/ thow shalt fynde it wreton at my lyfte foote behynde/ Thenne sayd the wulf/ I praye the/ vouchesauf to shewe it to me/ And the mule lyft vp his foote/ CAnd as the wulf beheld and studyed in the foote of the mule/ the Mule gaf hym suche a stroke with his foote before his forhede/ that almost the brayne ranne oute of his hede/ And the foxe whiche was within a busshe and sawe alle the maner beganne to lawhe and mocque the wulf/ to whome he sayd/ Foole beeste thow wost wel/ that thow canst not rede/ wherfore yf euylle is therof come to the/ thy self is cause of hit/ For none ought not to entremete hym to doo that/ that Impossyble is to hym/ CAnd therfore many ben deceyued/ that entremeteth them to doo that/ that they may not doo³⁰⁵/

ᵗ wutf C.
grete fader: grandfather

❡The second fable is of the bore and of the wulf

SVche desyren to be grete lordes/ and dyspreysen his parents/ that at the last becomen poure and fallen in to grete dishonour/ As thow mayst see by this present [k 6ᵛ] fable/ Of a bore/ whiche was amonge a grete herd of other swynes/ And for to haue lordship and domynacion ouer alle them/ he beganne to make grete rumour/ and shewed his grete teethe for to make the other swynes aferd/ but by cause they knewe hym/ they sette nought by hym/ wherof he displeased moche/ and wold goo in to a herd of sheep/ and emonge lambes³⁰⁶/ And whanne he was amonge the lambes/ he began to make grete rumour/ and shewed his sharp and long teeth ❡And whanne the lambes herd hym/ they were sore aferd/ and byganne to shake for fere/ ❡And thenne sayd the bore within hym self/ here is the place wherin I must abyde & duelle For here I shalle be gretely worshipped/ For euerychone quaken for fere of me/ ❡Thenne came the wulf there for to haue and rauysshe somme proye/ And the lambes beganne alle to flee/ but the bore as prowd wold not stere hym/ ne go fro the place/ by cause he supposed to be lord/ but the wulf toke hym/ and bare hym in to the wode for to ete hym/ ❡And as the wulf bare hym/ it happed that he passid before the herd of swynes/ whiche the bore had lefte/ ❡And thenne whanne the bore perceyued and knewe them/ he prayd and cryed to them/ that for the loue of god they wold helpe hym/ And that withoute [k 7ʳ] her help/ he was deed/ And thenne the swynes alle of one assent and owne wylle wente and recouered theyr felawe/ and after slewe the wulf/ And as the bore was delyuerd/ and sawe hym amonge the swynes/ and that alle his doubte and fere was gone/ he beganne to haue vergoyne and shame/ by cause that he was thus departed/ and gone fro theyr felauship and sayd to them/ My bretheren and my frendes/ I am well worthy to haue had this payne/ by cause/ I was gone & departed from yow/ And therfore he that is wel/ lete hym beware/ that he moue not hym self/ For suche by his pryde desyreth to be a grete lord/ whiche ofte falleth in grete pouerte³⁰⁷/

❡The thyrd fable is of the foxe and of the cocke/

OFtyme moche talkynge letteth/ As hit appiereth by this fable/ Of a foxe/ whiche came toward a Cocke/ And sayd to hym/ I wold fayne wete/ yf thow canst as wel synge as thy fader dyde/ And thenne the Cock shette [k 7ᵛ] his eyen/ and beganne to crye and synge/ ⟨And thenne the Foxe toke and bare hym awey/ And the peple of the towne cryed/ the foxe bereth awey the cok/ ⟨And thenne the Cocke sayd thus to the Foxe/ My lord vnderstandest thow not/ what the peple sayth/ that thow berest awey theyr cock/ telle to them/ that it is thyn/ and not theyrs/ And as the foxe sayd/ hit is not yours/ but it is myn/ the cok scaped fro the foxe mouthe/ and flough° vpon a tree/ And thenne the Cok sayd to the fox thow lyest/ For I am theyrs and not thyn/ And thenne the foxe beganne to hytte the erthe bothe with his mouthe & heed³⁰⁸ sayenge/ Mouthe/ thow hast spoken to moche/ thow sholdest haue eten the Cok/ had not be thyn ouer many wordes/ And therfor ouer moche talkyng letteth/ and to moche crowynge smarteth/ therfore kepe thy self fro ouer many wordes/ to thende/ that thow repentest the not

⟨The fourthe fable is of the dragon° and of the kerle

MEn ought not to rendre euylle for good/ And them that helpen ought not to be letted/ As reherceth thys fable Of a dragon whiche was within a Ryuer/ and as this Ryuer was dymynuysshed of water/ the dragon abode at the Ryuage/ whiche was al drye/ And thus for lack of watre he coude not stere° hym/ A labourer or vylayne came thenne that waye/ and demaunded of the dragon/ what dost thow there/ And the dragon ansuerd to hym/ I am here lefte withoute water/ withoute whiche I can not meue/ but yf thow wilt bynd me/ and sette me vpon thyn asse/ and lede me in to my Ryuer/ I shal gyue to the habondaunce of gold and syluer/ And the vylayne or chorle for couetyse bound and ledde hym in to his repayre°/ And whanne he had vnbounden hym/ he demaunded his sallary/ and payment/ And the dragon sayd to hym/ By cause that thow hast bounden me/ thow wylt be payd And by cause that I am now hongry/ I shalle ete the/ And the vylayne ansuerd and sayd/ For to haue done wel/ thow wylt ete and deuoure me/ And as they stryued to gyder/ the [k 8ʳ] foxe whiche was within the forest herd wel theyr question and different came to them/ and sayd³⁰⁹ in this manere/ Stryue ye no more to gyder/ For I wyll acord/ and make pees bytwixt you Late eche of yow telle to me his reason for to wete/ whiche of yow hath ryght/ And whanne eche of them had told his caas the foxe sayd to the vylayne/ Shewe thow

---

flough: flew   *dragon*: reptilian monster   *stere*: move   *repayre*: dwelling place

to me/ how thow boundest the dragon/ to thende/ that I may gyue therof
a trewe and lawfull sentence/ And the vylayne put the dragon vpon his
asse/ and bound hym as he had done before/ And the fox demaunded of
the dragon/ helde he thenne the so fast bounden/ as he dothe now/ And
the dragon ansuerd/ ye my lord/ and yet more hard/ And the foxe sayd
to the vylayn/ Bynde hym yet more harder/ For who that wel byndeth/
wel can he vnbynd And whanne the dragon was fast and wel bounden/
the fox sayd to the vylayne/ bere hym ageyn there as thow fyrst tokest
hym/ And there thow shalt leue hym bounden as he is now/ And thus he
shalle not ete ne deuoure the/ For he that dothe euylle/ euylle he must
haue/ For Iustly he shall ben punysshed of god/ they that done harme and
dommage³¹⁰ to the poure folke For who so euer rendreth euylle for good/
he shalle therof iustly be rewarded [k 8ᵛ]

¶The v fable is of the foxe and of the catte

THere is many folke/ whiche auauncen them° and saye that they
ben wyse and subtyle/ whiche ben grete fooles and knowynge no
thynge³¹¹/ As this fable reherceth/ Of a foxe whiche somtyme mette with
a Catte/ to whome he sayd/ My godsep/ god yeue yow good daye/ And
the catte answerd/ My lord god gyue yow good lyf/ And thenne the foxe
demaunded of hym/ My godsep what canst thow doo/ And the catte
sayd to hym/ I can lepe a lytyl/ And the fox sayd to hym/ Certaynly thow
arte not worthy to lyue/ by cause that thow canst nought doo/ And by
cause that the cat was angry of the foxes wordes/ he asked and demaunded
of the foxe/ And thow godsep what canst thow doo/ A thousand wyles
haue I sayd the foxe/ For I haue a sak ful of scyences° and wyles³¹²/ And
I am so grete a clerke/ that none maye begyle ne deceyue me/ And as they
were thus spekyng to gyder the cat perceyued a knyght comynge toward
them/ whiche had many³¹³ dogges with hym/ and sayd to the foxe/ My
godsep/ certaynly I see a knyght/ comynge hytherward/ whiche ledeth
with hym many dogges/ the whiche as ye wel knowe ben our enemyes/
The foxe thenne ansuerd to the cat/ My godsep/ thou spekest lyke a
coward/ and as he that is aferd/ lete them come and care not thow/ And
Incontynently as the dogges perceyued and sawe the foxe and the catte/
they beganne to renne vpon them/ And whanne the foxe sawe them come/

auauncen them: put themselves forward   scyences: trained skill

he sayd to the kat/ Flee we my broder/ flee we/ To whome the kat ansuerd/ Certaynly godsep/ therof is none nede/ Neuertheles the foxe byleued not the cat/ but fledde/ and ranne as fast as he myght for to saue hym/ And the catte lepte vpon a tree and saued hym self/ sayenge/ Now shalle we see/ who shalle playe best for to preserue and saue hym self/ And whanne the catte was vpon a tree/ he loked aboute hym/ and sawe how the dogges held the foxe with theyr teethe/ to whome he cryed and seyd/ O godsep and subtyle foxe/ of thy thowsand wyles that syth late thow coudest doo/ lete me now see/ and shewe to me one of them³¹⁴/ the foxe ansuerd not/ but was killed of the dogges [l 1ʳ] andᵗ³¹⁵ the catte was saued/ ⟪And therfore the wyse ought not to disprayse the symple/ For suche supposeth to be moche wyse/ whiche is a kynd° and a very foole³¹⁶/

⟪The vj fable is of the hegoote³¹⁷ and of the wulf

He feble ought not to arme hym ageynst the stronge/ As recyteth this present fable of a wulf/ which somtyme ranne after a hegoot/ and the hegoot for to saue hym lept vpon a roche/ and the wulf besyeged° hym³¹⁸/ ⟪And after whan they had duellid there two or thre dayes/ the wulf beganne to wexe hongry/ and the hegoote to haue thurst/ And thus the wulf went for to ete/ and the hegoot went for to drynke/ And as the hegoot dranke he sawe his shadowe in the water/ and speculynge° and beholdynge his shadowe profered and sayd suche wordes within hym self/ Thou hast so fayre legges/ so fayr a berd/ and so fayre hornes/ and hast fere of the wulf/ yf hit happed that he come ageyne/ I shalle corryge hym wel/ and shalle kepe° hym wel/ that he shalle haue no myght ouer me/ ⟪And the wulf whiche held hys [l 1ᵛ] peas/ and herkened what he sayd/ toke hym by the one legge thus sayenge/ what wordes ben these whiche thow proferest & sayst broder Hegoote/ ⟪And whanne the hegote sawe that he was taken/ he beganne to saye to the wulf/ Ha my lord/ I saye no thynge/ and haue pyte of me/ I knowe wel/ that it is my coulpe°/ And the wulf toke hym by the neck and strangled hym/ ⟪And therfore it is grete folye whan the feble maketh werre ageynst the puyssaunt and stronge

---

ᵗ fend C.

kynd: natural   *besyeged*: beset   *speculynge*: looking intently   *kepe*: rule
coulpe: fault

⟨The vij fable is of the wulf and of the asse

En ought not to byleue lyghtly the counceylle of hym to
whome men purposen to lette/ As ye maye see by this fable/
Of a wulf whiche somtyme mette with an Asse/ to the whiche he sayd/
My broder I am hongry/ wherfor I must nedes ete the/   ⟨And
thenne the Asse ansuerd ryght benyngly/ My lord/ with me thow mayst
doo what someuer thow wylt/ For yf thow etest me/ thou shalt putte me
[l 2ʳ] oute of grete payne/ but I praye the yf thou wylt ete me/ that thou
vouchesauf to ete me oute of the way/ For wel thow knowest that I
brynge home the raysyns fro the vyne/ and fro the feldes home the corne/
⟨Also wel thow knowest/ that I bere home wood fro the forest/ And
whanne my maister welº do buyld³¹⁹ somme edyffyce/ I must go fetche
the stones from the montayne/ And at the other parte I bere the corne
vnto the mylle/ And after I bere home the floure/ And for alle short
conclusions I was borne in a cursyd houre/ For to alle payne and to alle
grete labours I am submytted & subget to hit/ For the whiche I wylle not
that thow ete me here in the waye for the grete vergoyne and shame that
therof myght come to me/ But I pray the/ and Instantlyº requyre the/
that thow wylt here my counceylle/ whiche is/ that we two go in to the
forest/ and thow shalt bynde me by thy breste/ as thy seruaunt/ and I
shalle bynd the by thy neck as my mayster And thow shalt lede me
before the in to the wood where someuer thow wylt/ to the ende that more
secretely thow ete me/ to the whiche counceylle the wulf acordedº and
sayd/ I wylle wel that it be done so/ ⟨And whanne they were come in
to the forest/ they bounde eche other in the maner as aboue is sayd
⟨And whanne they were wel bounden/ the wulf sayd to the Asse/ goo we
where thou wylt/ and goo before for to shewe the waye/ And the asse
wente byfore and ledde the wulf in to the ryght waye of his maysters hows/
⟨And whanne the wulf beganne to knowe the way/ he sayd to the asse/
we goo not the ryght way/ to the whiche the asse ansuerd/ ⟨My lord
saye not that/ For certaynly/ this is the ryght wey/ But for alle that/ the
wulf wold haue gone backward³²⁰/   But neuertheles the Asse ledde
hym vnto the hows of his mayster/ ⟨And as his mayster and alle his
meyny sawe how the Asse drewe the wulf after hym/ and wold haue
entred in to the hows.they came oute with staues and clubbes and smote
on the wulf/ ⟨And as one of them wold haue caste and smyten a grete
stroke vpon the wulfes heede/ he brake the cord/ wherwith he was

wel: will   *instantly*: urgently   *acorded*: agreed

bounden/ And so scaped and ranne awey vpon the montayne sore hurted and beten/ And [l 2ᵛ] thenne the asse for the grete ioye that he hadde of that he was so scaped fro the wulf[321]/ beganne to synge/ And the wulf whiche was vpon the montayne/ & herd the voys of thasse beganne to saye in hym self/ thow mayst wel crye and calle/ For I shalle kepe the wel another tyme/ that thow shalt not bynd me as thow hast done/ but late gone/ ⅭAnd therfore hit is grete folye to byleue the counceylle of hym/ to whome men will lette/ and to putte hym self in his subiection/ And he that ones hath begyled/ must kepe hym fro another tyme that he be not deceyued/ For he to whome men purposen to doo somme euylle tourn/ syth men holden hym at auauntage/ men muste putte hem self at the vpper syde of hym/ And after men shall purueye for their counceylle[322]

ⅭThe viij fable is of the serpent and of the labourer/ [l 3ʳ]

THe Auctor of this booke reherceth suche another Fable and of suche sentence/ as the precydent/ that is to wete/ that men shold not byleue hym/ to whome men hath done euylle/ And sayth that som-tyme in heruest tyme a labourer wente for to see his goodes in the feldes/ the whiche mette on his way a serpent/ And with a staf whiche he bare in his hand smote the sayd serpent/ and gaf hym suche a stroke vpon the

heed/ that nyghe he slewe hym/   ⦗And as the Serpent felte hym
self soo sore hurted/ he wente fro the man/ And entryd in to his hole/
And sayd to the labourer/ O euylle Frende/ thow hast bete me/ But I
warne the/ that thow neuer byleue not hym/ to the whiche thow hast done
ony euylle/ Of the whiche wordes the labourer made lytyl extyme° and
went forthe on his waye/

⦗It befelle thenne in the same yere/ that this labourer wente ageyne by
that waye/ for to goo laboure and ere° his ground/ To whome the sayd
Serpent sayd/ ⦗Ha my frend/ whyther goost thow/ And the labourer
answerd to hym/ I goo ere and plowe my ground/ And the Serpent sayd
to hym/ sowe not to moche/ For this yere shalle be raynfull and grete
habondaunce of waters shalle falle/ But byleue not to hym/ to whome thow
hast somtyme done ony euylle/ And withoute ony wordes the labourer
wente forthe on his waye/ and byleued not the serpent/ but made alle his
ground to be cultyued° and ered/ and sowed as moche corne as he
myghte/ In that same yere felle grete habondaunce of water/ wherfore
the sayd labourer had but lytyl of his corne/ For the mooste parte of the
corne that he had sowen perysshed that same yere by cause of the grete
rayne that felle that same yere/ ⦗And the next yere after folowynge/ as
this labourer passyd before the repayre or dwellynge place of the sayd
Serpent and went for to sowe his ground/ the Serpente demaunded
thenne of hym/ My Frend whyther gost*ᵗ* ³²³ thow/ ⦗And the labourer
answerd/ I goo for to sowe my ground wyth corn and with other graynes*ᵗ*
suche as I hope that shalle ben necessary for me in tyme comynge³²⁴/ And
thenne the Serpent saide to hym/ My frend sowe but lytyl corne/ For the
Somer next [l 3ᵛ] comynge shalle be soo grete and soo hote/ that by the
dryenes and hete/ that alle the goodes sowen on the erthe shall perysshe
But byleue not hym/ to whome thow hast done ony euylle/ ⦗And withoute
sayenge ony word/ the labourer wente/ and thought on the wordes of the
Serpent/ ⦗And wenynge/ that the Serpent hadde soo sayd for to deceyue
hym/ he sowed as moche corne and other graynes/ as he myght/ ⦗And
it happed that the Somer next folowynge was suche/ as aboue is sayd/
Therfor the man was begyled/ ⦗For he gadred that same yere nothynge/
⦗And the next yere after folowynge/ the sayd season as the poure labourer
wente ageyne for to ere and cultyue his ground the serpent sawe hym
come fro ferre/   ⦗And as he came and passed before his repayre³²⁵
he asked of the labourer in suche maner/ ⦗My Frend whyther goost

---

ᵗ ghost   C.   *ᵗ* gaynes   C.
made lytyl extyme: paid little attention   *ere*: plow   *cultyued*: cultivated

thow/ And the labourer ansuerd/ I goo cultyue and ere my ground/
⟨And thenne the serpent seyd to hym/ My Frend sowe not to moche ne
to lytyl of corne and of other graynes/ but sowe bytwene bothe/ Neuer-
theles byleue not hym/ to the whiche thow hast done euyl ⟨And I telle
the that this yere shalle be the most temperate and the moost[t] fertyle of alle
maner of corne/ that euer thow sawest/   ⟨And whanne the labourer
hadde herd these wordes/ he wente his waye/ and dyd as the Serpent
had sayd/ And that yere he gadred moche good/ by cause of the
good disposycion of the season and tyme/   ⟨And on a daye of the
same yere/ the serpent sawe the sayd labourer comynge fro the heruest/
to whome he came ageynste/ and sayd/ Now saye me my good Frend/
Hast thow not fond now grete plente of goodes/ as I had told to the
byfore And the labourer ansuerd and sayd ye certaynly/ wherof I thanke
the/ ⟨And thenne the Serpent demaunded of hym Remuneracion or
reward/ ⟨And the labourer thenne demaunded what he wold haue of
hym/ And the Serpent sayd I ne demaunde of the nothynge/ but only
that to morowe on the mornyng thow wylt sende me a dyssh ful of mylk
by som° of thy children/   ⟨And thenne the serpent shewed to the
labourer the hole of his dwellyng/ & sayd to hym/ telle thy sone [l 4ʳ]
that he brynge the mylke hyther/ but take good heede to that that other
whyle I told to the/ that thow byleuest not hym/ to whome thow hast
done euylle/   ⟨And anone after whanne these thynges were
sayd/ the labourer wente homeward/ And in the mornynge next folowynge/
he betoke to his sone a dysshe full of mylke whiche he brought to the
serpent/ and sette the dysshe before the hool/ And anone the serpent
came oute and slewe the child thurgh his venym[326]/ And when the
labourer cam fro the feld/ and that he came before the repayre or dwellynge
of the serpent/ he fond his sonne whiche laye doune deed on the erthe/
Thenne beganne the sayd labourer to crye with a hyghe voys/ as he that
was ful of sorowe and of heuynesse sayenge suche wordes/ Ha cursyd &
euylle serpent/ vermyn and fals traytour/ thow hast deceyued me/ Ha
wycked and deceytfull beest/ ful of all contagyous euyll thow hast
sorowfully slayne my sone
⟨And thenne the serpente sayd to hym/ I wylle well/ that thow knowe/
that I haue not slayne hym sorowfully/ ne with oute cause/ but for to
auenge me of that/ that thow hurtest me on that other daye withoute
cause/ and hast not amended hit/ Hast thow now[327] memorye/ how ofte

[t] the/ moost   C.

som: one

I sayd to the/ that thow sholdest not byleue hym/ to whome thow hast done euyll/ haue now thenne in thy memorye/ that I am auengyd of the/ ⟪And thus this fable sheweth how men ought not to byleue ne bere feythe to them/ to whome men hath done somme harme/ or euylle

⟪The ix fable is of the foxe/ of the wulf[328]/ and of the Lyon/

Y F hit be soo that ony hath ben adommaged by other he ought not to take vengeaunce by the tong in gyuyng Iniuryous wordes/ and the cause why/ is by cause/ that suche vengeaunce is dishonest. As to vs reherceth this present fable/ Somtyme was a foxe/ that ete fysshe in a Ryuer/ ⟪It happed/ that the wulf came that waye/   ⟪And [l 4ᵛ] whanne he sawe the foxe/ whiche ete with so grete appetyte/ He beganne to saye/ My broder gyue me somme fysshe/ And the foxe ansuerd to hym/ Allas my lord/ It behoueth not that ye ete the releef° of my table/ but for the worship of your persone I shall counceylle yow wel/ Doo soo moche to gete yow a basket/ And I shalle teche yow how men shalle take fysshes/ to thende/ that ye may take somme whan ye shalle be hongry/ And the wulf wente in to the strete/ and stalle° a basket/ whiche he brought with hym/ the foxe tooke the basket/ and bound it with a cord at the wulfs

---

releef: left-over food   *stalle*: stole

taylle/ ⟨And whanne he was wel bounden/ the foxe sayd to the wulf/ goo thow by the Ryuer/ and I shalle lede and take hede to the basket/ And the wulf dyde as the foxe bad hym do/ ⟨And as the wulf was goynge within the water/ the foxe fylled the basket fulle of stones by his malyce/ ⟨And whan the basket was full/ the foxe sayd to the wulf/ Certaynly my lord/ I maye no more lyfte ne hold the basket/ so full it is of fysshe/ ⟨And the wulf wenynge that the foxe had sayd trouthe/ profered such wordes/ sayenge/ I rendre graces and thankes to god/ that I maye ones see thyn hyghe and excellente wysedome in the arte and crafte of fysshynge/ ⟨And thenne the foxe sayd to [l 5ʳ] hym/ My lord abyde me here/ And I shalle fetche some to helpe vs for to haue and take the fysshe oute of the basket/ And in sayenge these wordes/ the foxe ranne in to the strete/ where he fond men/ to whome he sayd in this manere/ My lordes what doo ye here/ why are yow werkles°/ see yonder the wulf/ which ete your sheep/ your lambes/ and your beestes/ and yet now he taketh your fysshes oute of the Ryuer/ and ete them/ ⟨And thenne alle the men came to gyder/ somme with slynges/ and somme with bowes/ and other with staues³²⁹ vnto the Ryuer/ where they fond the wulf/ whiche they bete outragyously/ ⟨And whanne the poure wulf sawe hym thus oppressyd/ & vexed with strokes beganne with alle his strengthe & myghte to drawe/ and supposed to haue caryed the fysshe awey/ but so strongly he drewe/ that he drewe and pulled his taylle fro his ers/ And thus he scaped vnnethe° with his lyf/ ⟨In the mene whyle thenne happed/ that the lyon whiche was kynge ouer alle beestes felle in a grete sekenesse/ for the whiche cause euery beest wente for to see hym/ as theyr lord/ ⟨And when the wulf wold haue gone thyder/ he salewed his lord/ sayeng thus to hym/ My kynge I salewe yow/ please it yow to knowe that I haue gone round aboute the countre and prouynce/ and in alle places of hit for to serche somme medycynes prouffitable for yow/ and to recouere your helthe/ but nothyng I haue found good for your sekenesse/ but only the skynne of³³⁰ a foxe fyers and prowde and malycious/ whiche is to youre body medycynal · but he daygneth not to come hyther to see you But ye shalle calle hym to a counceylle/ and whanne ye hold hym/ lete his skynne be taken from hym/ And thenne lete hym renne where he wylle/ and that fayr skynne whiche is so holsome/ ye shalle make hit to be sette and bound vpon your bely/ And within fewe dayes after hit shalle rendre yow in as good helthe/ as euer ye were/ ⟨And whanne he had sayd these wordes/ he departed fro the lyon and toke his leue/ but neuer he had supposed/ that the foxe had herd hym/ but he had/ For he was within a terryer° nyghe by the lodgys

werkles: idle   vnnethe: barely   terryer: fox burrow

of the lyon/ where he herd alle the proposycion of the wulf/ to the whiche
he dyd put remedye and grete prouysyon/ For as soone as the wulf was
departed fro the lyon/ the foxe wente with in* the [l 5ᵛ] feldes/ And in a
hyghe way he fond a grete donghyll/ within the whiche he put hym self/
◖And as he supposed after his aduys° to be defowled and dagged ynough/
came thus arayed in to the pytte of the lyon/ the whiche he salewed as he
oughte to haue done to his lord/ sayenge to hym in this manere/ Syre
kynge god yeue good helthe/ And the lyon ansuerd to hym God salewe
the³³¹ swete frend/ come nyghe me and kysse me/ & after I shalle telle
to the somme secrete/ whiche I wylle not that euery man knowe/ to whome
the foxe sayd in this maner Ha a syre kynge be not displeasyd/ for I am
to fowle arayed and al to dagged/ by cause of the grete way/ whiche I haue
gone/ sekynge al aboute somme good medycyne for yow/ wherfore it
behoueth not to me/ for to be so nyghe your persone For the stenche of
the donge myght wel greue yow for the grete sekenesse that ye haue/ but
dere syre/ yf hit please to the/ or euer I come nerer to thy Royal mageste
I shalle goo bathe me and make me fayre and clene/ And thenne I shall
come ageyne to presente my self byfore thy noble persone/ And notwith-
stondynge al this/ also er I goo/ please the to wete & knowe that I come
from alle the contrees here aboute/ and from alle the Royalmes adiacent
to this prouynce/ for to see yf I coude fynde somme good medycyn
dusynge° and nedeful³³² to thy sekenesse/ and for to recouere thy helthe/
but certaynly I haue found no better counceylle than the counceylle
of an auncyent greke with a grete & long berd/ a man of grete wysedom/
sage & worthy to be praysed/ the whiche sayd to me/ how in this prouynce
is a wulf withoute taylle/ the whiche hath lost his taylle by the vertue of
the grete medycyn whiche is within hym/ For the whiche thynge it is
nedeful and expedyent/ that ye doo make this wulf to come to yow for the
recoueraunce of the helthe of your fayr and noble body/ And whan he is
come dyssymylle and calle hym to counceylle/ sayenge that it shalle be
for his grete worship & prouffite/ & as he shal be nyghe vnto yow cast on
hym your armed° feet³³³/ and as swetely as ye maye pulle the skynne fro
the body of hym & kepe it hoole/ sauf only that ye shalle leue the heed³³⁴
and the feet/ And thenne lete hym gone his way to seche his auenture/
And forthwith whan ye shalle haue that skynne/ al hote and warme ye
shal doo bynd hit al [l 6ʳ] aboute your bely/ And after that or lytyll tyme
be passyd/ your helthe shalle be restored to yow/ and ye shal be as hole

---

t in to   Bm Bo.

after his aduys: according to his judgment   *dusynge*: soothing
armed: furnished with claws

as euer in your lyf ye were/ ⟨And thenne the foxe toke his leue of the kynge/ and departed/ and wente ageyne in to his terryer/ ⟨Soone after came there the wulf for to see the lyon/ And Incontynent the lyon called hym to counceylle/ and castynge softly his feet vpon hym dyspoylled the wulf of his skynne sauf the skynne of his hede and of his feet/ And after the lyon bound it al warme aboute his bely/ ⟨And the wulf ranne aweye skynles/ wherfore he had ynough to doo to defende and put from hym the flyes/ whiche grued hym sore/ And for the grete distresse that he felte by cause of the flyes/ that thus ete his flesshe/ he as wood beganne to renne/ and passyd vnder an hylle/ vpon the whiche the foxe was/ ⟨And after whanne the foxe sawe hym/ he beganne to crye/ and calle/ lawhyng after the wulf/ and mocked/ and sayd to hym/ who arte thow that passest there before with suche a fayre hood on thy heed and with ryght fayr glouues in thyn handes/ Herke herke/ what I shalle saye to the/ whan thow wente & camest by the kynges hows/ thow were blessyd of the lord/ & whan thow were at the Court thow herkenest and also sayest many good wordes and good talkynge of al the world/ ⟨And therfore my godsep be it euyl or good/ thow muste al lete passe/ and goo/ and haue pacyence in thyn aduersyte/ ⟨And thus this fable sheweth vnto vs/ that yf ony be hurted or dommaged/ by somme other he must not auenge hym self by his tonge for to make ony treson/ ne for to say of other ony harme ne open blasphemye[325] For he ought to consydere/ that who so euer maketh the pytte redy for his broder/ ofte it happeth that he hym self falleth in the same/ and is beten with the same rodde that he maketh for other[336]

⟨The x fable is of the wulf whiche made a fart[337]/ [l 6ᵛ]

IT is folye to wene more than men ought to doo/ For what someuer a foole thynketh·hit semeth to hym that it shalle be/ As it appiereth by this fable/ of a wulf/ whiche somtyme rose erly in a mornynge/ And after that he was rysen vp fro his bedde/ as he retched° hym self/ made a grete fart/ and beganne to saye in hym self/ blessyd be god therfore/ these ben good tydynges/ this daye/ I shalle be wel fortunate and happy/ as myn ers syngeth to me/ And thenne he departed from his lodgys/ and biganne to walke and goo/ & as he wente on his way he fonde a sak ful of talowe/ whiche a woman had lete falle/ and with his foote he torned hit vpsodoune/ and sayd to hym/ I shalle not ete the/ For thow sholdest hurte my tendre

retched: stretched

stomak/ and that more is/ I shall this day haue better mete/ and more
delycious/ For well I knowe this by myn ers/ whiche dyd synge it to me/
And sayenge these wordes went his way/ And anone after he fond a
grete pyece of bakon wel salted/ the whiche he tourned and retourned
vpsodoune/ And whan he had torned and retorned hit longe/ ynough/ he
sayd/ I dayne not to ete of this mete/ by cause that hit shold cause me for
to drynke to moche/ for it is to salte [l 7ʳ] And as myn ers songe to me last
I shalle ete this same day better and more delycious mete/ ⟨And thenne
he beganne to walke ferther/ And as he entryd in to a fayr medowe/ he
sawe a mare/ and her yong foole with her/ and sayd to hym self alone/ I
rendre thankes and graces to the goddes of the godes° that they send me/
For wel I wyst and was certayne/ that this daye I shold fynde somme
precious mete/ And thenne he came nyghe the mare and sayd to her/
Certaynly my suster I shalle ete thy child/ And the mare ansuerd to hym/
My broder doo whatsomeuer hit shalle please the/ But fyrst I praye the
that one playsyre thow wylt do to me/ I haue herd saye that thow art a
good Cyrurgyen/ wherfore I praye the/ that thou wylt hele me of my foote/
I saye to the my good broder/ that yesterdaye as I wente within the forest/
a thorne entryd in to one of my feet behynd/ the whiche greueth me sore/ I
praye the/ that or° thow ete my fool/ thow wylt drawe and haue it oute of
my foote/ And the wulf answerd to the mare that shalle I doo gladly my
good suster/ shewe me thy foote/ ⟨And as the mare shewed hir foote to
the wulf/ she gaf to the wulf suche a stroke bytwixe bothe his eyen/ that
alle his hede was astonyed° and felle doune to the ground³³⁸/ and by the
same occasion was hir foole or colt³³⁹ saued/ And a longe space was the
wulf lyenge vpon the erthe/ as deed/ And whanne he was come to hym
self ageyne/ and that he coud speke/ he sayd/ I care not for this myshap/
For wel I wote that yet this day I shalle ete/ and be fylled of delycious
mete/ And in sayenge these wordes lyft hym self vp/ and wente aweye/
⟨And whanne he had walked and gone a whyle/ he fond two rammes
within a medowe whiche with their hornes launched° eche other/ And the
wulf sayd in hym self/ Blessyd be god/ that now I shal be well fedde/ he
thenne came nyghe the two rammes/ & said/ Certaynly I shall ete the one
of you two And one of them sayd to hym/ My lord doo alle that it plese
yow/ but fyrst ye must gyue to vs the sentence of a processe of a plee³⁴⁰
whiche is bytwixe vs bothe/ And the wulf ansuerd/ that with ryght a good
wylle he wold doo hit/ And after sayd to them/ My lordes telle me your
resons and caas/ to thende [l 7ᵛ] that the better I may gyue the sentence

godes: goods   *or*: before   *astonyed*: stunned   *launched*: wounded

of your different and question/ And thenne one of them beganne to say/
My lord/ this medowe was bylongynge to our fader/ And by cause that
he deyde withoute makynge ony ordenaunce° or testament/ we be now in
debate and stryf for the partynge of hit/ wherfore we praye the that thow
vouchesauf to accorde oure different/ so that pees be made bytwene vs/
And thenne the wulf demaunded of the rammes how theyr question myght
be accorded/ Ryght wel sayd one of them/ by one manere/ whiche I shal
telle to the/ yf hit please to the to here me/ we two shalle be at the two
endes of this medowe/ and thow shalt be in the myddes of it/ And fro
thende of the medowe/ we bothe at ones shalle renne toward the/ And he
that fyrst shalle come to the/ shalle be lord of the medowe/ And the
last shalle be thyn/ wel thenne sayd the wulf/ thyn aduys is good and wel
purposed³⁴¹/ late see now who fyrst shalle come to me/ Thenne wente the
two rammes to the two endes of the medowe/ and bothe at ones beganne
to renne toward the wulf/ and with alle theyr myght came and gaf to hym
suche two strokes bothe at ones ageynst bothe his sydes/ that almost they
brake his herte within his bely/ & there fyll doune the poure wulf alle
aswowned°/ And the rammes wente theyr way/ ⟨And whanne he was
come ageyn to hym self/ he took courage and departed³⁴²/ sayenge thus
to hym self/ I care not for alle this Iniurye and shame/ For as myn ers
dyd synge to me/ yet shalle I this day ete somme good and delycious mete/
⟨He had not long walked/ whanne he fond a sowe/ and her smal pygges
with her/ And Incontynent as he sawe her/ he sayd/ blessyd be god of that
I shalle this daye ete and fylle my bely with precious metes/ and shalle
haue good fortune/ And in that sayenge approched to the sowe/ & sayd
to her/ My suster I must ete somme of thy yonge pygges And the sowe
wente and sayd to hym/ My lord I am content of alle that/ whiche pleaseth
to yow/ But or ye ete them/ I praye yow that they maye be baptysed and
made clene in pure and fayre water/ And the wulf sayd to the sowe/
Shewe me thenne the water/ And I shalle wasshe and baptyse them wel/
And thenne the sowe wente and ledde hym at a stange° or pond³⁴³ where
as was a fayr mylle³⁴⁴/ ⟨And as the wulf [l 8ʳ] was vpon the lytyl brydge
of the sayd mylle/ and that he wold haue take one pygge/ the sowe threwe
the wulf in to the water with her hede/ and for the swyftnesse of the water/
he must nedes passe vnder the whele of the mylle/ And god wote yf the
wynges of the mylle bete hym wel or not³⁴⁵/ And as soone as he myght/ he
ranne away/ And as he ranne seyd to hym self/ I care not for soo lytyl a
shame/ ne therfore I shall not be lette/ but that I shalle yet this daye ete

---

ordenaunce: provision   *aswowned*: in a swoon   *stange*: pool my bely full of metes delycious/ as myn ers dyd synge it erly to me/ ⟨And as he passed thurgh the strete/ he sawe somme sheep/ and as the shepe sawe hym/ they entryd in to a stable/ ⟨And whan the wulf came there he sayd to them in this manere/ God kepe yow my susters/ I must ete one of yow/ to thende/ that I may be fylled and rassasyed° ³⁴⁶ of my grete honger/ And thenne one of them sayd to hym/ Certaynly my lord/ ye are welcome to passe/ For we ben comen hyder for to hold a grete solempnyte/ wherfore we alle praye yow/ that ye pontyfycally wylle synge And after the seruyse complete and done/ doo what ye wyll of the one of vs/ & thenne the wulf for vayn glory/ faynyng to be a prelate beganne to synge and to howle before the sheep/ ⟨And whanne the men of the toune herd the voys of the wulf/ they came to the stable with grete staues and with grete dogges/ and wonderly they wounded the wulf/ and almost brought hym to deth/ that with grete payne he coude goo/ Neuertheles he scaped/ and wente vnder a grete tree/ vpon the whiche tree was a man whiche hewe of the bowes of the tree/ The wulf thenne beganne to syghe sore/ and to make grete sorowe of his euylle fortune/ and sayd/ Ha Iupiter how many euyls haue I had and suffred this daye/ but wel I presume and knowe/ that hit is by me and by myn owne cause/ and by my proud thoughte/ For the daye in the mornynge I fond a sak ful of talowe/ the whiche I dayned not but only smelle hit. ³⁴⁷ And after I fond a grete pyece of bakon/ the whiche I wold neuer ete for drede of grete thurst and for my folysshe thought/ And therfore yf euylle is syn happed to me/ it is wel bestowed and employed³⁴⁸/ My fader was neuer medecyn ne leche/ and also I haue not studyed and lerned in the [l 8ᵛ] scyence of medycyn or phisyke/ therfore if it happeth euylle to me/ whanne I wold drawe the thorne oute of the mares fote it is wel employed³⁴⁹/   ⟨Item my fader was neuer neyther patryarke ne Bisshop/ And also I was neuer lettred/ and yet I presumed/ and toke on me for to sacryfyce and to synge³⁵⁰ before the goddes/ faynyng my self to be a prelate/ but after my deserte I was wel rewarded/ ⟨Item my fader was no legist ne neuer knewe the lawes/ ne also man of Iustyce/ and to gyue sentence of a plee/ I wold entremete me/ and fayned my self grete Iustycer/ but I knewe neyther/ a/ ne/ b³⁵¹/ ⟨And yf therfore euylle is come to me/ it is of me as of ryght it shold be³⁵²/ O Iupyter I am worthy of gretter punycyon° whanne I haue offensed³⁵³ in so many maners/ sende thow now to me from thyn hyghe throne a swerd or other wepen/ wherwith I maye strongly punysshe and bete me by grete penaunce/ For wel worthy I am to receyue a gretter

---

rassasyed: satisfied   *punycyon*: punishment

disciplyne/ And the good man whiche was vpon the tree/ herkened alle
these wordes & deuyses°/ and sayd no word/ ⟨And whanne the wulf
had fynysshed alle his syghes and complayntes/ the good man toke his
axe/ wherwith he had kytte awey the dede braunches fro the tree/ and cast
it vpon the wulf/ and it felle vpon his neck in suche maner that the wulf
torned vpsodoun the feet vpward and laye as he had ben dede/ And whan
the wulf myght releue and dresse³⁵⁴ hym self/ he loked and byheld vpward
to the heuen/ and beganne thus to crye/ Ha Iupiter I see now wel that
thow hast herd and enhaunced my prayer° ³⁵⁵/ And thenne he perceyued
the man whiche was vpon the tree/ & wel wende that he had ben Iupiter/
And thenne with alle his myght he fledde toward the forest sore wounded/
and rendred hym self to humylyte/ and more meke and humble he was
afterward than euer before he had ben fyers ne prowde/ ⟨And by this
fable men may knowe and see that moche resteth to be done of that/ that
a foole thynketh³⁵⁶/ And hit sheweth to vs/ that whan somme good
cometh to somme/ it ought not be reffused/ For it maye not ben recouerd
as men wyll/ And also it sheweth/ hou none ought to auaunte hym to doo
a thynge whiche he can not doo/ but therfore euery man ought to gouerne
and rewle hym self after his estate and faculte/ [m 1ʳ]

⟨The xi fable is of the enuyous dogge/

N One ought not to haue enuye of the good of other/ As it
appiereth by this fable/ Of a dogge whiche was enuyous/ and
that somtyme was within a stable of oxen/ the whiche was ful of heye/
This dogge kept the oxen that they shold not entre in to theyr stable/ and
that they shold not ete of the sayd hey/ And thenne the oxen sayd to hym/
Thow arte wel peruers and euylle to haue enuye of the good/ the whiche
is to vs nedefull and prouffitable/ And thow hast of hit nought to doo/ for
thy kynde is not to ete no hey/ And thus he dyd of a grete bone/ the whiche
he held at his mouthe/ and wold not leue hit by cause and for enuye of
another dogge/ whiche was therby³⁵⁷/ And therfore kepe the wel fro the
company or felauship of an enuyous body/ For to haue to doo with hym
hit is moche peryllous and dyffycyle/ As to vs is wel shewen by Lucyfer
[m 1ᵛ]

---

deuyses: requests   *enhaunced my prayer*: heard my prayer

⟨The xij fable is of the wulf and of the hongry dogge/

SVche supposen somtyme to wynne that lesen/ As hit appiereth by
this Fable/ For hit is sayd comunly/ that as moche dispendeth the
nygard as the large°/ As hit appiereth by this Fable of a man whiche had
a grete herd of sheep/ And also he had a dogge for to kepe them fro the
wulues/ To this dogge he gaf no mete/ for the grete auaryce whiche held
hym/ And therfor the wulf on a daye came to the dogge/ and demaunded
of hym the rayson/ why he was soo lene/ and sayd to hym/ I see wel that
thow dyest for honger/ by cause that thy mayster gyueth to the no mete/
by his grete scarcyte/ but yf thow wylt byleue me I shalle gyue to the
good counceylle/ And the dogge sayd to hym/ Certaynly I myster gretely
of good counceylle/   ⟨Thenne the wulf sayd to hym/ This shalt
thow doo/ Lete me take a lambe/ And whanne I shalle haue hit I shalle
renne awey/ [m 2ʳ] And whanne thow shalt see me renne/ make thenne
semblaunt° to renne after me/ and lete thy self falle faynynge that thow
canst not ouertake me/ for lack and fawte° of mete/ which maketh the so
feble³⁵⁸/ And thus whanne the sheepherd shalle see that thow mayst not
haue the lambe fro me by cause of the grete feblenesse and debylyte of
thy lene body/ he shall telle to thy lord that thow myghtest not socoure the
lambe/ by cause thatᵗ thow arte so sore ahongryd/ and by this meane
thow shalt haue mete thy bely ful/   ⟨The dogge thenne acorded
this with the wulf/ and eche of them made and dyde³⁵⁹ as aboue is sayd/
⟨And whanne the sheepherd sawe the dogge falle/ supposed wel³⁶⁰/ that
honger was cause of it For the whiche cause whanne one of the sheepherdes
came home he told hit to his mayster/ And whan the mayster vnderstood
hit/ he seyd as a man wroth for shame/ I wylle that fro hensforthon he haue
breed ynough/ ⟨And thenne euery daye the sayd dogge hadde soppes of
brede/ and of drye breed he hadde ynough/ ⟨Thenne the dogge toke
strengthe/ and vygour ageyne/ ⟨It happed within a lytyl whyle after/ that
the wulf came ageyne to the dogge/ and sayd to hym/ I perceyue wel/ that
I gaf to the good counceylle/ And the dogge sayd to the wulf/ My broder
thow sayst soothe/ wherfore I thanke the moche/ For of hit I hadde grete
nede/
⟨And thenne the wulf sayd to hym/ Yf thow wylt I shall gyue to the yet
better counceylle/ And the dogge ansuerd hym with ryght a good wylle
I shalle here hit/ And yf hit be good I shalle doo after hit/ ⟨Thenne

---

ᵗ tha C.

large: generous   *semblaunt*: pretense   *fawte*: deficiency

sayd the wulf to hym Lete me take yet another lambe/ and doo thy
dylygence for to haue hit fro me/ and to byte me/ and I shalle ouerthrowe
the thy feet vpward/ as he that hath no puyssaunce ne strength withoute
hurtynge of thy self/ byleue me hardyly/ and wel hit shalle happe to the/
And whanne thy maysters seruaunts shalle haue sene thy dylygence/ they
shalle shewe hit to thy mayster how that thow shalt kepe full wel his
folde/ yf thou be wel nourysshed³⁶¹/ ¶And thenne the dogge ansuerd
to the wulf that he was contente/ And as hit was sayd/ ryght so hit was
done/ and bothe of them maad good dylygence [m 2ᵛ] The wulf bare
aweye the lambe/ and the dogge ranne after hym/ and ouertook hym/ &
bote° hym fayntly/ And the wulf ouerthrewe the dogge vpsodoune to the
ground/ And whan the sheepherdes sawe gyue suche strokes amonge the
dogge & the wulf/ sayd Certaynly we haue a good dogge/ we muste telle
his dylygence to our mayster/ and soo they dyd/ & how he bote the wulf/
and how he was ouerthrowen/ and yet sayd Certaynly yf he hadde hadde
euer mete ynough/ the wulf had not borne awey the lambe/ Thenne the
lord commaunded to gyue hym plente of mete/ wherof the dogge took
ageyne al strengthe and vertue/ And within a whyle after the wulf came
ageyne to the dogge/ and sayd to hym in this manere/ My broder haue I
not gyuen to the good counceylle/ And thenne the dogge ansuerd to hym/
Certaynly ye/ wherof I thanke yow/ And the wulf sayd to the dogge/ I
praye the my broder and my good frend that thow wylt yet gyue another
lambe/ and the dogge sayd to hym/ Certaynly my broder/ wel hit maye
suffyse the to haue had tweyne of them/ ¶Thenne sayd the wulf to the
dogge/ ¶At the lest waye I maye haue one for my laboure and sallarye/
That shalt thow not haue sayd the dogge/ Hast thow not hadde good
sallarye for to haue hadde two lambes oute of my maysters herd/ ¶And
the wulf ansuerd to hym ageyne/ My brother gyue hit me yf hit please
the/ ¶And after sayd the dogge to hym/ Nay I wylle not/ And yf thow
takest hit ageynste my wylle/ I promytte and warne the/ that neuer after
this tyme thow shalt ete none/ And thenne the wulf sayd to hym/ Allas
my broder I deye for honger/ Counceylle me for goddys loue what I
shalle doo/ And the dogge sayd to hym/ I shal counceylle the wel·a walle
of my maysters celer is fallen doune/ go thyder this nyght and entre in
hit/ and there thow mayst both ete and drynke after thy playsyr/ For
bothe breed flesshe and wyn shalt thow fynde at plente there within/
And thenne the wulf sayd to hym/ Allas my broder/ beware wel thenne/
that thow accuse ne deceyue me not/ And the dogge ansuerd/ I waraunt

bote: bit

the/ but doo thy faytte soo pryuely/ that none of my felawes knowe not
of hit/   ⦗And the wulf [m 3ʳ] came at the nyght/ and entryd in to
the celer°/ and/ ete and dranke at his playsyre/ In so moche that he wexed
dronke/ And whanne he hadde dronke soo moche/ that he was dronke/ He
sayd to hym self/ whanne the vylaynes ben fylled wyth metes/ and that
they ben dronke/ they synge theyr songes/ and I wherfore shold I not
synge/ ⦗And thenne he beganne to crye and to howle/ And the dogges
herd the voys of hym wherfore they beganne to barke and to howle/ And
the seruaunts whiche herd them sayd/ It is the wulf/ whiche is entryd
within the celer/ And thenne they al to gyder wenten thyder/ and kylled
the wulf/ And therfore more dispendeth the nygard than the large/ For
auaryce was neuer good/ For many one ben whiche dare not ete ne drynke
as nature requyreth/ But neuertheles euery one oughte to vse and lyue
prudently of alle suche goodes as god sendeth to hym/ This fable also
sheweth to vs/ that none ought to do ageynste his kynde/ as of the wulf
whiche wexed dronke/ for the whiche cause he was slayne

⦗The xiij fable maketh mencyon of the fader and of his thre children

H E is not wyse/ whiche for to haue vanyte and his plesyr taketh
debate or stryf/ As hit appiereth by this fable/ Of a man whiche
hadde thre children/ and at the houre of his dethe he byquethed/ and gaf
to them his herytage or lyuelode°/ that is to wete a grete pere tree/ a gote
& a mylle/ ⦗And whanne the fader was deed/ the bretheren assembled
them thre to gyder/ and wente before the Iuge for to parte their lyuelode/
and sayd to the Iuge/ My lord the Iuge/ Oure fader is dede whiche hath
byquethed to vs thre bretheren al his herytage and as moche of hit shold
haue the one as the other And thenne the Iuge demaunded/ what was
theyr lyuelode/ And they ansuerd a pere tree/ a gote and a mylle/ And
thenne the Iuge sayd to them/ that they shold sette and make partyes
egal of your lyuelede/ and the one to haue as moche [m 3ᵛ] of hit as the
other/ hit is a thynge moche dyffycyle to doo/ but to your aduys how shold
ye parte it/ And thenne the eldest of the thre bretheren spake and sayd/
I shalle take fro the pere tree alle that is croked and vpryght/ And the
second sayd/ I shalle take fro the pere tree alle that is grene and drye/

celer: storehouse   *lyuelode*: inheritance

And the thyrd sayd/ I shalle haue alle the rote/ the pylle[t 362] or maste and alle the braunches of the pere tree/ ⊄And thenne the Iuge sayd to them/ He that thenne shalle haue the most parte of the tree/ lete hym be Iuge/ For I ne none other may knowe ne vnderstande who shalle haue the moore or lesse parte/ And therfore he that can or shalle proue more openly/ that he hath the moost parte shal be lord of the tree/ ⊄And after the Iuge demaunded of them/ how that theyr fader had deuysed to them the gote/ And they sayd to hym/ he that shalle make the fayrest prayer and request must haue the gote/ And thenne the fyrste broder made his request/ and sayd in this manere/ wold god that the goot were now soo grete that she myght drynke alle the water whiche is vnder the cope° of heuen/ And that whanne she hadde dronken it/ she shold yet be sore thursty ⊄The second sayd/ I suppose that the gote shalle be myn/ For a fayrer demaunde or request than thyn is I shalle now make/ ⊄I wold/ that alle the hempe/ and alle the Flaxe and alle the wulle of the worlde were made in one threed alone/ And that the Gote were so grete/ that with that same threde men myght not bynde one of his legges/   ⊄Thenne sayde the thirdde/ yet shalle be myn the gote/ ⊄For I wolde/ that he were soo grete/ that yf an Egle were at the vppermost of the heuen/ he myghte occupye and haue thenne as moche place as the Egle myght loke and see in hyght/ in lengthe and in breed/ ⊄And thenne the Iuge sayde to them thre/ who is he of yow thre/ that hath maade the fayrest prayer/ Certaynly I nor none other canne not saye ne gyue the Iugement[363]/ And therfore the goode shalle be bylongynge to hym/ that of hit shalle say the trouthe/ ⊄And the Mylle how was hit deuysed by your Fader for to be parted amonge yow thre/ ⊄And they ansuerde and sayde to the Iuge/ He that shalle be moost lyer/ mooste [m 4ʳ] euylle and most slowe° ought to haue hit/ ⊄Thenne sayd the eldest sone/ I am moost slowfull/ For many yeres I haue dwellyd in a grete hows/ and laye vnder the conduytes of the same/ oute of the whiche felle vpon me alle the fowle waters/ as pysse/ dysshe water/ and alle other fylthe that wonderly stanke/ In so moche that al my flesshe was roten therof/ and myn eyen al blynd/ and the durt vnder my back was a foot hyghe[364]/ And yet by my grete slouthe I hadde leuer to abyde there/ than to tourne me/ and haue lyfte me vp

⊄The second sayd/ I suppose wel/ that the mylle shalle be myn/ For yf I had fasted twenty yere/ And yf I hadde come to a table couerd of al maner of precious and delycate metes/ wherof I myght wel ete yf I wold

'pulle C.

cope: canopy   *slowe*: sluggish

take of the best/ I am so slouthfull that I maye not ete withoute one shold putte the mete in to my mouthe/

⟨And the thyrde sayd/ the Mylle shalle be myn/ For I am yet a gretter lyar and more slouthfull/ than ony of yow bothe/ For yf I hadde ben athurst vnto the dethe/ And yf I found thenne my self within a fayre water vnto the neck/ I wold rather deye/ than to meue ones my heed for to drynke therof only one drop/   ⟨Thenne sayd the Iuge to them/ Ye wote not what ye saye/ For I nor none other maye not wel vnderstande yow/ But the cause I remytte and put amonge yow thre/ And thus they wente withoute ony sentence/ For to a folysshe demaunde behoueth a folysshe ansuere ⟨And therfore they ben fooles that wylle plete suche vanyte one ageynste other/ And many one ben fallen therfore in grete pouerte³⁶⁶/ For for a lytyl thynge ought to be made a lytyl plee

⟨The xiiij*t* fable is of the wulf and of the foxe

None maye not be mayster without he haue be fyrste a disciple/ As hit appiereth by this Fable/ Of a Foxe whiche came toward a wulf/ and sayd to hym/ [m 4ᵛ] My lord I praye yow that ye wylle be my godsep°/ And the wulf ansuerd/ I am content/ And the foxe toke to hym his sone prayenge hym that to his sone he wold shewe and lerne° ³⁶⁷ good doctryne/ the whiche the wulf tooke/ and wente with hym vpon a montayne/ And thenne he sayd to the lytyll foxe whanne the beestes shalle come to the feldes calle me/ And the foxe wente and sawe fro the the top of the hylle/ how the beestes were comynge to the feldes/ and forthwith he wente and called his godfader/ and sayd My godfader the beestes comen in to the feldes/ And the wulf demaunded of hym/ what bestes are they/ and the fox ansuerd/ they be bothe kyne & swyn to gyder/ wel sayd the wulf/ I gyue no force for° them/ lete them go for the dogges ben with them/ And soone after the foxe dyd loke on another syde/ and perceyued the mare whiche wente to the feldes/ and he wente to his god-fader & sayd/ godfader the mare is goo to the feldes/ & the wulf demaunded of hym where aboute is she/ And the foxe ansuerd she is by the forest/ And the wulf sayd/ Now go we to dyner/ And the wulf with his godsone entryd in to the wood/ and came to the mare/ ⟨The [m 5ʳ] wulf perceyued

t xiij C.

my godsep: godparent to my child   *lerne*: teach   *gyue no force for*: give no heed to

wel and sawe a yonge colt/ whiche was by his moder/ the wulf tooke hym
by the neck with his teethe and drewe hit within the wood/ and ete &
deuoured hym bytwene them bothe/ ⟨And whan they had wel eten the
godson sayd to his godfader/ My godfader I commaunde° yow to god and
moche I thanke yow of your doctryne/ For wel ye haue taught me/ in so
moche/ that now I am a grete clerke/ & now I wylle goo toward my moder/
And thenne the wulf sayd to his godson/ My godsone yf thow gost awey/
thow shalt repente the therfore/ For thow hast not yet wel studyed/ and
knowest not yet the Sylogysmes/ ⟨Ha my godfader sayd the Foxe/ I
knowe wel al/ ⟨And the wulf sayd to hym/ Sythe thow wylt goo/ to god I
commaunde the/   ⟨And whanne the Foxe was come toward his
moder/ she sayd to hym/ Certaynly/ thow hast not yet studyed ynough/
⟨And he thenne sayd to her/ Moder I am soo grete a clerke that I can
cast the deuylle fro the clyf³⁶⁸/ Lete vs go chace/ and ye shalle see yf I
haue lerned ought or not/ ⟨And the yong foxe wold haue done as his
godfader the wulf dede/ and said to his moder/ make good watche/ ⟨And
whanne the beestes shalle come to the feld/ lete me haue therof knowlege/
And his moder sayd/ wel my sone/ so shalle I doo/ She maade good watche/
And whanne she sawe that both kyne and swyne wente to the feldes/ she
sayd thenne to hym · My sone the kyne and the swyn to gyder ben in the
feldes/ And he ansuerd/ My moder of them I retche nat/ lete them goo/
for the dogges kepe them wel/ ⟨And within a short whyle after/ the moder
sawe come the mare nyghe vnto a wode/ and wente/ and sayd to her sone/
My sone the mare is nyghe the wood ·
And he ansuerd/ My moder these ben good tydynges/ Abyde ye here/
For I goo to fetche our dyner/ and wente and entred in to the wode/ And
after wold doo as his godfader dyd before/ and wente and tooke the mare
by the neck/ But the mare tooke hym with her teeth/ and bare hym to the
sheepherd And the moder cryed from the top of the hylle/ My sone lete
goo the mare/ and come hyder ageyne/ but he myght not/ For the mare
held hym fast with her teethe/ ⟨And as the sheep [m 5ᵛ] herdes came for
to kylle hym/ the moder cryed and sayd wepynge/ Allas my sone thow
dydest not lerne wel/ and hast ben to lytel a whyle atte scole/ wherfore
thow must now deye myserably/ And the sheepherdes took and slewe
hym/ For none ought to saye hym self mayster withoute that he haue
fyrst studyed/ For some wene to be a grete clerke/ that can° nothyng of
clergye°/

commaunde: commend   *can*: knows   *clergye*: learning

¶The xv fable is of the dogge/ of the wulf and of the whether

GRete folye is to a fool that hath no myght/ that wylle begyle another stronger than hym self/ as reherceth[t] this fable of a fader of famylle whiche had a grete herd or flock[369] of sheep/ and had a grete dogge for to kepe them which was wel stronge/ And of his voys all the wolues were aferd wherfore the sheepherd slepte more surely/ but it happed/ that this dogge for his grete age deyde/ wherfore the sheepherdes were sore troubled and wrothe/ and sayd one to other/ we shall nomore slepe at oure ease by cause that our dogge is dede/ for the wulues shall now come and ete our sheep/ ¶and thenne [m 6ʳ] a grete wether fyers and prowd/ whiche herd alle these wordes came to them and sayd/ I shalle gyue yow good counceylle/ Shaue me/ and put on me the skynne of the dogge And whanne the wulues shalle see me/ they shalle haue grete fere of me/ ¶And whanne the wulues came and sawe the wether clothed with the skynne of the dogge/ they beganne all to flee/ and ranne awey/ ¶It happed on a day that a wulf whiche was sore hongry/ came and toke a lambe/ and after ran awaye therwith/ ¶And thenne the sayd wether ranne after hym/ And the wulf whiche supposed that it had ben the dogge shote thryes by the waye for the grete fere that he had/ And ranne euer

[t] rerherceth   C.

as fast as he coude/ and the wether also ranne after hym withoute cesse/ tyl that he ranne thurgh a busshe full of sharp thornes/ the whiche thornes rente and brake alle the dogges skynne/ whiche was on hym/ And as the wulf loked and sawe behynde hym/ beynge moche doubtous of his dethe/ sawe and perceyued alle the decepcion and falshede of the wether/ And forthwith retorned ageynste hym/ and demaunded of hym/ what beest arte thow/ And the wether ansuerd to hym in this maner/ My lord I am a wether whiche playeth with the/ And the wulf sayd/ Ha mayster ought ye to playe with your mayster and with your lord/ thow hast made me so sore aferd/ that by the weye as I ranne before the/ I dyde*ᵗ* shyte thre grete toordes/ And thenne the wulf ledde hym vnto the place where as he had shyte/ sayenge thus to hym/ Loke hyther/ callest thow this a playe/ I take hit not for playe/ For now I shalle shewe to the/ how thou oughtest not to playe so with thy lord/ And thenne the wulf took and kylled hym/ and deuoured and ete hym/ ⟨And therfore he that is wyse muste take good hede/ how he playeth with hym whiche is wyser/ more sage/ and more stronge/ than hym self is/

⟨The xvj fable maketh mencyon of the man/ of the lyon & of his sone [m 6ᵛ]

HE that reffuseth the good doctryne of his fader/ yf euyl happe cometh to hym/ it is but ryght/ As to vs reherceth this fable of a labourer/ whiche somtyme lyued in a deserte of his cultyuynge and laboure/ In this deserte was a lyon/ whiche wasted and destroyed all the sede/ whiche euery daye the sayd labourer sewed/ and also this lyon destroyed his trees/ And by cause that he bare and dyd to hym so grete harm and dommage/ he made an hedge/ to the whiche he putte and sette cordes and nettes for to take the lyon/ And ones as this lyon came for to ete corne/ he entryd within a nette/ & was taken/ And thenne the good man came thyder/ and bete and smote hym so wonderly/ that vnnethe he myght scape fro deth/ And by cause that the lyon sawe that he myght not escape the subtylyte of the man/ he took his lytyl lyon/ and went to dwelle in another Regyon/ And within a lytel whyle after that the lyon was wel growen and was fyers & stronge he demaunded of his fader/ My fader be we of this Regyon/ Nay sayd the fader/ For we ben fledde awey fro oure land/ And thenne the lytyl lyon asked/ wherfore/ And the fader

ᵗ dyte C.

ansuerd to hym/ For the subtylyte of the man/ And the lytyl lyon de-
maunded of hym what man is that/ And his fader [m 7ʳ] sayd to hym/ he
is not soo grete ne so stronge as we be/ but he is more subtyle and more
Ingenyous/ than we be/ And thenne sayd the sone to the fader/ I shall goo
auenge me on hym And the grete lyon sayd to hym/ goo not/ For yf thow
gost thyder thow shalt repente the therfore/ and shalt doo lyke a fole
And the sone ansuerd to his fader/ Ha by my heed I shalle goo thyder/
and shalle see what he can doo/ And as he wente for to fynde the man/ he
mette an oxe within a medowe/ and an hors whos back was al fleyen/ and
sore/ to whome·he said in this manere/ who is he that hath ledde yow
hyder/ and that so hath hurted yow/ And they sayd to hym/ It is the man/
❡And thenne he sayd ageyne to them/ Certaynly/ here is a wonder thynge/
I praye yow/ that ye wylle shewe hym to me And they wente and shewed
to hym the labourer/ which ered the erthe/ And the lyon forthwith and
withoute sayenge of ony moo wordes wente toward the man/ to whome
he sayd in this maner/ Ha man thow hast done ouer many euyls/ bothe to
me and to my Fader/ and in lyke wyse to oure beestes/ wherfore I telle
the that to me thow wylt doo Iustyce/ And the man ansuerd to hym/ I
promytte and warne the/ that yf thow come nyghe me I shalle slee the
with this grete clubbe/ And after with this knyf I shalle flee the/ And the
lyon sayd to hym/ Come thenne before my fader/ and he as kynge shalle
doo to vs good Iustyce/ And thenne the man sayd to the lyon/ I am
content/ yf that thow wylt swere to me/ that thow shalt not touche me/
tyll that we ben in the presence of thy fader/ And in lyke wyse I shalle
swere to the/ that³⁷⁰ I shal go with the vnto the presence of thy fader/
And thus the lyon and the man swered eche one to other/ and wente
toward the grete lyon/ and the man beganne to goo by the way where as
his cordes and nettes were dressyd/ And as they wente/ the lyon lete hym
self falle within a corde/ and by the feet he was take³⁷¹/ so that he myght
not ferther goo/ And by cause he coude not goo he sayd to the man/ O
man I praye the that thow wilt helpe me/ For I maye no more goo/ And
the man answerd to hym/ I am sworne to the that I shalle not touche the
vnto the tyme that we ben before thy fader/ And as the lyon supposed to
haue vnbound hym self for to scape/ he fylle in to another nette [m 7ᵛ]
And thenne the lyon beganne to crye after the man/ sayenge to hym in
this manere/ O good man I praye the that thou wilt vnbynde me/ And the
man beganne to smyte hym vpon the hede/ ❡And thenne whanne the
lyon sawe that he myght not scape/ he sayd to the man/ I praye the/ that
thow smyte me no more vpon the heed/ but vpon myn erys/ by cause that
I wold not here the good counceylle of my fader/ And thenne the man

beganne to smyte hym at the herte and slewe hym/ The whiche thyng
happeth ofte to many children whiche ben hanged or by other maner
executed and put to dethe[372]/ by cause that they wil not byleue the doc-
tryne of theyr faders and moders/ ne obeye to them by no wyse

❡The xvij[t] fable is of the knyght and of the seruaunt/ the whiche fond
the Foxe/

Any ben that for theyr grete lesynges supposen to put vnder°
alle the world/ but euer at the last theyr lesynges ben knowen
and manyfested/ as hit appiereth by [m 8ʳ] this fable of a knyght whiche
somtyme wente with an archer of his thurgh the lande/ And as they rode/
they fonde a Fox And the knyght sayd to his archer/ In good soothe I see
a grete Foxe/ And the Archer beganne to saye to his lord/ My lord/
merueylle ye therof/ I haue ben in a Regyon where as the Foxes ben as
grete as an oxe/ And the knyght ansuerd In good soothe theyr skynnes were
good for to make mantels with/ yf skynners myght haue them/ And as
they were rydynge/ they felle in many wordes and deuyses°/ And thenne
by cause the knyght perceyued wel the lesynge of his Archer/ he beganne

---

[t] xvj C.

put vnder: deceive   *deuyses*: familiar talk

to make prayers and orysons to the goddes/ for to make his Archer aferd/
And sayd in this manere/ O Iupiter god almyghty/ ⁅I praye the/ that this
daye thow wylt kepe vs fro all lesynges/ so that we may sauf passe thys
flood and this grete Ryuer whiche is here before vs/ and that we may
surely come to oure hows/ And whanne the Archer herd the prayer and
oryson of his lord/ he was moche abasshed ⁅And thenne the Archer
demaunded of hym/ My lord wherfore prayest thow now soo deuoutely/
And the knyȝt ansuerd wost thou not wel that hit is wel knowen and
manyfested/ that we soone must passe a ryght grete Ryuer/ And that he
who on al this daye shalle haue made ony lesynge/ yf he entre in hit/ he
shalle neuer come oute of hit ageyne/ of the whiche wordes the Archer
was moche doubtous and dredeful/ And as they had ryden a lytyl waye/
they fond a lytyl Ryuer/ wherfore the Archer demaunded of his lord/ Is
this the flood whiche we must passe/ Nay sayd the knyght/ For hit is wel
gretter/ O my lord I saye by cause that the foxe whiche ye sawe may wel
haue swymmed and passed ouer this lytyl water/ And the lord sayd/ I
care not therfore/ ⁅And after that they had ryden a lytyl ferther/ they
fond another lytyll Ryuer/ And the archer demaunded of hym/ Is this the
flood that ye spake of to me/ Nay sayd he/ For hit is gretter & more
brode/ And the Archer sayd ageyne to hym/ My lord I say so/ by cause
that the Foxe of the whiche I spake of to daye was not gretter than a
calf/ ⁅And thenne the knyght herkyng the dyssymylacion of his archer/
answerd not/ And soo they rode forthe so longe that they fond yet another
Ryuer/ [m 8ᵛ] And thenne the Archer demaunded of his lord/ Is this the
same hit³⁷³/ Nay sayd the knyght/ but soone we shalle come therto/ O
my lord I saye so by cause that the Foxe wherof I spak to yow this daye/
was not gretter than a sheep/ ⁅And when they had ryden vnto euen tyme
they fond a grete Ryuer and of a grete brede/ ⁅And whan tharcher sawe
hit/ he began al to shake for fere/ and demaunded of his lord/ My lord is
this the Ryuer/ ye sayd the knyght/ O my lord I ensure you on my feythe/
that the Foxe of the whiche I spake to daye/ was not gretter than the Foxe/
whiche we sawe to day/ wherfore I knowlege and confesse to yow my
synne/ ⁅And thenne the knyght beganne to smyle/ and sayd to his
Archer in this manere/ Also this Ryuer is no wors than the other whiche
we sawe to fore and haue passed thurgh them/ And thenne the archer had
grete vergoyne and was shameful/ by cause that he myght no more couere
his lesynge/ And therfore hit is fayre and good for to saye euer the
trouthe/ and to be trewe bothe in speche and in dede/ For a lyer is euer
begyled/ and his lesynge is knowen and manyfested on hym to his grete
shame & dommage

¶Here after folowen somme Fables of Esope after the newe trans-
lacion/ the whiche Fables ben not founden ne wreton in the bookes of
the philosopher Romulus

¶The fyrst fable is of the Egle and of the rauen

None ought to take on hym self to doo a thynge/ whiche is
peryllous withoute he fele hym self strong ynouȝ to doo hit/
As reherceth this Fable/ Of an Egle/ whiche fleynge took a lambe/ wherof
the Rauen hadde grete enuye wherfor vpon another tyme as the sayd
rauen sawe a grete herd of sheep/ by his grete enuy & pryde & by his
grete oultrage° descended on them/ and by suche fachon and manere
smote [n 1ᵛ] a wether that his clowes abode to the flyes of hit/ In soo
moche that he coude not flee awey/ The sheepherd thenne came and
brake and toke his wynges from hym/ And after bare hym to his children
to playe them with/ And demaunded of hym/ what byrd he was/ And the
Rauen ansuerd to hym/ I supposed to haue ben an Egle/ And by my

oultrage: presumption

ouerwenynge I wende to haue take a lambe/ as the egle dyd/ but now I
knowe wel that I am a Rauen/ wherfore the feble ought not in no wyse to
compare hym self to the stronge/ For somtyme when he supposeth to doo
more than he may/ he falleth in to grete dishonour/ as hit appiereth by
this present Fable/ Of a Rauen/ whiche supposed to haue ben as stronge
as the egle

◖The second Fable is of the egle and of the wesel [n 2ʳ]

N One for what so euer myght that he haue/ ought not to dispreyse
the other/ As hit appiereth by this present fable of an Egle/
whiche chaced somtyme after an hare And by cause that the hare myght
not resyste ne withstande ageynst the egle/ he demaunded ayde and helpe
of the wesel/ the whiche tooke hym in her kepynge/ And by cause that
the egle sawe the wesel soo lytyl/ he dispreysed her/ and before her toke
the hare/ wherof the wesel was wrothe/ And therfore the wesell wente/
and beheld the Egles nest whiche was vpon a hyghe tree/ And whanne
she sawe hit/ the lytell wesell clymmed vpon a tree and took and cast
doune to the ground the yong egles wherfore they deyde/ And for this
cause was the Egle moche wrothe and angry/ and after wente to the god
Iupiter And prayd hym that he wold fynde hym a sure place where as he
myght leye his egges and his lytyl chykyns°/ And Iupiter graunted it/ and
gaf hym suche a gyfte/ that whan the tyme of childynge shold come/ that
she shold make her yong Egles within his bosome/ And thenne whanne
the wesel knewe this/ she gadred and assembled to gyder grete quantite
of ordure or fylthe/ and therof made an hyghe hylle for to lete her self
falle fro the top of hit in to the bosome of Iupiter/ And whanne Iupyter
felte° ³⁷⁵ the stenche of the fylthe/ he beganne to shake his bosome/ and
both the wesel and the egges of the egle felle doune to the erthe/ And thus
were alle the egges broken and lost/ And whanne the Egel knewe hit/
she made auowe/ that she shold neuer make none egles/ tyll of the wesel
she were assured³⁷⁶/ And therfore none how stronge and myghty that
he be³⁷⁷/ ought not to dispreyse somme other/ For there is none soo lytyl/
but that somtyme he may lette and auenge hym self/ wherfore doo thow
no displaysyr to none/ that displaysyre come not to the

chykyns: little birds   *felte*: perceive by smell

¶The thyrdde fable is of the Foxe and of the gote [n 2ᵛ]

HE whiche is wyse and sage ought fyrst to loke and behold the ende/ or he begynneth the werke or dede/ as hyer appiereth by this fable/ Of a Foxe & of a gote/ that somtyme descended and wente doune in to a depe welle/ for to drynke · And whanne they had wel dronke/ by cause that thei coude not come vpward ageyne/ the Foxe sayd to the gote in this maner/ my frend yf thow wylt helpe me/ we shall sone ben bothe oute of this welle/ For yf thow wylt sette thy two feet ageynste the walle/ I shal wel lepe vpon the/ & vpon thy hornes And thenne I shal lepe oute of this welle/ ¶And whanne I shalle be oute of hit/ thow shalt take me by the handes/ and I shal plucke and drawe the oute of the welle/ And at this request the gote/ acorded and ansuerd/ I wylle wel/ And thenne the gote lyfte vp his feet ageynst the walle³⁷⁹/ and the foxe dyd so moche by his malyce that he gat out of the welle/ And whan he was oute/ he began to loke on the gote/ whiche was within the welle/ & thenne the gote sayd to hym/ help me now as thow hast promysed/ And thenne the foxe beganne to lawhe and to scorne hym/ and sayd to hym/ O mayster goote/ yf [n 3ʳ] thow haddest be wel wyse with thy fayre berde/ or euer thow haddest entryd in to the welle/ thow sholdest fyrst haue taken hede/ how thow sholdest haue comen oute of hit ageyne/   ¶And therfore he whiche is wyse/ yf he wysely wylle gouerne hym self/ ought to take euer good hede to the ende of his werke

¶The fourthe fable is of the catte and of the chyken

HE whiche is fals of kynde/ & hath begonne to deceyue some other/ euer he wyl vse his craft/ As it appiereth by this present Fable of a kat whiche somtyme toke a chyken/ the whiche he biganne strongly to blame/ for to haue fonde somme cause that he myght ete hit/ and sayd to hym in this manere/ Come hyther thou chyken/ thow dost none other good but crye alle the nyght/ thow letest not the men slepe/ And thenne the chyken ansuerd to hym/ I doo hit for theyre grete prouffite/ And ouer ageyne the catte sayd to hym/ Yet is there wel wors/ For thow arte an inceste & lechour [n 3ᵛ] For thow knowest naturelly both thy moder and thy doughter And thenne the chyken sayd to the cat/ I doo hit by cause that my mayster maye haue egges for his etynge/ And that hys mayster for his prouffyte gaf to hym bothe the moder and the doughter for to multyplye the egges/ And thenne the Catte sayd to hym/ by my feythe godsep thow hast of excusacions ynough/ but neuertheles thow shalt passe thurgh my throte/ for I suppose not to faste this day for alle thy wordes/ ⸿And thus is it of hym whiche is custommed to lyue by rauyn/ For he can not kepe ne absteyne hym self fro hit/ For alle thexcusacions that be leyd on hym[380]

⸿The v fable is of the Foxe and of the busshe

MEn ouȝt not to demaunde ne aske help of them that ben more customed to lette than to do good or prouffit/ as it appereth by this fable of a fox which for to scape the peril [n 4ʳ] to be taken wente vpon a thorne busshe/ whiche hurted hym sore/ and wepynge sayd to the busshe/ I am come as to my refuge vnto the/ and thow hast hurted me vnto the dethe/ And thenne the busshe sayd to hym/ thow hast erred/ and wel thou hast begyled thy self/ For thow supposest to haue taken me as thow arte custommed to take chekyns and hennes[381]/   ⸿And therfore men ought not to helpe them whiche ben acustomed to doo euylle/ but men ought rather to lette them

¶The vj fable is of the man and of the god of the wodes

OF the euylle man somtyme prouffiteth somme other/ he doth hit not by his good wylle/ but by force/ As reherceth to vs this fable/ Of a man whiche had in his hows an ydolle the whiche oftyme he adoured as his god/ to whome ofte he prayd that he wold gyue to hym moche good And the more that he prayd hym/ the more he faylled/ and became pouere/ wherfore the man was wel wrothe ageynst his ydolle/ and took hit by the legges/ and smote the hede of hit so strongly ageynst the walle/ so that it brake in to many pyeces/ Oute of the whiche ydolle yssued a ryght grete tresoure/ wherof the man was ful gladde and Ioyous/ And thenne the man sayd to his ydolle/ Now knowe I wel/ that thou art wycked/ euyl and peruers/ For whanne I haue worshipped the/ thow hast not holpen me/ And now whanne I haue bete the/ thow hast moche done for me/ ¶And therfore the euylle man whanne he doth ony good/ it is not of his good wylle/ but by force/

¶The vij fable is of a fyssher

ALle thynges which ben done & made in theyr tyme & season ben wel made/ as by this present fable it appereth Of a fyssher whiche somtyme touched his bagpype nyhe [n 4ᵛ] the Ryuer382 for to make the fysshe to daunse/ ¶And whan he sawe that for none songe that he coude pype/ the fysshes wold not daunse/ As wroth dyd cast his nettes in to the Ryuer/ & toke of fysshe grete quantite/ And whanne he had drawe oute his nettes oute of the water/ the fysshe beganne to lepe and to daunse/ and thenne he sayd to them/ Certaynly hit appiereth now wel/ that ye be euylle beestes/ For now whanne ye be taken/ ye lepe and daunse/ And whanne I pyped and played of my muse or bagpype383 ye dayned/ ne wold not daunse/ Therfore hit appiereth wel that the thynges whiche ben made in season/ ben wel made and done by reason

⟪The eyght fable is of the catte and of the rat

HE whiche is wyse/ and that ones hath ben begyled/ ought not to
truste more hym that hath begyled hym As reherceth this Fable
of a catte whiche wente in to [n 5ʳ] a hows/ where as many rats were/ the
whiche he dyd ete eche one after other/ ⟪And whanne the rats perceyued
the grete fyersnes and crudelyte° of the catte/ held a counceylle to gyder
where as they determyned of one comyn wylle/ that they shold no more
hold them ne come nor goo on the lowe floore · wherfore one of them
moost auncyent profered and sayd to al the other suche wordes/ ⟪My
bretheren and my frendes/ ye knowe wel/ that we haue a grete enemye/
whiche is a grete persecutour ouer vs alle/ to whome we may not resyste/
wherfor of nede we must hold our self vpon*ᵗ the hyghe balkes°/ to thende
that he may not take vs/ Of the whiche proposycion or wordes the other
rats were wel content and apayd/ and byleuyd this counceylle/ And
whanne the kat knewe the counceylle of the rats/ he hynge hym self by
his two feet behynd at a pynne of yron whiche was styked at a balke/
feynynge hym self to be dede/ And whanne one of the rats lokynge
dounward sawe the katte beganne to lawhe³⁸⁴ and sayd to the cat/ O my

ᵗ vppn C.

crudelyte: cruelty   *balkes*: beams

Frend yf I supposed that thow were dede/ I shold goo doune/ but wel I knowe the so fals & peruers/ that thou mayst wel haue hanged thy self/ faynynge to be dede/ wherfore I shall not go doune/ And therfore he that hath ben ones begyled by somme [n 5ᵛ] other/ ought to kepe hym wel fro the same

❡The ix fable is of the labourer and of the pyelarge°

HE whiche is taken with the wicked and euyll ouȝte to suffre payne and punycyon as they/ As it appiereth by this fable/ Of a labourer whiche somtyme dressyd and sette his gynnes and nettes for to take the ghees and the cranes/ whiche ete his corne/ It happed thenne that ones amonge a grete meyny of ghees and cranes/ he took a pyelarge/ whiche prayd the labourer in this maner/ I praye the lete me go/ For I am neyther goos ne crane nor I am not come hyther for to do to the ony euylle/ The labourer beganne thenne to lawhe/ and sayd to the pyelarge/ yf thow haddest not be in theyr felauship/ thow haddest not entryd in to my nettes/ ne haddest not be taken/ And by cause that thow arte founde and taken with them/ thow shalt be punysshed as they shalle be Therfore none ought to hold companye with the euylle withoute he wylle suffre the punycion of them whiche ben punysshed [n 6ʳ]

❡The tenth fable is of the child/ whiche kepte the sheep

HE whiche is acustommed to make lesynges/ how be it that he saye trouthe/ yet men byleue hym not/ As reherceth this fable/ Of a child whiche somtyme kepte sheep/ the whiche cryed ofte withoute cause/ sayenge/ Allas for goddes loue socoure yow me/ For the wulf wylle ete my sheep/ And whanne the labourers that cultyued and ered the erthe aboute hym/ herd his crye/ they came to helpe hym/ the whiche came so many tymes/ and fond nothyng/ And as they sawe that there were no wulues/ they retorned to theyr labourage°/ And the child dyd so many tymes for to playe° hym/ ❡It happed on a day that the wulf came/ and the child cryed as he was acustommed to doo/ And by cause that the

pyelarge: stork   *labourage*: work   *playe*: amuse

labourers supposed/ that[t] hit had not ben trouthe/ abode stylle at theyr laboure/ wherfore the wulf dyd ete the sheep/ For men bileue not lyghtly hym/ whiche is knowen for a lyer [n 6ᵛ]

⟨The xj fable is of the ante and of the columbe

None ought/ to be slowful of the good whiche he receyueth of other/ As reherceth this fable of an Ante/ whiche came to a fontayne for to drynke/ and as she wold haue dronke she felle within the fontayn/ vpon the whiche was a columbe or douue/ whiche seyng that the Ante shold haue ben drowned withoute helpe/ took a braunche of a tree/ & cast it to her for to saue her self/ And the Ante wente anone vpon the braunche and saued her/ ⟨And anone after came a Fawkoner/ whiche wold haue take the douue/ And thenne the Ante whiche sawe that the Fawkoner dressyd his nettes came to his foote[385]/ and soo fast pryked hit/ that she caused hym to smyte the erthe with his foote/ and therwith made soo grete noyse/ that the douue herd hit/ wherfore she flewhe aweye or the gynne and nettes were al sette[386]/ ⟨And therfore none ought to forgete the benyfyce whiche he hath receyued of some other/ for slowfulnesse is a grete synne [n 7ʳ]

⟨The xij fable is of the Bee and of Iupiter

Now the euyl which men wysshe to other/ cometh to hym whiche wyssheth hit/ as hit appiereth by this fable/ of a Bee whiche offred and gaf to Iupyter a pyece of hony/ wherof Iupyter was moche Ioyous/ And thenne Iupyter sayd to the bee/ demaunde of me what thow wylt/ and I shalle graunte and gyue hit to the gladly/ And thenne the Bee prayd hym in this manere/ God almyghty I pray the that thow wylt gyue to me and graunte/ that who so euer shal come for to take awey my hony/ yf I pryke hym/ he may sodenly deye/ And by cause that Iupyter loued the humayn lygnage he sayd to the Bee/ Suffyse the/ that who so euer shalle goo to take thy hony/ yf thow pryke or stynge hym/ Incontynent thow shalt deye/ And thus her prayer was tourned to her grete dommage/ For men ought not to demaunde of god/ but suche thynges that ben good and honest [n 7ᵛ]

[t] thaf   C.

℧The xiij fable is of a carpenter

IN as moche as god is more propyce° and benygne to the good and holy/
moche more he punyssheth the wycked and euylle/ As we may see by
this fable/ Of a carpenter whiche cutte wode vpon a Ryuer for to make a
temple to the goddes/ And as he cutte wode/ his axe felle in the Ryuer/
wherfore he beganne to wepe and to calle helpe of the goddes/ And the
god Mercurye for pyte appiered before hym And demaunded of hym
wherfore he wepte/ and shewed to hym an axe of gold/ and demaunded of
hym yf hit was the axe whiche he had lost/ & he sayd may/ And after
the god shewed to hym another axe of syluer/ And semblably said nay
And by cause that Mercurius sawe that he was good and trewe/ he drewe
his axe oute of the water/ and took hit to hym with moche good that he
gaf to hym/ And the carpenter told thystorye to his felawes/ of the whiche
one of them came in to the same place for to cutte woode as his felawe
dyd before/ & lete falle his axe within the water/ and beganne to wepe and
to demaund the helpe and ayde of the goddes/ And thenne [n 8ʳ] Mercury
appiered to fore hym/ and shewed to hym an axe of gold/ and demaunded
of hym in suche manere/ Is the same hit that³⁸⁷ thow hast lost/ And he
ansuerd to Mercury/ ye fayre syre and myghty god the same is it/ And
Mercury seynge the malyce of the vylayne gaf to hym neyther the same
ne none other/ and lefte hym wepynge/ For god whiche is good and Iust
rewarded the good and trewe in this world/ or eche other after his
deserte³⁸⁸ and punyssheth the euylle and Iniuste

℧The xiiij fable is of a yonge theef and of his moder

HE whiche is not chastysed at the begynnynge is euyll and peruers
at the ende/ As hit appiereth by this fable of a yonge child whiche
of his yongthe beganne to stele/ and to be a theef/ And the theftys whiche
he maad/ he broughte to his moder/ and the moder toke them gladly/ &
in no wyse she chastysed hym/ And after that he had done many theftys/
he was taken/ and condempned to be hanged/ And [n 8ᵛ] as men ledde
hym to the Iustyce/ his moder folowed hym and wepte sore/ And thenne
the child prayd to the Iustyce/ that he myght saye one word to his moder/
And as he approuched to her/ made semblaunt to telle her somme wordes

propyce: propitious

at her ere/ & with his teeth he bote of her nose/ wherof the Iustyce blamed
hym/ And he ansuerd in this manere/ My lordes ye haue no cause to
blame me therfore/ For my moder is cause of my deth[389] For yf she had
wel chastysed me/ I had not come to this shame and vergoyne/ For who
loueth wel/ wel he chastyseth/ And therfore chastyse wel youre children/
to thende/ that ye falle not in to suche a caas

❡The xv fable is of the flee and of the man/

HE that dothe euyl/ how be hit that the euylle be not grete men
ought not to leue hym vnpunysshed/ As it appyereth by this
fable/ Of a man whiche took a flee whiche bote hym/ to whome the man
sayd in this manere/ Fle why bytest thow me/ and letest me not slepe/
And the flee ansuerd [o 1ʳ] It is my kynd to doo soo/ wherfore I praye the
that thow wylt not put me to dethe/ And the man beganne to lawhe/ &
sayd to the flee/ how be it/ that thow mayst not hurte me sore/ Neuer-
theles/ to the behoueth not to prycke me/ wherfore thow shalt deye/ For
men ought not to leue none euyll vnpunysshed how be hit that hit be not
grete

¶The xvj fable is of the husbond and of his two wyues

Oo thynge is werse to the man than the woman/ As it appereth by this fable/ of a man of a meane age/ whiche tooke two wyues/ that is to wete an old/ & one yong/ whiche were both dwellyng in his hows/ & by cause that the old desyred to haue his loue/ she plucked the blak herys fro his hede and his berde/ by cause he shold the more be lyke to her/ And the yonge woman at the other syde plucked and^t drewe oute alle the whyte herys/ to the ende/ that he shold seme the yonger/ more gay and fayrer in her syghte/ [o 1ᵛ] And thus the good man abode withoute ony here on his hede And therfore hit is grete folye to the auncyent to wedde them self ageyne/ For to them is better to be vnwedded/ than to be euer in trouble with an euyl wyf³⁹⁰/ for the tyme in whiche they shold reste them/ they put it to payne and to grete labour

¶The xvij fable is of the labourer and of his children

E that laboureth and werketh contynuelly maye not faylle to haue plente of goodes/ as it appiereth by this present fable/ Of a good man labourer/ whiche all his lyf had laboured and wrought/ and was ryche/ And whan he shold deye/ he sayd to his children/ My children I muste now deye/ And my tresour I haue lefte in my vyne/ And after that the good man was dede/ his children whiche supposed that his tresour had ben in the vyne/ dyd nothyng al day but delued hit/ & it bare more fruyte than dyd before/ ¶For who trauaylleth wel/ he hath euer brede ynough for to ete/ And he that werketh not dyeth for honger [o 2ʳ]

¶Here fynysshen the Fables of Esope/
¶And after foloweth the table of the fables of Auyan

ᵗ end C.

℞The fyrst fable is of the wulf and of the old woman

℞The second fable is of the Tortose and of the byrdes

℞The thyrd fable is of the two creuyses

℞The fourth fable is of the asse/ & of the skynne of the lyon

℞The v fable is of the frogges and of the Foxe

℞The vi fable is of the two dogges

℞The vij fable is of the camel and of Iupiter

℞The eyght fable is of the two felawes

℞The ix fable is of the two pottes

℞The x fable is of the bole/ of the lyon and of the gote

℞The xj fable is of the Ape and of his child

℞The xij fable is of the crane and of the pecok

℞The xiij fable is of the hunter and of the tygre

℞The xiiij fable is of the four oxen

℞The xv fable is of the busshe and of the tree

℞The xvj Fable is of the fyssher and of the lytyl fysshe

℞The xvij fable is of phebus/ of the Auarycious/ and of the enuyous

℞The xviij fable is of the theef & of the child whiche wepte[391]

℞The xix fable is of the lyon and of the gote

℞The xx fable is of the crowe whiche had thurst

℞The xxj fable is of a vylayne/ and of a yonge bole

℞The xxij fable is of a pylgrym and of the satyre

℞The xxiij fable is of an oxe and of the ratte

℞The xxiiij fable is of the ghees and of her lord

℞The xxv fable maketh mencion of the ape and of his two children

℞The xxvj fable is of the wynd and of the potte

℞The xxvij fable is of the wulf and of the cheuerel or lytil goot

℞The fyrst fable is of the old woman and of the wulf

En ought not to byleue on al maner spyrytes[392]/ As reherceth this fable of an old woman/ which said to her child bicause that it wept/ certeynly if thou wepst ony [o 2ᵛ] more/ I shal make the to be ete of the wulf/ & the wulf heryng this old woman/ abode styll to fore the yate/ & supposed to haue eten the old womans child/ & by cause that the wulf had soo longe taryed there that he was hongry/ he retorned and went ageyne in to the wood/ And the shewulf demaunded of hym/

why hast thow not brought to me some mete/ And the wulf ansuerd/ by cause/ that the old woman hath begyled me/ the whiche had promysed to me to gyue to me her child for to haue ete hym/ And at the laste I hadde hit not/ And therfore men ought in no wyse to truste the woman/ And he is wel a fole that setteth his hope and truste in a woman/ And therfore truste them not/ and thow shalt doo as the sage and wyse

The second fable is of the tortose and of the other byrdes

HE that enhaunceth hym self more than he oughte to do To hym oughte not to come noo good/ As hit appiereth by this present fable/ Of a tortose/ whiche said [o 3ʳ] to the byrdes/ yf ye lyft me vp wel hyghe fro the ground to the ayer I shalle shewe to yow grete plente of precious stones/ And the Egle toke her and bare her so hyghe/ that she myghte not see the erthe/ And the Egle sayd to her shewe me now these precious stones that thow promysest to shewe to me/ And by cause that the tortose myght not see in the erthe/ and that the Egle knewe wel that he was deceyued/ thresed his clowes in to the tortoses bely/ and kylled hit/ For he that wylle haue and gete worship and glorye may not haue hit withoute grete laboure/ Therfore hit is better and more sure/ to kepe hym

lowely than to enhaunce hym self on hyghe/ and after to deye shamefully
and myserably/ ⦗For men sayn comynly/ who so mounteth hyher/ than
he shold/ he falleth lower than he wold

⦗The thyrd fable is of the two Creuysses°

HE whiche wyll teche and lerne some other/ ought first to corryge
& examyne hym self[393]/ as it appereth by this fable of a creuysse/
whiche wold haue chastysed her owne doughter bicause that she wente
not wel ryght/ [o 3ᵛ] And sayd to her in this manere/ My doughter/ hit
pleaseth me not that thow goost thus backward/ For euylle myght wel
therof come to the/ And thenne the doughter sayd to her moder My
moder I shalle go ryght and forward with a good will but ye must goo
before for to shewe to me the waye/ But the moder coude none other wyse
goo/ than after her kynd/ wherfore her doughter sayd vnto her/ My
moder fyrst lerne your self for to goo ryght and forward/ and thenne ye
shalle teche me   And therfore he that wylle teche other/ ought to shewe
good ensample/ For grete shame is to the doctour whanne his owne coulpe
or faulte accuseth hym

creuysses: crabs

❡The fourthe fable is of the asse/ and of the skynne of the Lyon

N One ought not to gloryfye hym self of the goodes of other · as recyteth this fable of an asse whiche somtyme fond the skynne of a lyon/ the whiche he dyd° & wered on hym/ but he coude neuer hyde[394] his eres therwith/ & when he was/ as he supposed wel arayed with the sayd skynne/ he [o 4ʳ] ranne in to the forest/ And whanne the wyld beestes sawe hym come/ they were so ferdfull that they alle beganne to flee/ For they wend/ that it had be the lyon/ And the mayster of the asse serched and soughte his asse in euery place al aboute And as he had soughte longe/ he thought[t] that he wold go in to the forest for to see yf his asse were there/ And as soone as he was entryd in to the forest/ he mette with his asse arayed as before is sayd/ but his mayster whiche had soughte hym longe sawe his erys/ wherfore he knewe hym wel/ and anone toke hym/ and sayd in this manere/ Ha a mayster asse/ arte thow clothed with the skynne of the lyon/ thow makest the bestes to be aferd/ but yf they knewe the/ as wel as I do/ they shold haue no fere of the/ but I ensure the/ that wel I shalle bete the therfore/ And thenne he toke fro hym the skynne of the lyon/ and sayd to hym Lyon shalt thow be no more/ but an asse shalt thow euer be/ And his mayster tooke thenne a staf/ and smote hym/ soo that euer after he remembryd hym wel of hit/ And therfore he whiche auaunceth hym self of other mennes goodes is a very foole/ For as men sayn comynly/ [o 4ᵛ] he is not wel arayed nor wel appoynted/ whiche is clothed with others gowne/ ne also it is not honeste to make large thonges of other mennes leder

❡The v fable is of the frogge and of the Foxe

N One ought to auaunce hym self to doo that whiche he[t] can not doo/ As hit appiereth of a frogge/ whiche somtyme yssued or came oute of a dyche/ the whiche presumed to haue lepte vpon a hyghe montayne/ And whanne she was vpon the montayne/ she sayd to other beestes/ I am a maystresse in medecyn/ and canne gyue remedy to al manere of sekenes by myn arte/ and subtylyte/ and shalle rendre and brynge yow vp ageyne in good helthe/ wherof somme byleued her/ And thenne the Foxe whiche perceyued the folysshe byleue of the beestes/

---

[t] thougrht C.   [t] he he C.
dyd: put

beganne to lawhe/ and sayd to them/ poure beestes/ how may this fowle
and venemous beest whiche is seke and pale of colour rendre and gyue
to yow helthe/ For the leche whiche wylle hele somme other/ ought fyrste
to hele hym [o 5ʳ] self/ For many one counterfayteth the leche/ whiche
can not a word of the scyence of medecyne/ from the whiche god preserue
and kepe vs

¶The vj fable is of the two dogges

HE that taketh within hym self vayne glorye of that thynge/ by the
whiche he shold humble hym self is a very fole/ as hit appereth
by this fable/ of a fader of famylle/ whiche had two dogges/ of the whiche
the one withoute ony barkyng bote the folke/ & the other dyd barke &
bote not/ And whan the fader of famyll perceyued the shrewdnes and
malyce of the dogge that barkyd not he henge on his nek a belle/ to the
ende that men shold beware of hym/ wherfore the dogge was ouer prowd
and fyers/ and beganne to dyspreyse alle the other dogges/ of the whiche
one of the moost auncyent sayd to hym in this manere/ O fole beest/
now perceyue I wel [o 5ᵛ] thy foly and grete wodenesse to suppose/ that
this belle is gyuen to the for thyn owne deserte and meryte/ but certaynly
hit is not soo/ For hit is taken to the for thy demerytes³⁹⁵/ and by cause
of thy shrewdnesse/ and grete treason/ for to shewe/ that thow arte fals
and traytour/ And therfore none oughte to be Ioyeful and gladde of that
thynge/ wherof he oughte to be tryst and sorowful/ as many foles done/
whiche make Ioye of theyr vyces and euyll dedes/ for a moche fole were
the theef whiche that men ledde for to be hanged/ and that he had a cord
of gold aboute his neck/ yf he shold make Ioye therof/ how be hit that the
corde were moche ryche and fayre

¶The vij Fable is of the camel and of Iupiter

EVery creature ought to be content of that/ that god hath gyuen
to hym withoute to take thenherytaunce of other/ As reherceth
this fable Of a camel whiche somtyme complayned hym to Iupiter of that
the other beestes [o 6ʳ] mocqued hym/ by cause that he was not of so
grete beaute/ as they were of/ wherfore to Iupiter Instantly he prayd in
suche maner as foloweth/ Fayr syre and god/ I requyre and praye that
thou wylt gyue to me hornes/ to thende that I maye be nomore mocqued/

Iupiter thenne beganne to lawhe/ and in stede of hornes/ he took fro hym his erys/ and sayd/ thow hast more good than hit behoueth to the to haue/ And by cause that thow demaundest that/ whiche thow oughtest not to haue I haue take fro the that whiche of ryght and kynd thou ouȝtest[396] to haue/ For none ought not to desyre more than he ought to haue/ to the ende that he lese not that whiche he hath/

❧The eyght fable is of the two felawes

En ought not to hold felauship with hym/ whiche is acustommed to begyle other/ As hit appiereth by thys Fable/ Of two felawes whiche somtyme held felauship to eche other for to goo bothe by montaynes and valeyes/ [o 6ᵛ] And for to make better theyre vyage°/ they were sworne eche one to the other/ that none of them bothe shold leue other vnto that the tyme of dethe shold come and departe° them/ And as they walked in a forest they mette with a grete wyld bere/ & bothe felaws ran sone awey for fere/ of the whiche the one clymmed vpon a tree/ And whan the other sawe that his felawe had lefte hym leyd hym self on the erthe/ and fayned to be dede/ And Incontynent the bere came for to ete hym/ but by cause the gallaunt playd wel his game/ the bere went forthe his waye and touched hym not/ And thenne his felawe came doun fro the tree whiche sayd to hym/ I pray the to telle me what the bere sayd to the/ For as me semeth he spake to the/ and hath shewed to the grete sygne or token of loue/ And thenne his felawe sayd to hym/ He taught to me many fayre secretes/ but emonge alle other thynges he sayd to me/ that I shold neuer trust hym who ones hath deceyued me

❧The ix fable maketh mencion of the two pottes [o 7ʳ]

He poure ought not to take the Ryche as his felawe As it appiereth by this fable of two pottes/ of the whiche the one was coper/ and the other of erthe/ the whiche pottes dyd mete to gyder within a Ryuer/ ❧& by cause that the erthen pot wente swyfter than dyd the coper potte/ the pot of coper sayd to the pot of erthe/ I praye the that we may goo to gyder/ And the erthen potte ansuerd and sayd to the coper pot/ I wylle not go with the/ For it shold happe to me as it happed to the glas and of the morter For yf thow sholdest mete with me/ thow sholdest breke and putte

vyage: journey   *departe*: separate

me in to pyeces/ ⟨And therfor the poure is a fole that compareth and lykeneth hym self to the ryche and myghty/ For better is to lyue[397] in pouerte than to deye vylaynsly and be oppressyd of the ryche

⟨The x fable is of the lyon and of the boole [o 7ᵛ]

I T is not alweye tyme to auenge hym self of his enemye/ As it appiereth by this fable of a bole/ whiche somtyme fledde before a lyon/ And as the bole wold entre within a cauerne for to saue hym/ a gote wente ageynste hym for to kepe and lette hym that he shold not entre in it/ to whome the bole sayd/ It is not tyme now to auenge me on the/ for the lyon that chaseth me/ but the tyme shalle come that wel I shalle fynde the/ For men ought not to doo to hym self dommage for to be auengyd of his enemy/ but oughte to loke° tyme and place couenable for to doo hit

⟨The xj fable is of the ape and of his sone

N O fowler a thyng is to the man/ than with his mouth to preyse hym self/ As this fable reherceth to vs/ Of Iupiter kynge of alle the world/ whiche maade alle the beestes and alle the byrdes to be assembled to gyder for to knowe theyr bounte/ and also theyr kynd/ Emonge alle the [o 8ʳ] whiche came the Ape/ whiche presented his sone to Iupiter/ sayenge thus/ Fayre syre and myghty god/ loke and see here the fairest beest that euer thow createst in this world/ And Iupiter thenne beganne to lawhe/ and after sayd to hym/ thow arte wel a fowle[398] beest to preyse soo thy self/ For none oughte to preyse hym self/ but oughte to doo good and vertuous werkes/ wherof other may preyse hym/ for it is a shameful thyng to preyse hym self

⟨The xij fable is of the crane and of the pecok

f Or what vertue that ony man hath/ none oughte to preyse hym self/ As hit appiereth by this fable/ Of a pecok/ whiche somtyme made a dyner to a crane/ And[t] whanne they had eten and dronken ynough/ they

---

t And And   C.
loke: look for

had grete wordes to gyder/ wherfore the pecok sayd to the crane/ Thow
hast not so fayre a forme ne so fayre a fygure as I haue/ ne also fayr
fethers/ ne soo resplendysshynge as I haue/ To whome the crane ansuerd/
and sayd/ It is trouthe/ Neuertheles thow hast not one good/ ne one so^t
fayre a vertue as [o 8^v] I haue/ For how be hit that I haue not so fayre
fethers as thow hast/ yet can I flee better than thy self dost/ For with thy
fayre fethers thou must euer abyde on the erthe/ And I may flee where
someuer hit pleaseth me/ And thus euerychone ought to haue suffysaunce
and to be content of that/ that he hath/ without auauncynge or praysynge
of hym self/ and not to dyspreyse none other[399]

⟪The xiij fable is of the hunter and of the tygre

Werse is the stroke of a tonge/ than the stroke of a spere as hit
appiereth by this fable/ Of a hunter/ whiche with his arowes
hurted the wyld beestes/ in suche wyse that none scaped fro hym/ to the
whiche bestes a tygre fyers and hardy sayd in this manere/ Be not aferd/
For I shalle kepe yow wel/ And as the Tygre came in to the wode/ the
hunter was hyd within a busshe/ the whiche whan he sawe [p 1^r] passe

the tygre before the busshe/ he shote at hym an arowe⁴⁰⁰/ and hytte hym
on the thye/ wherfore the tygre was gretely abasshed And wepynge and
sore syghynge sayd to the other beestes/ I wote not from whens this
cometh to me/ ⟨And whanne the foxe sawe hym soo*ᵗ* gretely abasshed/
al lawhynge sayd to hym/ Ha a tygre/ thow arte so myghty and so stronge/
And thenne the tygre sayd to hym/ My strengthe auaylled me not at that
tyme/ For none may kepe hym self fro treason And therfore some secrete
is here/ whiche I knewe not before But notwithstandynge this I maye
wel conceyue/ that there is no wors arowe/ ne that letteth more the man/
than tharowe whiche is shotte fro the euyll tongue⁴⁰¹/ For whanne som
persone profereth or sayth som wordes in a felauship/ of somman*ᵗ*⁴⁰²
of honest & good lyf/ alle the felauship supposeth that that whiche this
euylle tongue hath sayd be trewe/ be hit trewe or not/ how be it that it
be but lesynge/ but notwithstondynge the good man shalle euer be
wounded of that same arowe/ whiche wound shalle be Incurable/ And yf
hit/ were a stroke of a spere/ hit myght be by the Cyrurgyen heled/ but
the stroke of an euylle tongue may not be heled/ by cause that Incon-
tynent as the word is profered or sayd/ he that hath sayd hit/ is no more
mayster of hit/ And for this cause the stroke of a tongue is Incurable and
withoute guaryson°

⟨The xiiij fable is of the four oxen

M En oughte not to breke his feythe ageynste his good Frend/
ne to leue his felauship/ as hit appiereth by this fable/ of four
oxen whiche to gyder were in a fair medowe/ ⟨And by cause that euer
they were and kept them to gyder/ none other beest durste not assaylle
them/ and also the lyon dradde them moche/ the whiche lyon on a daye
came to them/ And by his deceyuable° wordes thoughte for to begyle
them/ & to rauysshe & take them the better/ maade them to be separed°
eche one fro other/ ⟨And whanne they were [p 1ᵛ] separed/ the lyon wente/
and tooke one of them/ And whan the lyon wold haue strangled hym/ the
oxe sayd to hym/ godsep/ He is a foole/ whiche byleueth fals and de-
ceyuable wordes And leueth the felawship of his good frende/ For yf
we had ben euer to gyder/ thow haddest not taken me/ And therfore he
whiche is/ and standeth wel sure/ ought to kepe hym soo that he falle not/
For he whiche is wel/ meue not hym self

ᵗ sooo   C.   *ᵗ* sommen a   C.

guaryson: cure   *deceyuable*: deceitful   *separed*: separated

❧The xv fable is of the busshe/ and of the aubyer° tree

Ｎone for his beaute ought not to dispreyse some other/ For somtyme suche one is fayre that soone wexeth lothely and fowle/ and fro*ᵗ* hyghe falleth vnto lowe/ as it apperyth by this fable/ Of a fayr tree/ whiche mocqued and scorned a lytyl busshe/ and sayd/ ❧Seest thow not/ my fayre fourme and my fayre fygure/ And that of me men [p 2ʳ] and byldeth⁴⁰³ fayre edefyces as palays and castellis/ galeyes & other shippes for to saylle on the see/ And as he auaunced & preysed hym self thus/ came there a labourer with his axe for to hewe and smyte hym to the ground/ And as the labourer smote vpon the fayr tree/ the busshe sayd/ Certaynly my broder yf now thow were as lytel/ as I am/ men shold not hewe ne smyte⁴⁰⁴ the doune to the erthe/ And therfore none oughte to reioysshe hym self of his worship/ For suche is now in grete honour and worship/ that hereafter shalle falle in to grete vytupere° shame and dishonour

❧The xvj fable is of the fyssher and of the lytyl fysshe

Ｍen ought not to leue that thynge whiche is sure & certayne/ for hope to haue the vncertayn/ as to vs reherceth this fable of a fyssher whiche with his lyne toke a lytyll [p 2ᵛ] fysshe whiche sayd to hym/ My frend I pray the/ doo to me none euylle/ ne putte me not to dethe/ For now I am nought/ for to be eten/ but whanne I shalle be grete/ yf thow come ageyne hyther/ of me shalt thow mowe haue grete auaylle°/ For thenne I shalle goo with the a good whyle/ And the Fyssher sayd to the fysshe. Syn I hold the now/ thou shalt not scape fro me/ For grete foly hit were to me for to seke the here another tyme/ For men ought not to lete goo that/ of what they be sure of/ hopynge to haue afterward that that they haue not and whiche iṣ vncertayne

❧The xvij fable is of Phebus/ of the Auarycious/ and of the enuyous

Ｎone oughte to doo harme or dommage to somme other for to receyue or doo his owne dommage/ As hit appereth by this fable/ Of Iupiter whiche sent phebus in to therthe for to haue al the

ᵗ ro C.

aubyer: wayfaring tree   *vytupere*: censure   *auaylle*: benefit

knowlege of the thou3t of men [p 3ʳ] ⟨This phebus thenne mette with
two men/ of whiche the one was moche enuyous/ And the other ryght
couetous/ Phebus demaunded of them what theyr thought was⁴⁰⁵/ we
thynke said they to demaunde and aske of the grete yeftes/ To the which
Phebus ansuerd/ Now demaunde what ye wylle/ For al that that ye shalle
demaunde of me/ I shalle graunte hit/ And of that/ that the fyrst of yow
shalle aske/ the second shal haue the dowble parte/ or as moche more
ageyne/ And thenne the auarycious sayd/ I wyl that my felawe aske what
he wyll fyrst wherof the enuyous was wel content/ whiche sayd to Phebus
Fayre syre I praye the that I maye lese one of myn eyen/ to thende that
my felawe may lese al bothe his eyen/ wherfor phebus beganne to lawhe
whiche departed and wente ageyne vnto Iupiter/ and told hym the grete
malyce of the enuyous/ whiche was Ioyeful and glad of the harme and
dommage of an other/ & how he was wel content to suffre payne for to
haue adommaged somme other [p 3ᵛ]

⟨The xviij fable is of the theef/ and of the child whiche wepte

H E is a fole that putteth his good in Ieopardy to lese it for to gete
& haue som others good/ as it appereth by this fable of a theef
whiche fond a child wepynge besyde a welle/ of whom the theef dyde
aske why he wepte/ & the child answerd to hym I wepe/ by cause that
I haue lete falle within this welle a boket of gold/ & thenne the theef
toke of his clothes/ & sette them on the ground and wente doune in to the
welle/ And as he was doune the child toke his gowne & lefte hym within
the welle/ And thus for couetyse to wynne/ he lost his gowne/ For suche
supposen to wynne somtyme whiche lesen/ And therfore none ought to
wysshe that/ that he hath not/ to thende that he leseth not that/ that he
hath/ For of the thynge wrongfully and euylle goten/ the thyrd heyre
shalle neuer be possessour*ᵗ* of hit [p 4ʳ]

⟨The xix fable is of the lyon and of the gote

H E is wyse that can kepe hym self from the wyly and fals/ as hit
appereth by this fable/ Of a lyon/ whiche ones mette with a gote/
whiche was vpon a montayne And whanne the lyon sawe her/ he sayd to

ᵗ ppssessour   C.

her in this manere/ for to gyue to her occacion to come doune fro the hylle/ to thende that he myght ete her/ My suster why comest thow not hyder on this fayre and grene medowe for to ete of these fayre herbes or grasse/ And the gote ansuerd to hym/ How be hit/ that thow sayst trouthe/ Neuertheles thow sayst it not/ neyther for my wele ne for my prouffyte/ but thow sayst hit/ by cause that thow woldest fayne ete and deuoure me/ but I truste not in thy fayre speche/ For many tymes I haue herd saye of my graunt moder/ he that is wel/ meue not hym self/ For he whiche is in a place wel sure/ is wel a fole to go fro hit/ and to putte hym self in grete daunger and perylle

❡The xx fable was of the crowe whiche*t* was a thurst [p 4ᵛ]

Etter is crafte and subtylyte than force/ As reherceth to vs this fable/ Of a crowe whiche vpon a day came for to drynke oute of a boket/ and by cause that she myght not reche to the water⁴⁰⁶/ she dyd fyll the boket ful of smal stones/ in soo moche that the water came vpward/ wherof she dranke thenne at her wylle/ and playsyre/ And therfore hit appiereth wel/ that wytte or sapyence is a moche fayr vertue For by sapyence or wytte/ thow shalt mowe resyste to all faultes/

t whiehe C.

¶The xxj fable is of the vylayne and of the yonge bole/

H E whiche is of euylle and shrewd kynde/ with grete payne he may chastyse hym* self/ as it appereth by this fable/ Of a vylayne/ whiche had a yonge bole/ the whiche he myght not bynd⁴⁰⁷/ by cause that euer he smote with his hornes/ wherfor the vylayne cutte of his hornes/ ¶But yet whan he wold haue bound hym/ the bole casted his feete fro hym/ in suche wyse that he suffred noman to come nyghe hym/ [p 5ʳ] And whan the vylayne perceyued the malyce of the bole/ he sayd to hym/ I shalle chastyse the wel/ For I shalle take the in to the bouchers handes/ And thenne was the bole wel chastysed/ ¶And thus ought men to doo of the euylle/ cursyd & rebelles/ whiche doo no thynge but playe with dees and cardes and to ruffule°/ Suche folke ought men to put in to the handes of the boucher for to lede them to the galhows/ For better may no man chastyse them/ For with grete payne may he be chastysed/ whiche fleeth alle good werkes ond alle good felauship

¶The xxij fable is of the viator° or palmer° and of Satyre

M En ought to beware & kepe hym self from hym whiche bereth both fyre & water/ as reherceth to vs this Fable Of a pylgrym/ whiche somtyme walked in the wynter/ and wente thurgh a grete forest/ ¶And by cause that the snowe had couerd al the wayes/ he wist ne knewe not whyther [p 5ᵛ] he wente/ ageynste the whiche came a wodewose° ⁴⁰⁸ named Satyre by cause he sawe hym a cold/ whiche approched to the pylgrym and brought hym in to his pytte°/ And whan the pylgrym sawe hym/ he hadde grete drede by cause that a wodewose is a monstre lyke to the man/ as hit appiereth by his fygure/ ¶And as the wodewose or Satyre⁴⁰⁹ ledde the pylgrym in to his pytte/ the pylgrym dyd blowe within his handes for to chauffe° them/ For he was sore acold/ And thenne the wodewose gaf to hym hote water to drynke/ ¶And whan the pylgrym wold haue dronken hit/ he beganne to blowe in hit/ And the wodewose* ⁴¹⁰ demaunded of hym/ why he dyd blowe hit/ And the pylgrym sayd to hym/ I blowe in hit/ for to haue it somwhat more cold than hit is/ The

---

*chasty h ym BM.   * wedewose C.

ruffule: swagger   *viator*: traveler   *palmer*: wayfarer   *wodewose*: satyr
pytte: cave, abode of a monster   *chauffe*: warm

wodewose thenne sayd to hym/ Thy felauship is not good to me/ by cause
that thow berest bothe the fyre and the water in thy mouthe/ therfore
go hens fro my pyt and neuer retorne ageyne/ For the felauship of the
man whiche hath two tongues is nought/ And the man whiche is wyse
ought to flee the felauship of flaterers/ For by flateryng & adulacion many
haue ben begyled and deceyued [p 6ʳ]

¶The xxiij fable is of the oxe and of the rat

THe lordes ought to loue theyr subgettis/ For he whiche is hated
of his tenaunts and subgets/ is not lord of his land/ as hit appereth
by this Fable/ Of an oxe/ whiche somtyme was within a stable/ and as
the oxe on a tyme wold haue slepte fayne/ a rat came/ whiche bote the
oxe by the thyes/ And as the oxe wold haue smyten hym/ he ran awaye
in to his hole/ And thenne the oxe beganne to menace the rat/ And the
ratte sayd to hym/ I am not aferd of the For al be hit that I am lytyl/ I
may lette and empeche° the/ And yf thow arte grete/ thy parentes ben
cause therof and not thy self/ And therfore the stronge ought not to

empeche: hinder

dispreyse the feble/ but ought to loue hym as the chyef° or hede ought to loue his lymmes/ For he that loueth not/ oughte not to be loued/ And therfore the lord must loue his subgettys/ yf of them he wylle be loued

❡The xxiiij fable is of the goos and of her lord[411] [p 6ᵛ]

HE that ouer ladeth hym self/ is euylle strayned/ As this fable sayth/ of a man/ whiche had a goos/ that leyd euery day an egge of gold/ The man of auaryce or couetousnes commaunded and bad to her/ that euery daye she shold leye two egges/ And she sayd to hym/ Certaynly/ my mayster I maye not/ wherfore the man was wrothe with her/ and slewe her/ wherfore he lost that same grete good/ of the whiche dede he was moche sorowful and wrothe/ how be it that it was not tyme to shette the stable whan the horses ben loste/ & gone/ And he is not wyse/ whiche dothe suche a thynge/ wherof he shalle repente hym afterward/ ne he also/ whiche doth his owne dommage for to auenge hym self on somme other/ For by cause that he supposeth to wynne al/ he leseth all that he hath

❡The xxv fable is of the ape and of his two children [p 7ʳ]

HE that somtyme men dispreysen/ may wel helpe somme other/ as hit appereth by this Fable of an Ape/ whiche had two children/ of the whiche he hated the one/ & loued the other/ whiche he toke in his armes/ and with hym fled before the dogges/ And whanne the other sawe/ that his moder lefte hym behynde/ he ranne and lepte on her back/ And by cause that the lytyl ape whiche the she ape held in her armes empeched her to flee/ she lete hit falle to the erthe/ And the other whiche the moder hated held fast[412] and was saued/ the whiche from thens forthon kyssed and embraced his moder/ And[t] she thenne beganne to loue hym/ wherfore many tymes it happeth/ that that thynge whiche is dispreysed/ is better than that thynge whiche is loued and preysed/ For somtyme the children whiche ben preysed and loued/ done lasse good than they whiche ben dispreysed and hated

[t] And And   C.
chyef: leader

⟪The xxvj Fable is of the wynd and of therthen pot [p 7ᵛ]

HE that ouer moche enhaunceth hym self/ sooner than he wold/ he
falleth doune/ as hit appereth by this fable/ Of an erthen pot
maker whiche made a grete pot of erthe/ the whiche he dyd sette in the
sonne/ by cause that more surely hit shold haue ben dryed/ ageynste
the whiche came and blewe a grete wynd/ And whanne the wynd sawe
the potte he demaunded of hym/ who arte thow/ And the pot ansuerd to
hym/ I am a potte the best made that men can fynde/ & none may lette
ne empeche° me/ And how sayd the wynde/ thow art yet al softe/ and hast
neyther vertue ne none force/ and by cause that I knowe wel thy ouer
pryde/ I shall breke the/ and putte the·in to pyeces/ to thende/ that thow
of thy grete pryde mayst haue knowlege/ And therfore the feble ought to
meke and humble hym self and obeye to his lord⁴¹³/ and not to enhaunce
hym more than he ought/ to thende/ he falleth not from hyhe to lowe

empeche: harm

❡The xxvij fable is of the wulf and of the lambe[414] [p 8ʳ]

OF two euyls men ought euer to eschewe and flee the worst of bothe/ yf ony of them may be eschewed/ as hit appiereth by this fable/ of a wulf/ whiche ranne after a lambe/ the whiche lambe fled vnto the hows where as gotes[415] were/ And whan the wulf sawe that he myght in no wyse take the lambe/ he sayd to hym by swete wordes/ Leue thy felauship/ and come with me in to the feldes/ for yf thow come not/ thow shalt be take by them[416]/ and shalt be sacryfyed to theyre goddes/ And the lambe ansuerd to the wulf/ I haue leuer to shede al my blood for the loue of the goddes/ and to be sacryfyed/ than to be eten and deuoured of the/ And therfore he is ful of wysedome and of prudence/ who of two grete euyls may and can escape the grettest of bothe/

❡Here fynysshen the fables of Auian/ And after folowen the fables of Alfonce [p 8ᵛ]

❡ *THE FABLES OF ALFONCE*

❡The fyrst fable maketh mencion of thexhortacion of sapyence or wyse-
dome and of loue

ARabe of Lucanye[417] sayd to his sone in this maner/ My sone
beware & loke that the formyce be not more prudent or wyser/
than thy self/ the whiche gadreth & assembleth to gyder in the somer all
that to her nedeth° to haue in the wynter/ and beware that thow slepe no
lenger/ than the Cocke doth the whiche watcheth and waketh atte matyns
tyme/ and that he be not wyser and more sage than thy self/ the whiche
rewleth and gouerneth wel ix hennes[418]/ but hit suffyseth wel/ that thow
rewle and gouerne one wel/ And also that the dogge be not more noble
than thy self/ whiche forgeteth neuer the good whiche is done to hym/
but euer he remembryth it/ ❡Item my sone/ suppose it not a lytyll thynge/
to haue a good Frend but doubte not to haue a thowsand frendes/ ❡And
whanne Arabe wold deye[419]/ he demaunded of his sone/ My sone how
many good frendes hast thow/ And his sone answerd to hym/ My fader I
haue as I suppose an hondred frendes/ And the [q 1ʳ] fader ansuerd to
hym/ beware and loke wel that thow suppose none to be thy frend withoute
that thow hast assayed & proued hym/ For I haue lyued lenger than thy
self haste/ & vnnethe I haue gete half a frend/ wherfore I meruaylle moche
how thow hast geten so many frendes/ And thenne the sone seynge the
admyracion or wonder of his fader/ demaunded of hym/ My fader I praye
yow that ye wylle gyue to me counceil how I shalle mowe preue° and
essaye my frend/ And his fader sayd to hym/ goo thow and kylle a calf[420]/
and putte it in a sak al blody/ and bere hit to thy fyrst frend/ and saye to
hym that hit is a man whiche thow hast slayne/ And that for the loue of
whiche he loueth the/ that he wylle kepe thy mysdede secretely and burye
hit/ to thende that he may saue the/ the which counceylle his sone dyd[421]/
to whome his frend sayd/ retorne ageyne to thy hows/ For yf thow hast
done euylle/ I wylle not bere the payne for the/ For within my hows thow
shalt not entre/ And thus one after other he assayed alle his frendes/ and
euery of them made to hym suche an ansuere as the fyrst dyd/ wherof
gretely he was abasshed/ And thenne he retorned ageyn to his fader/ and
told hym/ how he had done/ And his fader ansuerd to hym/ Many one
ben frendes of wordes only/ but fewe ben in faytte or dede/ but I shalle
telle to the what thow shalt doo/ Goo thow to my half frende/ and bere

nedeth: is necessary   *preue*: test

to hym thy calf/ and thow shalt here and see⁴²² what he shalle saye to
the/ And whanne the sone came to the half frende of his fader/ he sayd
to hym as he dyd to the other/ And whanne the half frende vnderstode his
fayt or dede/ he anone toke hym secretely in to his hows/ and ledde hym
in to a sure and obscure place/ where he dyd burye his dede calf⁴²³/
wherof the sone knewe the trouthe of the half frendes loue/ Thenne the
sone of Arabe⁴²⁴ torned ageyne toward his fader/ and told to hym all that
his half frende had done to hym/ And thenne the fader sayd to his sone/
that the philosopher saith that the very and trewe frend is found in
thextreme nede/ Thenne asked the sone of his fader/ sawest thow neuer
man whiche in his lyf gate a hole frend/ & his fader said to hym/ I sawe
neuer none/ but wel haue I herd it say/ And the sone ansuerd/ My fader
I praye the that thow wylt reherce hit to me/ to thende/ that by aduenture°
I maye [q 1ᵛ] gete suche one/ And the fader sayd to hym/ My sone/
somtyme haue I herd of two Marchaunts whiche neuer had sene eche
other/ the one was of Egypte/ and the other was of Baldak⁴²⁵ but they
had knowleche eche of other by theyr lettres/ whiche they sente and wrote
frendly one to the other/ hit befelle thenne that the marchaunt of Baldak
came in to egypte for to chepe° & bye somme ware or marchaundyse⁴²⁶/
wherof his frend was moche gladde/ and wente to mete hym and brought
hym benyngly in to his hows/ And after that he had chered and festyed⁴²⁷
hym by the space of xiiij dayes/ the same marchaunt of baldak wexed and
became seke/ wherof his frend was sorowfull and ful heuy/ and Incon-
tynent sente for phisycyens or leches thurugh alle egypte for to recouere
his helthe/ And whan the medecyns had sene and vysyted hym/ and his
vryne also/ they sayd that he had no bodyly sekenes/ but that he was
rauysshed of loue/ And whan his Frende herd these wordes/ he came to
hym/ and sayd/ My frende I pray the/ that thou wilt shewe and telle to
me thy sekenes/ And his frend said to hym I praye the/ that thow wylt
make to come hyder alle the wymmen and maydens whiche ben in thy
hows/ for to see/ yf she whiche my herte desyreth is emonge them/ And
anone his Frend made to come before hym bothe his owne doughters &
seruaunts Emonge the whiche was a yonge mayde/ whiche he had
nourysshed for his playsyre/ And whan the pacyent or seke man sawe her/
he sayd to his frend/ the same is she whiche maye be cause of my lyf or
of my deth/ the whiche his frend gaf to hym for to be his wyf with alle
suche goodes as he had of her/ the whiche he wedded/ and retorned with
her in to baldak with grete Ioye/ but within a whyle after it happed

by aduenture: perhaps   *chepe*: buy

and fortuned so that this marchaunt of egypte fylle in pouerte/ and for to
haue somme consolacion and comforte he tooke his way toward baldak/
and supposed to goo and see his frend/ And aboute one euen°⁴²⁸ he
arryued to the Cyte/ And for as moche that he was not well arayed ne
clothed/ he had shame by daye ly3t to goo in to the hows of his Frend/
but wente and lodged hym withynne a Temple nyghe by his Frendes
hows/   ¶It happed thenne that on that same nyght that he laye
there a man slewe another man before the yate or entre of the sayd
[q 2ʳ] Temple/ wherfore the neyghbours were sore troubled/ And thenne
alle the peple moeued° therof came in to the Temple/ wherin they fond
no body sauf only thegypcyen/ the whiche they toke/ and lyke a murderer
Interroged hym why he had slayne that man whiche lay dede before the
portall or gate of the temple⁴²⁹/ He thenne seynge his Infortune and
pouerte/ confessyd/ that he had kylled hym/ For by cause of his euyll
fortune he wold rather deye than lyue ony more/ wherfore he was had
before the Iuge/ and was condempned to be hanged/ And whan men ledde
hym toward the galhows/ his frend sawe and knewe hym/ and beganne to
wepe sore/ remembryng the bienfayttes° whiche he had done to hym/
wherfore he went to the Iustyce and sayd/ My lordes this man dyd not
the homycyde/ For hit was my self that dyd hit/ And therfore ye shold do
grete synne yf ye dyd put this Innocent and gyltles to dethe/ And anone
he was take for to be had vnto the galhows/ And thenne the Egypcyen
sayd/ My lordes/ he dyd hit not/ And therfore euylle shold ye doo to put
hym to dethe/ And as the two frendes wold haue ben hanged eche one for
other/ he whiche had done the homycyde came and knewe and confessyd
there his synne/ and adressyd hym self before the Iustyce and sayd⁴³⁰/
My lordes/ none of them bothe hath done the dede/ And therfore punysshe
not ye these Innocentes/ For I allone ought to bere the payne/ wherof
all the Iustyse was gretely meruaylled/ And for the doubte whiche therin
was grete/ the Iustyce toke them al thre/ & ledde them before the kyng
And whan they had reherced to the kynge all the maner⁴³¹/ after enquest
therupon made/ and that he knewe the very trouthe of hit/ graunted his
grace to the murderer/ and so alle thre were delyuerd/ And the frend
brought his frend in to hys hows/ and receyued hym Ioyously/ and after
he gaf to hym bothe gold and syluer/ And the egypcyen torned ageyne
vnto his hows/ And whan the fader had sayd & reherced all this to his
sone/ his sone sayd to hym/ My fader I knowe now wel that he whiche

---

aboute one euen: not long before or after the time of evening
moeued: moved emotionally   *bienfayttes*: kindnesses

may gete a good frende is wel happy/ And with grete labour as I suppose
I shal gete suche one⁴³² [q 2ᵛ]

❡The second fable is of the commyssion of pecuny° or money⁴³³

A Spaynard arryued somtyme in to the lande of egipte And by
cause that he doubted to be robbed within the desertys of
Arabe/ he purposed and bethought in hym self that it were wysely done
to take his money to somme trewe man for to kepe hit vnto his retorne
ageyne/ And by cause that he herd somme saye/ that within the Cyte
was a trewe man/ he anone wente to hym/ and toke to hym his syluer for
to kepe hit/ And whan he had done his vyage/ he came ageyne to hym/
and demaunded of hym his syluer/ whiche ansuerd to hym in this manere/
My frend/ I ne wote who thow arte/ for I sawe the neuer that I wote of/
And yf thou sayest or spekest ony more wordes/ I shalle make the to be
wel bete/ Thenne was the spaynard sorowful and wroth/ and therof he
wold haue made a playnte to his neyghbours/ as he dyde⁴³⁴/ & the
neyghbours sayd to hym/ Certaynly/ we be wel abasshed of that/ that ye
telle to vs/ for he is emonge vs alle reputed [q 3ʳ] and holden for a good
man and trewe/ And therfore retorne ageyne to hym/ and by swete

pecuny: money

wordes telle hym that he wyl rendre to the thy good ageyne/ the whiche
thynge he dyd/ and the old man ansuerd to hym more sharply and
rygorously/ than he had done before/ wherof the spaynard was wonderly
wrothe/ And as he departed oute of the old mans hows/ he mette with an
old woman/ the whiche demaunded of hym/ wherfore he was soo troubled
and heuy/ And after that he had told to her the cause why/ thold woman
sayd to hym/ make good chere/ For yf hit be so as thow sayst/ I shalle
counceylle the how thow shalt recouere thy syluer/ And thenne he
demaunded of her/ how hit myght be done/ And she sayd to hym bryng
hyther to me a man of thy countrey whome thow trustest/ and doo to be
made four fayr chestes⁴³⁵/ and fylle them alle with stones/ and by thy
felawes thow shalt make them to be borne/ in to his hows/ and to hym
they shalle say/ that the marchaunts of spayne send them to hym for to be
kepte surely/ And whan the chestes shalle be within his hows/ thow shalt
go and demande of hym thy syluer/ whiche thynge he dyd/ And as the
sayd chestes were borne within his hows/ the spaynard wente with them/
that bare them/ the whiche straungers sayd to the old man My lord/
these four chestes ben al ful of gold/ of syluer and of precious stones/
whiche we brynge to yow/ as to the trewest man and feythful that we
knowe⁴³⁶ for to kepe them surely by cause that we fere and doubte the
theues/ whiche ben within the desert/ After the whiche wordes sayd/ came
he/ whiche the old woman had counceylled/ and demaunded of hym his
syluer And by cause that the old man doubted/ that the spaynard wold
haue dispreysed⁴³⁷ hym/ he sayd thus to hym/ Thow arte welcome/ I
merueylled how thow taryest soo longe for to come/ And Incontynent
he restored to hym his syluer/ And thus by the counceylle of the woman
whiche he gretely thanked/ he had his good ageyn/ and retourned ageyne
in to his countrey/

⟪The thyrd fable speketh of a subtyle Inuencion of a sentence gyuen
vpon a derke and obscure cause [q 3ᵛ]

H It befelle somtyme that a good man labourer⁴³⁸ wente fro lyf
to deth/ the whiche labourer lefte nothyng to his sone/ but only
a hows/ the whiche sone lyued by the laboure of his handes pourely/ This
yong man had a neyghbour whiche was moche ryche whiche demaunded
of the sayd yong man yf he wold selle his hows/ but he wold not selle it/
by cause that it was come to hym by enherytaunce and by patrymony
wherfore the ryche man his neyȝbour conuersyd & was ful oft⁴³⁹ with

hym for to deceyue hym/ but the yong man fled his company as moche
as he myght/ & whan the ryche man perceyued that the yong man fled
from hym/ he bithou3t hym self of a grete decepcion & falshede/ &
demaunded of the poure yong man that he wold hyre to hym a parte of
his hows for to delue & make a celer/ the whiche he shold hold of hym
payeng to hym yerely rent⁴⁴⁰/ & the poure yonge man hyred it to hym/ &
whan the celer was made/ the ryche man did do bryng° therin x tonnes of
oylle of the which the v were ful of oylle/ & the other v were but half
ful/ & dyd do make a grete pytte in the erthe/ & dyd do put the fyue
tonnes whiche were half ful in hit/ & the other fyue aboue them/ And
thenne he shytte° the dore of the celer/ and delyuerd the keye to the
poure yonge man/ and prayd [q 4ʳ] hym frawdelently to kepe wel his
oylle⁴⁴¹/ but the poure yonge man knewe not the malyce and falshede of
his neyghboure/ wherfore he was contente to kepe the keye/ And within a
whyle after as the oylle became dere/ the ryche man came to the poure/
and asked of hym his good⁴⁴²/ and the yong man tooke to hym the keye/
this Ryche man thenne sold his oylle to the marchauntes/ and warauntysed°
eche tonne al ful/ And when the marchauntes mesured theyr oylle/ they
fond but fyue of the x tonnes full/ wherof the ryche man demaunded
of the poure yonge man restitucion/ and for to haue his hows he maade
hym to come before the Iuge/ ⁅And whanne the poure man was before
the Iuge/ he demaunded terme and space for to answere/ For hym thought
and semed that he had kepte wel his oylle/ and the Iuge gaf and graunted
to hym day of aduys°/ & thenne he went to a philosophre whiche was
procuratour of the poure peple/ & prayd hym for charyte/ that he wold
gyue to hym good counceylle at his grete nede/ & he reherced and told to
hym al his cause & swore vpon the holy euangely that he toke none of the
ryche mans oylle/ And thenne the philosopher ansuerd to hym in this
manere/ My sone/ haue no fere/ for the trouthe may not faylle/ And the
next morowe after/ the philosopher wente with the poure man in to
Iugement/ the whiche Philosopher was constitued° by the kynge for to
gyue the Iust sentence of hit/ And after that the cause had be wel deffended
and pleted of bothe partyes/ the philosophre sayd/ the same ryche man is
of good renommee/ and I suppose not that he demaunded more than he
shold haue/ And also I byleue not/ that this poure man be maculed° ne
gylty of the blame⁴⁴³/ which he putteth on hym/ but notwithstondynge
for to knowe the trouthe of hit/ I ordeyne and gyue sentence/ that the

do bryng: cause to be brought   *shytte*: shut   *warauntysed*: guaranteed
day of aduys: a time given to an accused person to prepare his defense
constitued: appointed   *maculed*: stained

oylle pure and clene of the v tonnes whiche are ful to be mesured/ and also the lye° therof/ And after that the pure and clene oylle of the fyue tonnes whiche ben but half ful to be also mesured with the lye therof/ and that men loke yf the lye of the fyue Tonnes half ful is egal and lyke to the lye of the fyue Tonnes/ whiche ben fulle/ And yf hit be not soo/ that as moche*t* lye be fond within the vessels whiche ben but half full as in the other/ he shalle thenne be suffysauntly & ryghtwysly [q 4ᵛ] proued⁴⁴⁴/ that none oyle hath be taken oute of them/ but yf ther be fond as moche lye in the one as in the other/ the poure shall be condempned/ and of this sentence the poure was contente/ & the trouthe was knowen/ wherfore the poure man went quyte/ and the ryche was condempned/ For his grete malyce and falsheed was knowen and manyfested/ For there is no synne or mysdede done/ but that ones it shalle be knowen and manyfested

¶The fourthe fable maketh mencion of the sentence gyuen vpon*t* the pecuny or money whiche was found⁴⁴⁵

ARyche man somtyme wente by° a Cyte/ And as he walked fro one syde to that other/ fylle fro hym a grete purse/ wherin were a thowsand crownes/ the whiche a poure man fond/ and toke them for to kepe to his wyf/ wherof she was ful gladde/ and sayd/ thanked be god of al the goodes whiche he sendeth to vs/ yf he sendeth now this grete somme kepe we hit wel/ And on the next morne after folowyng/ the [q 5ʳ] Ryche man made to be cryed thurgh the Cyte/ that who someuer had fond a thowsand Crownes in a purse/ he shold restitue/ and brynge them to hym ageyne/ and that he shold haue for his reward an honderd of them/ And after that the poure man had herd this crye/ he ranne Incontynent to his wyf/ & sayd to her/ My wyf/ that/ that we haue found must be rendred or yolden ageyne/ For hit is better to haue a C crownes withoute synne than a thowsand with synne & wrongfully/ And how be hit that the woman wold haue resysted/ Neuertheles in thende she was content/ And thus the poure man restored the thowsand crownes to the Ryche/ and demaunded of hym his honderd crownes/ And the ryche full of frawde or falshede sayd to the poure/ thow rendrest not to me al my gold/ whiche thow fondest/ For of hit I lack four honderd⁴⁴⁶ pyeces of gold And whanne thow shalt rendre and brynge to me ageyn the sayd

---

t mo moche C. *t* vp C.
lye: sediment *by*: through

four honderd pyeces of gold/ thow shalt haue of me the C crownes/
whiche I promysed to the/ And thenne the poure ansuerd to hym/ I haue
take and brought to the al that I haue found/ wherfore they fylle in a
grete dyfferent or stryf/ in so moche that the cause came before the kyng/
to be decyded and pletyd/ of the whiche the kyng made to be callyd
before hym a grete philosopher whiche was procuratour of the poures/
And whanne the cause was wel disputed/ the philosopher moued with
pyte/ called to hym the poure man/ and to hym seyd in this maner/ Come
hyther my frend/ by thy feythe hast thow restored alle that good whiche
thou fondest in the purse/ and the poure ansuerd to hym/ ye syre by my
feythe/ And thenne the philosophre sayd before thassistantes°/ Syth this
ryche man is trewe and feythfull/ and that hit is not to byleue/ that he
shold demaunde more than he ought to doo⁴⁴⁷/ he oughte to be byleued/
And as to the other parte men muste byleue that this poure man is of
good renomme and knowen for a trewe man⁴⁴⁸ wherfore the philosopher
sayd to the kynge/ Syre I gyue by my sentence/ that thow take these
thowsand crownes/ and that an C thow take of them/ the whiche honderd
thow shalt delyuere to this poure man whiche fond them/ And after
whan he that hath lost them shall come/ thow shalt restore them to hym/
[q 5ᵛ] And yf it happeth that another persone fynde the thowsand &
four C crownes/ they shal be rendryd and taken ageyn to the same good
man whiche is here present whiche sayth that he hath lost them/ the
whiche sentence was moche agreable and plesaunt to al the companye/
And whan the ryche man sawe that he was deceyued/ he demaunded
myserycorde and grace of the kynge sayenge in this manere/ Syre this
poure man that hath fond my purse/ trewely he hath restored it to me all
that I ouȝt to haue/ but certaynly I wold haue deceyued hym/ wherfor
I praye the that thou wylt haue pyte and myserycorde on me And thenne
the kynge had myserycorde on hym/ And the poure man was wel con-
tented and payd/ and al the malyce of the ryche man was knowen and
manyfested

❡The v fable is of the feythe of thre felawes [q 6ʳ]

Ofte it happeth that the euyll whiche is procured to other
cometh to hym whiche procureth it/ as hit apperyth by the
felawes/ of the whiche tweyn were burgeys°/ & the thyrd a labourer/ the

---

assistantes: participants in an assembly   *burgeys*: citizens

whiche assembled them to gydre for to go to the holy sepulcre/ This thre
felawes made so grete⁴⁴⁹ prouysyon of flour for to make theyr pylgremage/
in suche wyse/ that it was al chauffed/ and consumed⁴⁵⁰ excepte only
for to make one loef only/ And whan the Burgeis sawe thende of theyre
floure they sayd to gyder/ yf we fynde not the maner and cautele° for to
begyle this vylayn/ by cause that he is a ryght grete gallaunt/ we shalle
deye for hongre/ wherfore we must fynde the maner and facyone⁴⁵¹ that
we may haue the loof whiche shall be maad of alle oure floor/ And ther-
fore they concluded° to gyder and sayd/ whanne the loof shalle be putte
within the ouen we shalle goo and leye vs for to slepe/ and he that shalle
dreme best/ the loof shalle be his/ And by cause that we bothe ben
subtyle and wyse/ he shalle not mowe dreme as wel as we shalle/ wherof
the loof shal be ours/ wherof alle they thre were wel content/ and al
byganne to slepe/

⁣But whanne the labourer or vylayne⁴⁵² knewe and perceyued alle theyre
fallace/ and sawe that his two felawes were a sleep/ he wente and drewe
the loof oute of the ouen and ete hit/   ⁣And after he fayned to be
a slepe/ And thenne one of the burgeys rose vp/ and sayd to hys felawes/
I haue dremed a wonder dreme/ For two Angels haue taken & borne me
with grete Ioye before the dyuyn mageste/ And the other burgeys his
felawe awoke and sayd/ Thy dreme is merueyllous and wonderfull/ but I
suppose that the myn is fayrer/ than thyn is/ For I haue dremed that two
Angels drewe me on hard ground for to lede me in to helle/ And after
they dyd awake the vylayne whiche as dredeful sayd/ who is there/ and
they ansuerd/ we be thy felawes/ And he sayd to them/ how be ye soo
soone retourned/ And they answerd to hym/ how retorned/ we departed
not yet fro hens/ And he sayd to them by my feythe/ I haue dremed that
the Angels had led one of yow in to paradys or heuen/ and the other in
to helle/ wherfor I supposed/ that ye shold neuer haue comen ageyne/
And therfore I aroos me fro sleep/ and by [q 6ᵛ] cause I was hongry/ I
wente and drewe oute of the ouen the loef and ete hit/ For ofte hit happeth
that he whiche supposeth to begyle somme other/ is hym self begyled

⁣The vj fable is of the labourer and of the nyghtyngale

S̷Omtyme there was a labourer/ whiche had a gardeyn wel playsaunt
and moche delycious/ in to the whiche he ofte wente for to take
his disporte and playsyre/ And on a day at euen when he was wery and

cautele: trick   *concluded*: made an agreement

had trauaylled sore/ for to take his recreacion he entryd in to his gardyn
and sette hym self doune vnder a tree/ where as he herd the songe of a
nyghtyngale/ And for the grete plesyre and Ioye whiche he took therof/
he sought and at the last fond the meanes for to take the nyghtyngale/ to
thende/ that yet gretter Ioye and playsaunce he myght haue of hit[453]/
And whan the nyghtyngale was take/ he demaunded of the labourer/
wherfor hast thow take so grete payne for to take me/ For wel thow
knowest that of me thow mayst not haue grete prouffyte/ And [q 7ʳ]
the vylayne ansuerd thus to the nyghtyngale/ For to here the songe of

the I haue taken the/ And the nyghtyngale ansuerd Certaynly in vayne
thou hast payned and laboured/ For/ for no good I wylle synge whyle that
I am in pryson/ And thenne the labourer or vylayne ansuerd/ yf thow
syngest not wel/ I shalle ete the/ And thenne the nyghtyngale sayd to hym/
yf thow putte me within a potte for to be soden/ lytyl mete shalt thou
thenne make of my body/ and yf thow settest me for to be rosted/ lesse
mete shalle be thenne made of me/ And therfor neyther boylled ne
rosted shalle not be thy grete bely fylled of me/ but yf thow lete me flee/
hit shalle be to the a grete good and prouffyte/ For thre doctrynes I shall
teche the whiche thow shalt loue better than thre fat kyne/ And thenne
the labourer lete the nyghtyngale flee/ And whan he was oute of his
handes/ and that he was vpon a tree/ he sayd to the vylayne in this maner/
My Frend I haue promysed to the/ that I shall gyue to the thre doctrynes/

wherof the fyrst is this that thow byleue no thynge whiche is Impossyble/
The second is that thow kepe wel that thyn is/ And the thyrd is/ that thow
take no sorowe of the thynge lost whiche may not be recouerd⁴⁵⁴/ And
soone after the nyghtyngale*t* beganne to synge/ & in his songe sayd thus/
blessyd be god/ whiche hath delyuerd me oute of the handes of this
vylayne or chorle/ whiche hath not knowen/ sene/ ne touched the precious
dyamond whiche I haue within my bely/ For yf he had founde hit/ he
had be moche ryche/ And fro his handes I had not scaped/ And thenne
the vylayne whiche herd this songe/ beganne to complayne and to make
grete sorowe . and after sayd I am wel vnhappy/ that haue lost so fayre a
tresour/ whiche I had wonne/ and now I haue lost hit/ And the nyghtyn-
gale seyd thenne to the chorle/ Now knowe I wel that thow arte a fool/
For thow takest sorowe of that wherof thow sholdest haue none/ and sone
thow hast forgeten my doctryne/ by cause that thow wenest that within
my bely shold be a precious stone more of weyght than I am/ And I told
and taught to the/ that thow sholdest neuer byleue that thynge/ whiche
is Impossyble/ And yf that stone was thyn/ why hast thow lost hit/ And
yf thow hast lost hit and mayst not recouere hit/ why takest thow sorowe
for hit/ [q 7ᵛ] And therfore hit is foly to chastyse or to teche a fole/ whiche
neuer byleueth the lernynge and doctryne whiche is gyuen to hym

❧The vij fable is of a Rethorycian and of a crowkbacked/

A Philosopher sayd ones to his sone/ that whan he were falle by
fortune in to somme dommage or perylle/ the sooner that he
myght he shold delyuere hym of hit/ to thende/ that afterward he shold
no more be vexed ne greued of hit/ As hit appiereth by this fable of a
rethoryque° man or fayr speker⁴⁵⁵/ whiche ones demaunded of a kynge/
that of alle them whiche shold entre in to the Cyte/ hauynge somme faulte
of kynde on theyr bodyes/ as crouked or counterfayted⁴⁵⁶/ he myght
haue and take of them at thentre of the yate a peny/ the whiche demaunde
the kynge graunted to hym/ and made his lettres to be sealed and wreton
vnder his sygnet⁴⁵⁷/ And thus he kepte hym styll at the yate/ And of euery
lame scabbed/ & of alle suche that had ony counterfaytour on theyr
bodyes/ he tooke a peny/ ❧It happed thenne on a day that a croukbacked
and counterfayted man wold haue entryd within the Cyte [q 8ʳ] withoute

t nyghtgngale C.
rethoryque: rhetorical

gyuynge of ony peny/ and bethought hym self/ that he shold take and put
on hym a fayre mantel/ and thus arayed came to the yate/ ⟨And thenne
whan the porter byheld hym/ he perceyued that he was goglyed°/ and
sayd to hym pay me of my dewte/ And the goglyed wold paye nought/
wherfore he toke from hym his mantel/ And thenne he sawe that he was
crowkbacked and sayd to hym/ thow woldest not tofore paye a peny/
but now thow shalt paye tweyne/ ⟨And whyle that they stryued to gyder/
the hat and the bonet felle from his hede to the erthe/ And the porter
whiche sawe his scabbed hede/ sayd to hym/ now shalt thow paye to me
thre pens/ And thenne the porter yet ageyne setted his handes on hym/
and felte/ that his body was al scabbed/ And as they were thus wrastlynge
to gyder/ the crowkbacked fylle to the ground/ and hurted hym self sore
on the legge⁴⁵⁸/ And the porter sayd thenne to hym/ Now shalt thow
paye v pens/ For thy body is al counterfayted/ wherfore thow shalt leue
here thy mantell/ And yf thou haddest payd a peny/ thow haddest gone
on thy waye free and quyte/ wherfore he is wyse that payeth that/ that he
oweth of ryght/ to thende that therof come not to hym gretter dommage/

⟨The eyght fable is of the discyple/ And of the sheep/

ADiscyple was somtyme/ whiche toke his playsyre to reherce
and telle many fables/ the whiche prayd to his mayster/ that
he wold reherce vnto hym a long fable/ To whome the mayster ansuerd/
kepe and beware wel that hit happe not to vs/ as it happed to a kyng and
to his fabulatour And the discyple ansuerd/ My mayster I pray the to
telle to me how it befelle/ And thenne the mayster sayd to his discyple/
⟨Somtyme was a kynge whiche hadde a fabulatour/ the whiche reherced
to hym at euery tyme/ that he wold sleep fyue fables for to reioysshe the
kynge/ and for to make hym falle in to a slepe⁴⁵⁹/ It bifelle thenne on a
daye/ that the kynge was moche sorowful and so heuy/ that he coude in no
wyse falle a slepe/ And after that the sayd fabulatour had told and
reherced [q 8ᵛ] his fyue fables/ the kynge desyred to here more/ And
thenne the sayd fabulatour recyted vnto hym thre fables wel shorte/
And the kynge thenne sayd to hym/ I wold fayne here one wel longe/ And
thenne shalle I leue wel the slepe/ The fabulatour thenne reherced vnto
hym suche a fable/ Of a ryche man whiche wente to the market or feyre
for to bye sheep/ the which man bought a thowsand sheep/ And as he was
retornynge fro the feyre/ he cam vnto a Ryuer/ and by cause of the grete

goglyed: afflicted with strabismus

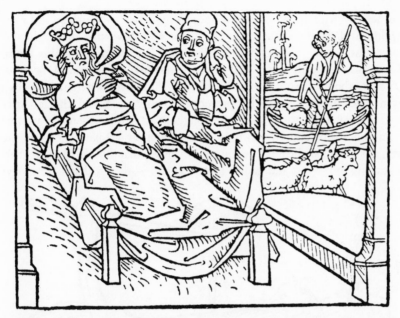

wawes° of the water he coude not passe ouer the brydge/ Neuertheles
he wente soo longe to and fro on the Ryuage of the sayd Ryuer/ that at the
last he fonde a narowe way/ vpon the whiche myght passe scant ynough
thre sheep attones/ And thus he passed and had them ouer one after
another/ And hyderto reherced of this fable/ the fabulatour felle on slepe/
And anon after the kynge awoke the fabulatour/ and sayd to hym in this
manere I pray the that thow wylt make an ende of thy fable/ And the
fabulatour ansuerd to hym in this manere Syre this Ryuer is ryght grete/
and the ship is lytyll/ wherfore late the marchaunt[t] doo passe ouer his
sheep/ And after I shalle make an ende of my fable/ And thenne was the
kynge wel appeased and pacyfyed/ ⟨And therfore be thow [r 1ʳ] content
of that I haue reherced vnto the/ For there is folke so superstycious or
capaxe° 460/ that they may not be contented with fewe wordes

⟨The ix fable is of the wulf/ of the labourer/ of the foxe/ & of the chese

Somtyme was a labourer whiche[t] vnnethe myght gouerne and lede
his oxen by cause that they smote with theyr feet/ wherfore the
labourer sayd to them/ I pray to god that the wulf may ete yow/ the whiche

[t] marrhaunt C.   [t] wgiche C.
wawes: waves   capaxe: credulous

wordes the wulf herd/ wherfor he hyd hym self nyghe them vnto the nyght/ And thenne came for to ete them/ ⁋And whanne the nyght was come/ the labourer vnbonde his oxen/ and lete them goo to his hows/ ⁋And thenne whanne the wulf sawe them comynge homeward/ he sayd/ O thow labourer many tymes on this day thow dydest gyue to me thyn oxen/ and therfore hold thy promesse to me/   ⁋And the labourer sayd to the wulf/ I promysed to the nought at al/ in the presence of whome I am oblyged or bound/ I swore not neyther to [r 1ᵛ] paye the/ And the wulf ansuerd/ I shalle not leue the goo/ withoute that thow hold to me that/ that thow promysest and gauest to me/ ⁋And as they had soo grete stryf

and discencion to gyder/ they remytted the cause to be discuted° or pleted⁴⁶¹ before the Iuge/ And as they were sechynge a Iuge/ they mette with the foxe/ to whome they recounted or told alle theyr dyfferent and stryf/   ⁋Thenne sayd the Foxe vnto them/ I shalle accorde yow bothe wel/ and I shalle gyue on your cause or plee⁴⁶² a good sentence/ But I must speke with eche one of yow bothe a part or allone/ And they were content/ ⁋And the Foxe wente and told to the labourer/ thow shalt gyue to me a good henne/ And another to my wyf/ And I shalle hit soo make/ that thow with alle thyn oxen shalt frely goo vnto thy hows/ wherof the labourer was wel content/ ⁋And after the Foxe wente and sayd to the

discuted: examined

wulf/ I haue wel laboured and wrought for the/ For the labourer shall
gyue to the therfor a grete chese/ and lete hym goo home wyth his oxen/
And the wulf was wel content/   ⟨And after the Foxe sayd to the
wulf/ come thow wyth me/ And I shalle lede the/ where as the chese is/
⟨And thenne he ledde hym to and fro/ here and there vnto the tyme that
the mone shyned ful bryghtly/ And that they came to a welle/ vpon the
whiche the Foxe lepte/ and shewed to the wulf the shadowe of the mone/
whiche reluced° in the welle/ & sayd to hym/ loke now godsep/ how that
chese is fayre/ grete and brode/ hye the now and goo doune & after take
that fair chese/   ⟨And the wulf sayd to the Foxe/ thou must be the
fyrste of vs bothe/ that shalle goo doune/ And yf thow mayst not brynge
hit with the/ by cause of his gretenesse/ I shalle thenne goo doune for to
helpe the/ And the Foxe was content/ by cause that two bokettys were
there/ of whiche as the one came vpward/ the other wente dounward/ and
the fox entryd in to one of the same bokettis/ and wente doune in to the
welle/ And whanne he was doune/ he sayd to the wulf/ godsep come
hyther and help me/ For the chese is so moche & soo grete that I maye not
bere hit vp/ And thenne the wulf was aferd of that the Foxe shold ete
hit/ entryd wythynne [r 2ʳ] the other boket/ and as faste as he wente
dounward/ the Foxe came vpward/ And whan the wulf sawe the Foxe
comynge vpward/ he sayd to hym/ My godsep ye goo hens/ thow sayst
trewe sayd the Fox/ For thus hit is of the world/ For when one cometh
doune/ the other goth vpward/ And thus the Foxe wente awey/ and lefte
the wulf within the welle/ And thus the wulf lost bothe the oxen and the
chese/ wherfore hit is not good to leue that whiche is sure and certayne/
for to take that whiche is vncertayne/ For many one ben therof deceyued
by the falsheed and decepcion of the Aduocate and of the Iuges

⟨The x fable is of the husbond and of the moder & of hys wyf

Somtyme was a marchaunt whiche maryed hym to a yonge woman/
the whiche had yet her moder on lyue/ It happed that this Marchaunt
wold ones haue gone somwhere in to ferre countrey for to bye somme ware
or marchaundyse/ And as he was goynge/ he betoke his wyf to her moder
for to kepe and rewle her honestly tyll he come ageyne/ ⟨His wyf thenne
by the owne consentynge and wylle of her moder/ enamoured her self of
a ryght gentyl/ fayre [r 2ᵛ] and yong man whiche fournysshed⁴⁶³ to
thappoyntement/ And ones as they thre made good chere the husbond

reluced: shone back

came ageyne fro the feyre and knocked at the dore of the hows/ wherfore
they were wel abasshed/ Thenne sayd the old moder thus to them/ haue
no fere/ but doo as I shalle telle to yow/ and care yow not/ And thenne
she sayd to the yonge man/ hold this swerd/ and goo thow to the yate/
and beware thy self that thow saye no word to hym/ but lete me doo/
And as the husbond wold haue entryd his hows/ and that he sawe the
yong man holdynge a naked swerd in his handes464/ he was gretely aferd/
And thenne the old woman sayd to hym/ My sone thow arte ryght wel-
come/ be not aferd of this man/ For thre men ranne ryght now after hym
for to haue slayne hym/ and by auenture he fond the yate open/ and this
is the cause why he came here for to saue his lyf465/ And thenne the hus-
bond said to them/ ye haue done wel/ And I can yow grete thanke°/ And
thus the yonge amerous wente his waye surely by the subtylyte of the
moder/ of his wyf/ to the whiche truste thy self not/ and thow shalt doo as
sage and wyse [r 3r]

℘The xj fable is of an old harlotte or bawde

A Noble man was somtyme/ whiche had a wyf moche chaste
and was wonder fayr/ This noble man wold haue go on pyl-
gremage to Rome/ and lefte his wyf at home/ by cause that he knewe her
for a chaste and a good woman/ ℘It happed on a daye as she wente in to
the toun A fayre yonge man was esprysed° of her loue/ and took on hym
hardynes/ and requyred her of loue466/ and promysed to her many grete
yeftes/ But she whiche was good had leuer deye than to consente her
therto/ wherfore the yonge man deyde almooste for sorowe/ to the whiche
felawe came an old woman/ whiche demaunded of hym the cause of his
sekenesse/ And the yonge man manyfested or discouered vnto her alle
his courage and herte/ askynge help and counceylle of her/ And the old
woman wyly and malycious sayd to hym/ Be thow gladde and Ioyous/
and take good courage/ For wel I shalle doo/ and brynge aboute thy
faytte467/ in soo moche that thow shalt haue thy wyll fulfylled/ And
after thys the old bawde wente to her hows/ and maade a lytyl catte468
which she hadde at home to faste thre dayes one after another/   And
after she took somme breed with a grete dele or quantite of mostard vpon
hit469/ and gaf hit to thys yonge Catte for to ete hit/ ℘And whanne the
Catte470 smelled hit/ she beganne to wepe and crye/ ℘And the old woman
or Bawde wente vnto the hows of the sayd yonge woman/ and bare her

can yow . . . thanke: thank you   *esprysed*: inflamed

lytyl Catte with her/ the whiche yonge and good woman receyued and
welcomed her moch honestly/ by cause that alle the world held her for a
holy woman/ ⊄And as they were talkynge to gyder/ the yong woman
hadde pyte of the catte whiche wepte/ And demaunded of the old woman/
what the cat eyled°/ And the old woman sayd to her/ Ha a my fayr
doughter & my fayre Frend/ renewe not my sorowe/ And sayenge these
wordes she beganne to wepe/ and sayd/ My frend for no good I wyl telle

the cause why my catte wepeth⁴⁷¹/ And thenn the yonge woman sayd to
her/ My good Moder I praye yow that ye wyll telle me the cause why &
wherfor your catte [r 3ᵛ] wepeth/ And thenne the old woman sayd to her/
My Frend I wyll wel/ yf thow wilt swere that thou shalt neuer reherce it
to no body/ to the whiche promesse the good & trewe yonge woman
accorded her self/ supposyng/ that hit had ben al good and sayd/ I wylle
wel/ And thenne the old woman sayd to her in this manere/ My frend this
same catte whiche thow seest yonder was my doughter/ the whiche was
wonder fayre gracious and chaste/ whiche a yonge man loued moche/
and was so moche esprysed of her loue/ that by cause that she reffused
hym/ he deyde for her loue/ wherfore the goddes hauyng pyte on hym/
haue torned my doughterᵗ in to this catte/ And the yonge woman whiche

ᵗdouggter C.
eyled: ailed

supposed that the old woman had sayd trouthe sayd to her in this manere/
Allas my fayr moder/ I ne wote what I shalle doo/ For suche a caas myght
wel happe to me/ For in this Towne is a yonge man/ whiche deyeth almoost
for the loue of me/ But for loue of my husband/ to whome I oughte to
kepe chastyte/ I haue not wylle graunte hym⁴⁷²/ Neuertheles I shall doo
that/ that thow shalt counceylle to me/ And thenne the old woman sayd
to her/ My Frend haue thow pyte on hym as soone as thow mayst/ soo
that hit befalle not to the lyke as it dyd to my doughter/   ℂThe
yonge woman thenne answerd to her/ and sayd/ yf he requyre me ony
more/ I shalle accorde me with hym/ And yf he requyre me no more/
yet shalle I profere me to hym/ ℂAnd to thende/ that I offende not the
goddes/ I shalle doo and accomplysshe hit/ as soone as I maye/ ℂThe
old woman thenne took leue⁴⁷³ of her/ & wente forthwith to the yong
man/ And to hym she reherced and told all these tydynges/ wherof hys
herte was fylled with Ioye/ the whiche anone wente toward the yonge
woman/ and with her he fulfylled his wylle/ ℂAnd thus ye maye knowe
the euyls/ whiche ben done by bawdes and old harlottes/ that wold to god/
that they were al brente [r 4ʳ]

ℂThe xij fable is of a blynd man and of his wyf/

THere was somtyme a blynd man whiche had a fayre wyf/ of the
whiche he was moche Ialous/ He kepte her so that she myght not
goo nowher/ For euer he had her by the hand/ And after that she was
enamoured of a gentil felawe/ they coude not fynde the maner ne no place
for to fulfylle theyr wyll/ but notwithstandyng the woman whiche was
subtyle and Ingenyous counceylled to her frende that he shold come in
to her hows/ and that he shold entre in to the gardyn and that there
he shold clymme vpon a pere tree/ And he did as she told hym/ and when
they had made theyr enterpryse/ the woman came ageyne in to the hows/
and sayd to her husbond/ My frend I praye yow that ye wylle go in to
our gardyn for to disporte vs a lytel whyle there/ of the whiche prayer
the blynd man was wel content/ and sayd to his wyf/ wel my good frend
I will wel/ lete vs go thyder/ And as they were vnder the pere tree/ she
sayd to her husband/ My frende I praye the to lete me goo vpon the pere
tre/ And I shalle gader for vs bothe some fayre peres/ wel my frend sayd
the blynd man/ I wylle wel & graunt therto/ And when [r 4ᵛ] she was
vpon the tree/ the yong man begannᵗ to shake the pere tree at one syde/

ᵗ begannn C.

and the yonge woman at the other syde/ And[t] as the blynd man herd thus hard shake the pere tree/ and the noyse whiche they made/ he sayd to them/ Ha a euylle woman how be it that I see hit[474] not/ Neuertheles I fele and vnderstande hit well/ But I praye to the goddes/ that they vouchesauf to sende me my syght ageyne/ And as soone as he had made his prayer Iupiter rendryd to hym his syght ageyn ⁋And whanne he sawe that pagent[475] vpon the pere tree/ he sayd to his wyf Ha vnhappy woman/ I shalle neuer haue no Ioye with the/ And by cause that the yonge

woman was redy in speche and malycious/ she ansuerd forthwith to her husbond/ My frend thow arte wel beholden and bounden to me/ For by cause and for the loue the goddes haue restored to the thy syght/ wherof I thanke alle the goddes and goddesses/ whiche haue enhaunced and herd my prayer/ For I desyryng moche that thow myght see me/ cessed neuer day ne nyght to pray them/ that they wold rendre to the thy syghte/ wherfore the goddesse Venus vysybly shewed her self to me/ and sayd/ that yf I wold doo somme playsyr to the sayd yonge man/ she shold restore to the thy syght/ And thus I am cause of it[476] And thenne the good man sayd to her/ My ryght dere wyf & good frende/ I remercye° and thanke yow gretely/ For ryght ye haue and I grete wronge

[t] And And   C.

remercye: thank

⟨The xiij fable is of the tayller/ of a kynge/ and of his seruaunts

En ought not to doo to some other[477] that whiche he wold not that it were done to hym/ As it appiereth by thys present fable/ of a kynge whiche had a tayller whiche was as good a werkman of his craft/ as ony was at that tyme in alle the world/ the whiche tayller had with hym many good seruauntes/ wherof the one was called Medius[478]/ whiche surmounted alle the other in shapynge or sewynge[479]/ wherfore the kyng commaunded to his styward that the sayd tayllers shold fare wel/ and haue of the best metes and of dely [r 5ʳ] cious drynke/ ⟨It happed on a daye that the mayster Styward gaf to them ryght good and delycious mete in the whiche was some hony/ And by cause that Medius was not atte that feste/ the styward sayd to the other/ that they shold kepe for hym/ somme[t] of their mete/ And thenne the mayster tayller ansuerd/ he must none haue[480]/ For yf he were here/ he shold not ete of hit/ For he ete neuer no hony/ And as they had done/ Medius came/ and demaunded of his felawes/ why kepte you not parte of this mete for me/ And the styward ansuerd and sayd to hym/ By cause that thy mayster sayd to me/ that thow ete neuer no hony/ no parte of the mete was kepte for the And Medius ansuerd thenne neuer one word/ but beganne to thynke/ how he myght paye his mayster/ And on a day as the styward was allone with Medius/ he demaunded of Medius/ yf he knewe no man that coude werke as wel as his mayster/ And Medius sayd nay/ and that it was grete dommage of a sekenes that he had/ And the styward demaunded what sekenes hit was/ And thenne Medius ansuerd to hym/ My lord whan he is entryd in to his fransy or wodenes/ there cometh vpon hym a rage/ And how shalle I knowe hit sayd the styward/ Certaynly my lord sayd Medius/ whan ye shall [r 5ᵛ] see that he shalle sette at his werke/ and that he shalle loke here and there/ and shal smyte vpon his borde with his fyst/ thenne may ye knowe that his sekenesse cometh on hym/ And thenne withoute ye take and bynde hym/ and also bete hym wel/ he shalle doo grete harme and dommage/ And the styward sayd to hym/ Care not therof my frend/ For wel I shalle beware my self of hym/ And on the mornynge next folowynge/ the styward came for to see the tayllers/ And whan Medius whiche knewe wel the cause of his comynge/ tooke aweye secretely his maysters sheres/ and hydde them/ And anone his mayster beganne for to loke after them/ and sawe and serched al aboute here and there/ and beganne to smyte his fyste vpon the borde/ And thenne the

---

[t] doo some other   C.   [t] somme   C.

mayster styward beganne to loke on his maners/ and sodenly made hym to be take/ and holde by his seruaunts/ And after made hym to be bound and wel beten/ Thenne was the mayster tayller al abasshed/ and demaunded of them/ My lordes wherfor doo ye bete me soo outrageously/ what offense haue I done/ wherfore I must be bound and thus be bete/ And thenne the Styward sayd to hym in thys maner/ by cause that Medius told me/ that thow art frantyk And yf thow be not wel bete/ thow sholdest doo grete harme and dommage/ And thenne the mayster came to his seruaunt Medius. and rygorously sayd to hym/ Ha a euyl boye fylled with*t* 481 euylle wordes/ whan sawest thow me madde/ And his seruaunt proudely ansuerd to hym/ My mayster whan dydest thow see that I ete no hony/ And therfore I threwe to the one bole° for another482/ And the mayster styward/ and alle his seruaunts beganne thenne to lawhe/ and sayd al that he hadde wel done/ ¶And therfore men ought not to doo to ony other that thynge whiche they wylle not that men dyd to them/

¶Here enden the fables of Alfonce
¶And folowen other fables of Poge
the Florentyn [r 6ʳ]

t whan   C.

bole: trick

⟨The fyrst fable is of the subtylyte of the woman for to deceyue her husbond

THe cautele or falshede of the woman is wonder merueyllous/ as it appiereth by this fable/ Of a marchaunt whiche was wedded of newe vnto a fayre and yong woman/ the whiche marchaunt wente ouer the see for to bye & selle/ and for to gete somwhat for to lyue honestly[483]/ And by cause that he dwellyd to longe/ his wyf supposed that he was dede/ And therfore she enamoured her self with another man/ whiche dyd to her mykle° good/ as for to haue doo make and bylde vp his hows of newe the whiche had grete nede of reparacion/ and also he gaf to her all newe vtensyles to kepe a houshold/ And within a long tyme after the departyng of the marchaunt he came ageyne in to his hows whiche he sawe newe bylded/ & sawe dysshes pottes/ pannes/ and suche other houshold wherfore he demaunded of his wyf how and in what manere she had founde the facion and the meane for to haue repayred so[t] honestly his hows/ And she ansuerd that it was by the grace of god/ And he ansuerd/ Blessyd be

[t] so so   C.
mykle: much

god of hit484/ And when he was within the chambre/ he sawe the bedde
rychely couerd/ & [r 6v] the walles wel hanged/ and demaunded of his
wyf as*t* 485 he had done before/ And she thenne ansuerd to hym in lyke
maner as she dyd before/ And therfore he thanked god as he had done
to fore/ And as he wold sette hym at his dyner/ there was brought before
hym vnto his wyf a child of thre yere of age/ or there aboute/ wherfore
he demaunded of his wyf/ My frend to whome belongeth this fayre child/
And she ansuerd/ My Frend the holy ghoost486 of his grace hath sente
hit to me/ Thenne ansuerd the marchaunt to his wyf in this manere/ I
rendre not graces ne thankes not to the holy ghoost of this487/ For he
hath taken to moche payne and labour for to haue it made vp myn owne
werke/ And I wyll that in no maner wyse he medle no more therwith/
For suche thynge belongeth to me for to doo hit/ and not to the holy
ghoost

⟨The second fable is of the woman488 and of the ypocryte [r 7r]

He generacion or byrth of the ypocryte is moche dampnable and
euylle/ As it appiereth by this fable/ and as poge reherceth to
vs whiche sayth/ that somtyme he fond hym self in a good felauship/
where he herd a fable/ whiche was there reherced/ Of the whiche the
tenour foloweth/ and seyth the sayd poge/ that of alle the goodes of this
world/ the ypocrytes ben possessours/ For how be hit/ that an ypocryte
haue somtyme wylle for to helpe somme poure and Indygent/ Neuer-
theles he hath a condycyon within hym self/ that is to wete/ that he shold
rather see a man at the poynt of dethe/ than for to saue his lyf of an half-
peny/ And this presumpcion is called ypocrysye489/ as ye shal here her-
after by the fable folowyng the whiche sayth that one beynge in the
felauship of Poge reherced/ that somtyme the customme of alle the poure
was that they wente before the folkes dores withoute sayenge ony word It
happed thenne on that tyme that a poure man moche faire and of good
lyf wente to serche his lyf° fro one dore to another490/ And vpon a day
emonge other he wente and sette hym self vpon a grete stone before the
yate of a wydowe/ whiche wydowe was acustommed to gyue hym euer
somwhat/ ⟨And whan the good woman knewe that he was at hir dore she
dyd brynge to hym his porcion as she was custommed for to doo/ And as

---

t of his wyf he had done before   C.
serche his lyf: seek his livelihood

she gaf to hym the mete she loked on hym/ and seyng hym soo fayre/
and wel made of body/ she thenne fylled of carnal concupiscence/ and
brennynge in the fyre of loue/ requered and Instantly prayd hym that he
wold retorne thyder within thre dayes/ and promysed to hym that she
shold gyue to hym a ryght good dyner/ And the poure man sayd to her/
that he shold doo soo/ And whanne he came ageyne/ he sette hym self as
before/ atte dore of the wydowes hows/ whiche the woman knewe well
whanne he shold come/ wherfore she came to the yate and sayd/ Come
within good man/ For now we shalle dyne/ to the whiche prayer the poure
man assented/ & entred within the hows/ the whiche wydowe gaf to
hym good mete/ and good drynke/ And whanne they had wel dyned/
the sayd wydowe pressyd the good man strongly/ and after she kyssed
hym/ requyrynge hym that she myght haue the copye° of his loue/ And
thenne the poure man al ashamed & vergoynous [r 7ᵛ] knowynge her
thoughte and her wylle/ ansuerd thus to her/ Certaynly my good lady I
dare not/ but neuertheles he wold fayne haue done hit/ And the wydowe
al embraced°⁴⁹¹ with loue beseched and prayd hym more and more/
And thenne whan the poure man sawe that he myght not excuse hym self/
he sayd to the wydowe in this manere/ My frend syth that thow desyrest
it for to doo soo moche and soo grete an euylle/ I take god to my wytnes/
that thow arte causer of hit/ For I am not consentynge to the faytte or
dede/ but sayenge these wordes he consented to her wylle

❡The thyrd fable is of a yonge woman whiche accused her husband of
coulpe or blame

Oge Florentyne sayth/ that somtyme ther was a man named Nerus
de pacis/ the whiche of his age was emonge the Florentyns/ Ryght
sage and prudent and ryght ryche/ This Nerus had a fayr doughter/ the
whiche heᵗ [r 8ʳ] maryed with a ryght fayre yonge man/ and a ryche/ and
of good parentage or kynred⁴⁹²/ the whiche yong man the next day after
the feest of his weddynge dyd lede her in to his castel/ a lytyl way withoute
the Cyte of Florence⁴⁹³/ And within fewe dayes after/ this yonge man
brought his wyf ageyne in to Florence vnto the hows of her fader Nerus/
the whiche made thenne a feest as it was customed to doo at that tyme in
some places eyght dayes after the weddynge/ whanne this newe maryed
or wedded woman was come ageyne to her faders hows/ she maad not

___

ᵗ he he　C.

copye: fullness　　　*embraced*: inflamed

ouer good chere/ but euer she had her loke dounward to the erthe/ as ful
tryste/ thoughtful & melancolyous/ And whanne her moder perceyued and
sawe her doughter so sorowful/ and of mournynge contenaunce/ she called
her within a wardroppe where as no body was/ but they two⁴⁹⁴/ and
asked of her the cause of her sorowe/ sayenge/ how fare ye my doughter/
what wante yow/ haue yow not all thynges comyng to yow after your
desyre and playsaunce/ wherfore take ye so grete thought and melancolye/
And thenne the doughter wepynge ful tendyrly sayd to the moder in this
maner/ Allas my moder ye haue not maryed me to a man/ For of suche
a thynge that a man oughte to haue/ he hath neuer a dele/ sauf only a
lytel parte of that thynge for the whiche weddynge is made/ And thenne
the moder ryght wrothe & sorowful of this euyl fortune⁴⁹⁵ wente toward
her husbond Nerus/ and told to hym theuyll auenture and happe of theyr
doughter⁴⁹⁶/ wherof he was gretely wrothe and sore troubled/ And soone
after this fortune was also dyuulged manyfested and knowen emong alle
the lygnage of Nerus/ wherof they were al sorowful/ & gretely abasshed/
how this fayr yonge man/ to whome god had lent so many good vertues/
and that had soo many yeftes of grace/ as is beaute/ Rychesse/ and good
Renommee⁴⁹⁷/ and that he was Indygent or fawtyf of that thynge/ wher-
fore maryage is made/ Neuertheles the tables were sette and couerd/
⟪And whanne the tyme of dyner came/ the yonge man cam in to the hows
of Nerus with his frendes and parents/ And Incontynent they sette them
all at the table/ somme with heuy and sorowful herte/ and the other with
grete Ioye and pleasyr/ And whanne the yonge man sawe that alle his
Frendes⁴⁹⁸ [r 8ʳ] maad good chere/ and that alle the parentes° of his wyf
were heuy and melancolyous/ he prayd and besoughte them/ that they
wold telle hym the cause of their heuynes and sorowe/ but none of them
alle ansuerd/ Neuertheles he prayd/ and besought them yet ageyne/ And
thenne one of them ful of sorow and more lyberall° than alle the other/
sayd thus to hym/ Certaynly my fayre sone/ thy wyf hath told to vs/ that
thow arte not man parfyghte°/ For the whiche wordes the man beganne
to lawhe/ and sayd with an hyghe voys that al they that were there myght
vnderstand what he sayd/ My lordes/ and my frendes make good chere/
For the cause of your sorowe shalle soone be peased/ And thenne he
beynge clothed with a shorte gowne vntyde his hosen/ and tooke his
membre with his hande/ whiche was grete and moche suffysaunt vpon the
table/ so that al the felauship myght see hit/ wherfore the sayd felauship
myght see hit/ wherof the sayd felauship was ful glad and Ioyeful/ wherof

---

parentes: relatives   *lyberall*: unrestrained   *parfyghte*: perfect

somme of the men desyred to haue as moche/ And many of the wymmen wysshed to theyr husbandes suche an Instrument/ And thenne somme of the frendes & parentes⁴⁹⁹ of Nerus doughter wente toward her/ and sayd to her/ that she had grete wronge⁵⁰⁰ for to complayne her of her husband/ For he had wel wherwith she myght be contented/ and blamed her gretely of her folye/ to whome the yong doughter ansuerd/ My frendes why blame ye me/ I complayne me not without cause/ For our asse/ whiche is a brute beest/ hath wel a membre as grete as myn arme/ and my husband whiche is a man/ his membre is vnnethe half so grete/ wherfore the symple and yonge damoysell wend that the men shold haue hit as grete and gretter than Asses/

❡Therfore it is sayd ofte/ that moche lacketh he of that that a fole thynketh or weneth

❡The fourthe fable is of huntynge and hawkynge*ᵗ* [s 1ʳ]

POge Florentyn reherceth to vs/ how ones he was in a felauship where men spak of the superflue° cure of them whiche gouerne the dogges and hawkes/ wherof a mylannoys named Paulus beganne to

----

ᵗ [This title is repeated at the top of the next page, the first of the next gathering.]   C.
superflue: excessive

lawhe/ and lawhyng requyred of Poge that he wold reherce somme fable
of the sayd hawkes/ And for loue of alle the felauship he sayd in thys
manere/ Somtyme was a medecyn whiche was a Mylannoys This medecyn
heled al foles of al maner of foly/ and how & in what manere he dyd hele
them/ I shalle telle hit to you This medycyn or leche had within his hows
a grete gardyn And in the myddes of hit was a depe and a brode pytte/
whiche was ful of stynkynge and Infected water/ And within the same
pytte the sayd medycyn put the foles after the quantyte of theyr folysshnes/
somme vnto the knes/ and the other vnto the bely/ And there he bonde
them fast at a post/ but none he putte depper/ than vnto the stomack for
doubte of gretter [s 1ᵛ] Inconuenient/ It happed thenne that emonge other
was one brought to hym/ whiche he putte in to the sayd water vnto the
thyes/ And whan he had be by the space of xv dayes within the sayd water/
he beganne to be peasyble and gate his wytte ageyne/ And for to haue
take somme disporte and consolacion he prayd to hym whiche had the
kepynge of hym/ that he wold take hym oute of the water/ and promysed
to hym that he shold not departe fro the gardyn/ And thenne the kepar
that kepte hym vnbounde hym fro the stake/ and had hym oute of the
water/ And whanne he had be many dayes oute of the pytte/ he wente wel
vnto the yate of the gardyn/ but he durst not go oute/ lesse that he shold
be put ageyne within the sayd pytte/ And on a tyme he went aboue vpon the
yate/ and as he loked al aboute/ he sawe a fayr yong man on a horsbak/
whiche bare a sperehawk on his fyste/ and had with hym two fayre
spaynels⁵⁰¹/ wherof the sayd fole was al abasshed/ And in dede as by
caas of nouelte/ he callyd the sayd yong man/ and after he sayd to hym
benyngly/ My frend I praye the that thou wilt telle me what is that
wherupon thow arte sette/ And thenne the yonge sone sayd to hym/ that
it was a hors whiche prouffited to hym° to the chace/ and bare hym where
he wold/ And after the fole demaunded of hym/ And what is that whiche
thou berest on thy fyste/ and wher to is it good/ and the yongman ansuerd
to hym/ It is a sperehawk whiche is good for to take partryches and
quaylles/ And yet ageyne the fole demaunded of hym/ My frend what
are thoos that folowe the/ & where to ben they good/ And the yonge man
ansuerd to hym/ they be dogges whiche are good for to serche and fynde⁵⁰²
partryches & quaylles/ And whan they haue reysed them/ my sperehawke
taketh them/ wherof procedeth to me grete solas and playsyre/ And the
fole demaunded ageyne/ To your aduys the takyng that ye doo by them in
a hole yere/ how moche is hit/ shalle hit bere to the grete prouffyte/ And

---

prouffited to hym to: was useful to him for

the yong man ansuerd to hym four or fyue crownes or ther aboute/ And
no more sayd the fole/ And to your aduys how moche shalle they dispende
in a yere/ And the yong man ansuerd xl or l[503] crownes/ ⟨And whanne the
fole herd these wordes/ he sayd to the sayd yonge [s 2[r]] man/ O my frend
I pray the that soone thow wylt departe fro hens/ For yf our fysicien
come/ he shalle putte the within the sayd pytte by cause that thow arte a
fole/ I was put in it vnto the thyes/ but therin he shold putte the vnto the
chynne/ for thow dost the grettest foly that euer I herd speke of/ ⟨And
therfore the studye of the huntynge and hawkynge is a slouful cure/ And
none ought to doo hit withoute he be moche ryche and man of lyuelode/
And yet hit ought not to be done ful ofte/ but somtyme for to take disporte
and solas/ and to dryue awey melancolye

⟨The v fable is of the recytacion of somme monstres

POge of Florence recyteth how in his tyme one named Hugh prynce
of the medycyns/ sawe a catte whiche had two hedes/ and a calf
whiche also had two hedes And his legges bothe before and behynde were
double/ as they had be Ioyned al to gyder/ as many folke sawe/ Item about
[s 2[v]] the marches[504] of ytalye withynne a medowe was somtyme a Cowe/
the whiche Cowe maade and delyuerd her of a Serpent of wonder and
Ryght merueyllous grettenesse/ Ryghte hydous and ferdful/ ⟨For
fyrste he hadde the heede gretter than the hede of a calf/ ⟨Secondly/

he had a necke of the lengthe of an Asse/ And his body made after the lykenesse of a dogge/ and his taylle was wonder grete/ thycke and longe withoute comparyson to ony other

⟨And whanne the Cowe sawe that she hadde maade suche a byrthe/ And that within her bely she had borne soo ryght horryble a beeste/ she was al ferdful/ and lyfte her self vp/ and supposed to haue fledde aweye/ but the Serpent with his wonder longe taylle enlaced her two hynder legges/ and the Serpent thenne beganne to souke the Cowe/ And in dede soo moche/ and soo longe he souked tylle that he fond somme mylke/ ⟨And whanne the Cowe myght escape fro hym/ she fledde vnto the other kyne/ ⟨And Incontynent her pappes and her behynder legges and all that the Serpent touched was all black a grete space of tyme/ ⟨And soone after the sayd Cowe maade a fayre calf/ The whiche merueylle was announced or sayd to the sayd Pope505 he beynge atte Ferrare/ ⟨And yet ageyne soone after that/ ther was fond within a grete Ryuer506 a monstre maryn°/ or of the see of the forme or lykenesse whiche foloweth/ ⟨Fyrste he hadde from the nauylle vpward the symylytude or lykenesse of a man/ And fro the nauylle dounward/ he had the fourme or makynge of a Fysshe/ the whiche parte was iumelle°507 that is to wete double/ ⟨Secondly he hadde a grete berd/ and508 he hadde two wonder grete hornys aboue his eres/ ⟨Also509 he hadde grete pappes/ and a wonder grete and horryble mouthe/ and510 his handes retched vnto his entraylles or bowellys/ And at the bothe his elbowes he hadde wynges ryght brode and grete of fysshes mayles°/ wherwith he swymmed/and only he hadde but the hede oute of the water/ ⟨It happed thenne as many wymmen bouked° and wesshed511 at the porte or hauen of the sayde Ryuer/ that thys horryble and ferdful beeste was/ for lacke and defaulte of mete came [s 3r] swymmyng toward the sayd wymen/ Of the which he toke one by the hand/ and supposed to haue drawe her in to the water/ but she was stronge/ and wel auysed° and resysted ageynste the sayd monstre/ And as she deffended her self/ she beganne to crye with a hyhe voys/ help help/ to the whiche came rennynge fyue wymmen/ whiche by hurlynge and drawynge of stones kyld and slewe the sayd monstre/ For he was come to ferre within the sonde°/ wherfore he myght not retorne in to the depe water/ And after whanne he rendryd his spyryte/ he made a ryght lytyl crye/ sayenge that he was so disformed and soo moche cruel/ For he was of grete corpulence more than ony mans body512/ And yet

---

maryn: of the sea   *iumelle*: double   *mayles*: scales   *bouked*: washed
auysed: cautious   *sonde*: channel or inlet

sayth Poge in this manere/ that he beyng at Ferrare he sawe the sayd monstre/ And saith yet/ that the yonge children were customed for to go bathe and wesshe them within the sayd Ryuer/ but they came not all ageyne/ wherfor the wymen wesshed ne bouked nomore[513] theyr clothes at the said porte/ For the folke presumed and supposed that the monstre kyld the yonge children/ whiche were drowned/ ⦅Item also within a lytyl whyle after hit befelle aboute the marches of ytaly that a child[514] of fourme humayne whiche hadde two hedes and two vysages or faces beholdynge one vpon the other/ & the armes of eche other embraced the body/ the whiche body fro the nauyl vpward was Ioyned sauf the two hedes[515]/ and from the nauyll dounward the lymmes were al separed one fro other in suche wyse that the lymmes of generacion were shewed manyfestly[516] Of the whiche child the tydynges came vnto the persone of the pope of Rome

⦅The syxthe fable is of the parsone/ of his dogge/ And of the Bisshop/

SYluer dothe and causeth alle thynge to be done vnto the halowynge ageyne of a place whiche is prophane or Interdicte/ As ye shalle mowe here by thys presente Fable/ ⦅Of a Preest dwellynge in the countrey whiche [s 3ᵛ] somtyme had a dogge/ whiche he loued moche/ the whiche

preest was moche ryche/ The sayd dogge by processe of tyme deyde/ &
whan he was dede/ he entered and buryed hit in the chirche yerd for
cause of the grete loue whiche he loued hym/ it happed thenne on a day
his bisshop knewe hit by thaduertysement of somme other/ wherfore he
sente for the sayd preest/ and supposed to haue of hym a grete somme of
gold⁵¹⁷/ or els he shold make hym to be straytly punysshed/ And thenne
he wrote a lettre vnto the sayd preest/ of whiche the tenour conteyned
only that he shold come and speke with hym/ And whan the prest had
redde the lettres/ he vnderstood wel alle the caas/ and presupposed° or
bethought in his courage/ that he wold haue of hym somme syluer/ For
he knewe wel ynough the condycions⁵¹⁸ of his bisshop/ & forthwith he
toke his breuyarye/ & an C crownes with hym⁵¹⁹/ and wente for to speke
to his prelate/ & whan he came before hym/ the prelate beganne to re-
membre and to shewe to hym the enormyte of his mysdede⁵²⁰/ And to
hym answerd the preest whiche was ryght wyse sayenge in this manere/
O my ryght reuerende fader/ yf ye knewe the souerayne prudence of
whiche the sayd dogge was fylled/ ye shold not be merueylled yf he hath
wel deseruyd for to be buryed honestly and [s 4ʳ] worshipfully amonge the
men/ he was al fylled with⁴ humayn wytte as wel in his lyf/ as in thartycle
of the dethe°/ And thenne the bisshop sayd/ how may that be/ reherce to
me thenne al his lyf/ Certaynly ryght reuerende fader ye ought wel to
knowe/ that whanne he was atte thartycle and at the poynt of dethe⁵²¹/ he
wold make his testament/ and the dogge knowyng your grete nede and
Indygence/ he bequethed to yow an C crownes of gold/ the whiche I
brynge now vnto yow/ And thenne the Bisshop for loue of the money he
assoylled° the prest And also graunted the sayd sepulture/ And therfore
syluer causeth alle thynge to be graunted or done

❡The vij fable is of the Foxe of the Cock and of the dogges

A Lle the sallary or payment of them that mokken other is for to
be mocqued at the last/ as hit appiereth by this present Fable/
of a Cock whiche somtyme sawe a foxe comynge toward hym sore hongry
and famysshed/ whiche Cock supposed wel that he came not toward
hym/ but for to ete some henne/ for whiche cause the Cock maade al his

---

*ᵗ*thith C.

presupposed: thought ahead   *artycle of dethe*: at the moment of death
assoylled: absolved

hennes to flee vpon a tree/ And when the foxe beganne tapproche to the
said tree/ he began to crye toward the cock good tydynges good [s 4ᵛ]
tydynges/ And after he salewed the cok ryght reuerently/ & demaunded
of hym thus/ O godsep/ what dost thow there soo hyghe/ And thy hennes
with the/ hast not thow herd the good tydynges worthy and prouffitable
for vs/ ⸿And thenne the Cok ful of malyce ansuerd to hym/ Nay veryly
godsep/ but I praye the/ telle and reherce them vnto vs/ Thenne sayd the
foxe to the cok/ Certaynly godsep/ they be the best that euer ye herd/
For ye may goo and come/ talke & communyque° emong alle beestes

withoute ony harme or dommage/ And they shalle doo to yow bothe
pleasyr and alle seruyse to them possible/ for thus it is concluded and
accorded/ and also confermed by the grete counceyll of all bestes/ And
yet they haue made commaundement that none be so hardy to vexe ne
lette in no wyse ony other/ be it neuer soo lytyll a beest/ For the whiche
good tydynges I praye the/ that thow wylt come doune/ to thende/ that
we may goo and synge/ Te deum laudamus/ for Ioye/ And the Cok whiche
knewe wel the fallaces or falshede of the foxe ansuerd to hym in this
manere/ Certaynly my broder and my good Frend thow hast brought to
me ryght good tydynges/ wherof more than C tymes I shalle thanke the/
And sayenge these wordes the Cock lyfte vp his neck/ and his feet/ and

communyque: communicate

loked ferre fro hym/ And the foxe sayd to hym/ what godsep/ where aboute lokest thow⁵²²/ And the Cok ansuerd to hym/ Certaynly my broder I see two dogges strongly and lyghtly rennynge hytherward with open mouthes/ whiche as I suppose come for to brynge to vs the tydynges whiche thou hast told to vs/ And thenne the Foxe whiche shoke for fere of the two dogges sayd to the Cock/ god be with yow my frend/ It is tyme that I departe fro hens/ or these two dogges come nerer/ And sayenge these wordes toke his waye/ & ranne as fast as he myght/ And thenne the cock demaunded and cryed after hym/ godsep/ why rennest thow thus/ yf the sayd pacte is accorded/ thow oughtest not to doubte no thynge Ha a godsep sayd the Foxe from ferre/ I doubte/ that these two dogges haue not herd the decreet° of the pees/ And thus whanne a begyler is begyled/ he receyued the sallary or payement/ whiche he ought to haue/ wherfore lete euery man kepe hym self ther fro⁵²³ [s 5ʳ]

POgius reherceth that there were two wymmen in Rome/ whiche he knewe of dyuerse age and forme/ which came to a Curteyzan° by cause to haue and wynne somwhat wyth theyr bodyes/ whome he receyued and happed that he knewe the fayrest of bothe twyes/ and that other ones/ and soo departed/ And afterward whanne they shold departe/ he gaf to them a pyece of lynen clothe/ not decernynge° how moche eche of them shold haue to her parte and porcion/ And in the partynge of the sayd clothe fylle bitwene the wymmen a stryf by cause one of them demaunded two partes after thexygence of her werke/ And that other the half after theyre persones/ eche of them shewynge dyuersly theyr resons/ that one sayeng that she hadde suffred hym twyes to doo his pleasyr/ and that other pretended/ that she was redy and in her was no defawte And soo fro wordes they came to strokes and cratchyng° with naylys/ and drawynge theyr here/ in so moche that theyr neyghbours came to this batayll for to departe them/ And also their owne and propre husbondes/ not knowynge the cause of theyr stryf and debate/ eche of them defendynge his wyues cause/ And fro the fyghtynge of the wymmen hit aroos and came to theyr husbondes with buffettis and castynge of stones/ soo longe that men ranne bytwene them/ And after the custom me of Rome bothe the husbondes were brought to pryson berynge enemyte eche to other/ & knewe no

---

decreet: decree   *curteyzan*: courtier   *decernynge*: determining
cratchyng: scratching

thynge the cause wherfore/ The sayd cloth is sette in the handes of the wymen secretely yet not departed/ but is secretely argued amonge the wymmen in what wyse that this mater shal be deuyded/ And I demaunde of doctours what the lawe is of it

℩He sayth also that a Marchaunt of Florence bought an hors of a man/ and made his couenaunt with the sellar for xxv ducattes for to paye forthwith in hande xv ducattes/ And as for the rest he shold abyde dettour and owe/ And the sellar was content/ and therupon delyuerd the hors and receyued the xv ducattes/ After this a certayne terme the sellar demaunded of the byar the resydue/ And he denyed the payment/ & bad hym hold his couenaunt/ For the byer sayd we were accorded that I shold be thy debtour/ And yf I shold satysfye & paye the [s 5ᵛ] I shold nomore be thy dettour/ et cetera/ and soo he abode dettour

H E telleth also that ther was a carryk° of Iene⁵²⁴ hyred in to fraunce for to make warre ayenst englisshmen/ of the whiche caarrik the patrone° bare in his sheld painted an oxe hede/ whiche a noble man of fraunce beheld & sawe/ & sayd he wold auenge hym on hym that bare tho armes wherupon aroos an altercacion so moche/ that the frensshman prouoked° the Ianueye to bataylle and fyght therfore/ The Ianuey⁵²⁵ acceptyd the prouocacion/ & came at the day assigned in to the felde withoute ony araye or habyllements of warre/ And that other frensshe man came in moche noble apparayll in to the feld that was ordeyned/ & thenne the patrone of the carrik said wherfore is it that we two shold this day fyght & make bataill fore I saye said that other that thyn armes ben myn/ & bylonged to me to fore that thow haddest them/ Thenne the Ianuey said It is no nede to make ony bataylle therfore/ For the armes that I bere is not the hede of an oxe but it is the hede of a cowe whiche thynge so spoken the noble Frensshe man was abasshed and so departed half mocqued

carryk: cargo ship also fitted for war　　　*patrone*: galley captain　　　*prouoked*: challenged

Lso he saith that ther was a phisycyen dwellyng in a Cyte/ whiche was a grete & a connyng man in that scyence/ & he had a seruaunt a yong man whiche made pylles after a certayne forme that he shewed to hym/ & whan this yong man had dwellid long with hym/ & coude parfȝtly make the pyllys/ he departed fro his mayster/ and went in to straunge countre where as he was knowen/ and lete men there to vnderstonde that he was a connynge phisycyen/ and coude gyue medycynes for al maner maladyes ond sekenesses/ and mynystred alwey his pylles to euery man that came to hym for ony remedy/ And hit was soo that a poure man of that place where he was came to hym/ and complayned how he had loste his asse/ and prayd hym to gyue to hym a medycyne for to fynde his asse ageyne/ And he gaf to hym the sayd pyllys/ & badde hym to receyue and take them/ And he shold fynde his asse/ And this poure man dyd soo/ and after wente in to the feldes and pastures to seke and loke after his asse/ and soo doynge the pyllys wrought soo in his bely/ that he must nedes [s 6ʳ] go purge hym/ and went amonge the reed and there easyd hym/ And anone there he fonde his asse/ wherof he beyng moche Ioyeful ranne in to the toune/ and told and proclamed/ that by the medecyn that he had receyued of the phisycyen he had found his asse/ whiche thynge knowen alle the symple peple reputed hym for a moche connynge man/ whiche coude no thynge doo but make pyllys/ And thus many fooles are ofte taken for wyse and connynge/ For he was reputed to hele all maner sekenesses/ and also to fynde asses

Here was in a certayne towne a wydower wowed° a wydowe for to haue and wedde her to his wyf/ and at the last they were agreed and sured° to gyder/ ⟨And whan a yonge woman beynge seruaunt with the wydowe herd therof/ she came to her maystresse/ and sayd to her/ Allas maystresse what haue ye doo/ why sayd she/ I haue herd say sayd the mayde/ that ye be assured and shalle wedde suche a man/ And what thenne sayd the wydowe/ Allas sayd the mayde I am sory for yow/ by cause I haue herd saye that he is a peryllous man/ For he laye so ofte and knewe so moch his other wyf that she deyde therof/ And I am sory therof/ that yf ye shold falle in lyke caas/ to whome the wydowe answerd and sayd/

---

wowed: wooed   *sured*: pledged

Forsothe I wold be dede/ For ther is but sorowe and care in this world/
This was a curteys excuse of a wydowe

Ow thenne I wylle fynysshe alle these fables wyth this tale that
foloweth whiche a worshipful preest and a parsone told me late/
he sayd/ that there were duellynge in Oxenford two prestes bothe maystres
of arte/ of whome that one was quyck and coude putte hym self forth/
And that other was a good symple preest/ And soo it happed that the
mayster that was perte and quyck was anone promoted to a benefyce or
tweyne/ and after to prebendys°/ and for to be a Dene of a grete prynces
chappel/ supposynge and wenynge that his felaw the symple preest shold
neuer haue be promoted but be alwey an Annuel°/ or at the most a parysshe
preest/ So after longe tyme that this worshipful man this dene came
rydynge in to a good paryssh with a x or xij horses/ lyke a prelate/ and
came in to the chirche of the sayd parysshe/ and fond [s 6ᵛ] there this
good symple man somtyme his felawe/ whiche cam and welcomed hym
lowely/ And that other badde hym good morowe mayster Iohan/ and toke
hym sleyghtly° by the hand and axyd hym where he dwellyd/ And the
good man sayd/ in this paryssh/ how sayd he/ are ye here a sowle preest°
or a paryssh preste/ nay syr said he/ for lack of a better though I be not
able ne worthy I am parson and curate of this parysshe/ and thenne that
other aualed° his bonet and said mayster parson I praye yow to be not
displeasyd/ I had supposed ye had not be benefyced/ But mayster sayd he/
I pray yow what is this benefyce worth to yow a yere/ Forsothe sayd the
good symple man/ I wote neuer/ for I make neuer accomptes therof/ how
wel I haue hit four or fyue yere/ And knowe ye not said he what it is
worth/ it shold seme a good benefyce/ No forsothe sayd he/ but I wote
wel what it shalle be worth to me/ why sayd he/ what shalle hit be worth/
Forsothe sayd he/ yf I doo my trewe dylygence in the cure of my parysshens
in prechyng and techynge/ and doo my parte longynge to my cure/ I
shalle haue heuen therfore/ And yf theyre sowles ben lost or ony of them
by my defawte/ I shall be punysshed therfore/ And herof am I sure/
And with that word the ryche dene was abasshed And thought he shold

---

prebendys: stipends received by canons   *annuel*: annual priest; one who says mass for a
person either on the anniversary of, or for the first year after, his death   *sleyghtly*:
with little respect   *sowle preest*: priest with the office of praying for the souls of the dead
aualed: took off

be the better/ and take more hede to his cures and benefyces than he had done/ This was a good answere of a good preest and an honest/ And here with I fynysshe this book/ translated & emprynted by me William Caxton at westmynstre in thabbey/ And fynysshed the xxvj daye of Marche the yere of oure lord M CCCC lxxxiiij/ And the fyrst yere of the regne of kyng Rychard the thyrdde

APPENDICES · NOTES
GLOSSARY · INDEX OF FABLES

Appendix I

In the table below, I have indicated for the fables in the Caxton edition the numbers of the corresponding fables in Ben Edwin Perry's collection, *Aesopica*, vol. I (Urbana, 1952), which are also the key numbers for the appendix to his *Babrius* and *Phaedrus* (L.C.L.).

Caxton	Aesopica	Caxton	Aesopica	Caxton	Aesopica	Caxton	Aesopica	Caxton	Aesopica	Caxton	Aesopica	Caxton	Aesopica
Rom. I		Rom. II		Rom. III		Rom. IV							
1	503	1	44	1	563	1	15	2	694	7	11	12	294
2	155	2	486	2	187	2	511	3	562a	8	79	13	340
3	384	3	403	3	565	3	22	4	640a	9	194	14	372
4	478	4	547	4	566	4	509	5	605	10	210	15	304
5	133	5	520	5	567	5	494	6	695	11	235	16	18
6	339	6	506	6	568	6	575	7	696	12	163	17	580
7	314	7	532	7	74	7	576	8	697	13	173	18	581
8	156	8	138	8	539	8	569	9	698	14	200	19	157
9	480	9	572	9	543	9	269	10	699	15	272	20	390
10	176	10	573	10	555	10	151	11	702	16	31	21	582
11	484	11	477	11	540	11	577	12	701	17	42	22	35
12	352	12	525	12	93	12	142	13	703	Av. 1	158	23	353
13	1	13	426	13	153	13	187	14	704	2	230	24	87
14	490	14	27	14	303	14	578	15	705	3	322	25	218
15	124	15	472	15	346	15	284	16	706	4	188	26	368
16	481	16	498	16	130	16	137	17	707	5	289	27	261
17	91	17	521	17	533	17	112	Rin. 1	2	6	332	Alf. 9	669
18	150	18	474	18	179	18	579	2	3	7	117	Pog. 7	671
19	324	19	293	19	492	19	553	3	9	8	65		
20	39	20	376a	20	514	20	70	4	16	9	378		
						Ex. 1	693	5	19	10	217		
								6	285	11	364		

Appendix II

Five Woodcuts from Caxton's *Aesop*

NOTES

The principal purpose of these notes is to compare Caxton's text with his French original. He certainly used the translation of Heinrich Steinhöwel's collection made by Julien Macho, but he may not have used the only extant edition which could, chronologically, have served as his original—that printed in 1480 at Lyon by Nicolaus Philippi and Marcus Reinhart. Because Caxton ordinarily follows his original quite closely, the presence of a selection from Poggio which appears neither in Steinhöwel's collection nor in the extant early French editions suggests the possibility that he worked from a source now lost. More particularly, there are variations between Caxton's text and the French translation in the edition of 1480 in which Caxton's readings agree with the later editions of 1484 and 1486. There are, however, also variations from these editions in which Caxton's readings agree with the earlier edition of 1480. The fact of these variations should not obscure the basic, word-for-word correspondence of Caxton's text with all three French editions. Because of the chronology, I shall make my comparison with the edition of 1480. In the notes, I refer to the texts by the following abbreviations:

C   Caxton's text of 1483/84;

T   Julien Macho's translation of Steinhöwel's collection, printed at Lyon by Nicolaus Philippi and Marcus Reinhart in 1480, the copy now in the Municipal Library in Tours;

V   The same translation printed at Lyon by Matthias Huss in 1486, the copy now in the National Library in Vienna;

StL   Steinhöwel's Latin text, *Steinhöwels Äsop*, ed. Hermann Österley, in *Bibliothek des Literarischen Vereins* (Tübingen, 1873);

StG   Steinhöwel's German text in the same edition.

I have also referred to the two later English editions printed by Ralph Pynson. The dates usually attributed to these editions are 1497 and 1500. These notes, then, contain a detailed comparison between C and T (V in those places where T is deficient), reference to the Pynson editions or a comparison between C and StL and StG where they illuminate a difficulty in C, and occasional comments and identifications.

1. **Here begynneth . . . at westmynstre.** *V*: Ci commence le liure des subtilles hystoires et fables de esope. Que toutes personnes que ce liure vouldront lire/ pourront apprendre et entendre par ces fables a eulx bien gouuerner. Car chescune fable donne son enseignement. Et aussi daultres fables de Auian/ et aussi de alfonce. Et aulcunes ioyeuses fables de poge florentin. Et este a translate de latin en francoys par reuerend docteur en theologie frere Julian des augustins de Lyon.

2. **First begynneth . . . how he was subtyll.** *V*: Ci commence la vie de esope. Esope fut toute sa vie de Fortune combien quil fut subtil.

3. **In Grece . . . Amoneo.** *V*: de grece au pres de troye la grande dune ville appelle amonneo. *StL*: is . . . natione Phrygius, ex Ammonio Phrygie pago. *StG*: der gegent Phrygia dar inn Troya gelegen ist, von Ammonio dem wyler geboren. *V*'s somewhat confusing identification of Esope's birthplace is made more intelligible by *StG*'s addition to the traditional Phrygian identification of *StL*. There is no reference to a Phrygian village, Ammonio, in Pauly-Wissowa, though Amorion has some warrant as Esope's birthplace. Steinhöwel's original, the *Life* translated by Rinuccio, does not capitalize *ammonio*. The word may be derived from *amoenus*; DuCange lists a noun, *amoenium*.

4. **subtyll . . . in wordes.** *V*: subtill en cauillacions et en parolles ioyeuses/ Car de toutes choses quon luy commandoyt et il ne le faisoit bien a leurs gre/ combien quil ne sauoyt parler toutesfoys il leur scauoyt bien donner par signe ainsi quil est contenu en listoire qui sensuyt cy apres.

5. **This historye.** *V* numbers the histories, which constitute the subdivisions of the *Life*. *St* does not subdivide his texts into titled histories. He does, however, break his Latin text into subdivisions, which occur without titles and at different places from those of *V*; his German text is continuous. According to a traditional distinction among the types of *narratio*, *fabula* was the narrative of what could never happen because it was contrary to nature and *historia* was the narrative of what actually did happen.

6. **yf I . . . maystre.** *T*: se ie ne doubtoit mon maistre.

7. **excuse.** *V*: reuenger.

8. **& by signes because he coude not speke prayd.** *V*: et ainsi quil peut luy pria.

9. **experymented.** *V*: experimentees.

10. **a preest named ysydys.** *V*: vng prestre qui auoit nom Isidis. *StL*: ecce Ysidis sacerdos. *StG*: ain prester der gottin Ysidis.

11. **&.** *V*: car. **empesshement.** *V*: enpeschement.

12. **an hors/ an asse.** *V*: vng rateau vne fourche. **and to al . . . gyue his name.** *V*: par les dieux ie scay donner a vne chescune son nom.

13. **what betest . . . for nought.** *T*: pourquoy bas tu cestuy cy pour rien.

14. **matere.** *V*: malice.

15. **speke/ and profferre.** *V*: proferer.

16. **Ephese.** Ephesus.

17. **Tupyn . . . trompette of Tragetenus.** *V*: tuppin . . . trompette des trageteurs. Though it is possible that the word in *C* is a mistake for *trageteurs*, it has the definite appearance of being a proper name modeled on the French word.

18. **fals vysage.** *V*: faulx visaige. *StL*: larva. *StG*: fasnacht bucz.

19. **pound . . . half pens.** *V*: liures . . . mailles. *StL*: obolos . . . asses. *StG*: pfund . . . heller.

20. **he hadde two chyldren.** *V*: il y auoit deux enfans.

21. **Thenne Esope sayd.** *V*: & ainsi tost quilz virent esope commencerent a crier et se mucerent dedans le giron de leur mere. Adoncques esope dit. Caxton omits the clauses which justify Esope's statement.

22. **lawhyng . . . seeynge.** *V*: dit en riant a esope. Entre dedens et salue tes compaignons. Et esope entra dedens en regardant.

23. **my caryage . . . Esope.** *V*: ma vesture et pour porter ses fardeaulx icy et ce qui est necessaire. car de main fault aler a ephese et les enfans vont apres entre eulx deuiser les charges pour porter Et esope.

24. **syttynge.** *T*: il ne convient pas.

25. **be ydle and vnprouffitable to my lord.** *V*: ie me repouse mais pource que ie suis le plus petit dentre vous tous bailles moy donques selon ma puissance affin que ie laboure comme vous car il ne conuient pas que ie soye seul inutile a monseigneur.

26. **This historye . . .** *V*: La tierce histoire la quelle fait mencion comment esope demandoit a ses compaignons qui lui baillassent la plus legiere charge pour porter mais a leurs aduis ilz luy baillerent la plus pesante et trompa ses compaignons. car elle fut plus legiere de toutes les aultres charges.

27. **And alwey . . . felawes.** *V*: Et apres quant esope vint a monter vne montaigne au moindre paine quil peust passa la montaigne et se trouua tousiours plutost long que les aultres compaignons.

28. **whiche . . . Esope.** *V*: lesquelz seruiteurs auoient nom Grammaticus Saltes & esope. *StL*: hi fuerunt grammaticus, psaltes atque Esopus. *StG*: die warent ain grammaticus, ein harpfer und Esopus.

29. **Somnon.** *V*: somon. *StL*: Somum. *StG*: Samum. The place is Samos.

30. **And by cause . . . on Esope.** *V*: Et pource que esope scauoit bien que tous se truffoyent de luy.

31. **loked al ouerthwartly.** *V*: regardoyt de trauers.

32. **paunsart.** *V*: pensart.

33. **And they asked . . . And they sayd.** *V*: Et va dire qua il veut pourquoy rit il si fort. Et lautre va dire.

34. **cold on his teeth.** *V*: froyt aux dens et tremble. *StL*: alget. *StG*: er zenklappert vor kelty.

35. **what hast . . . gybet.** *V*: alles babouyn quel mal est ce alles au gibet.

36. **pens.** *V*: denier. *StL*: nummum. *StG*: pfennig.

37. **lydye.** *V*: lydie; Lydia.

38. **al thynge.** *V*: toutes choses et lung va dire a lautre. se tu veulx que tu soyes scandalise demande la cause pourquoy il rit.

39. **scutes.** *V*: escus. *StG*: pfennig.

40. **vpon a grete payne.** *V*: car celluy la qui tant acheteroyt moult grant paine porteroyt.

41. **Marchaunt for to leue.** *V*: marchant & pourquoy le dis tu dist xantus. Et le marchant luy dit. pource que tu laisses.

42. **this bossute.** *V*: cestuy icy.

43. **to fore his hows.** Caxton omits a brief episode which comes between the narration of the purchase of Aesop and his arrival at the house of Exantus. In this episode, Aesop objects to the fact that Exantus urinates while he is walking. Exantus justifies this procedure on the grounds that he does not tarry in the heat of the sun, that he protects his feet, and that he avoids the smell. This is the only time Esope accepts an answer of Exantus.

44. **myracle.** This break is deferred in *V* to a point corresponding to 14/6.

45. **in euylle.** *V*: en mal.

46. **as I am.** *V* inserts the following title: 'La vi histoire laquelle fait mencion de la femme qui vouloit tenir son seruiteur, vil et mal entendant.' **mygnot.** *V*: mignons.

47. **Erupis.** *V*: Erupes. *StL/StG*: Euripedis. Euripides.

48. **ne seest . . . appease her.** *V*: ne voys tu pas comme tu as appaise ta dame.

49. **withoute to be laboured sowen or sette.** *V*: sans culture.

50. **playsyr and wyll.** *T*: a ta volente. Caxton omits a page and a half of quibbling and hairsplitting which comes between Aesop's answer to the gardener and his delivery of the present of Exantus. Some of the quibbling depended on a partitive construction and would have been difficult to translate, but the episode of the pig's feet posed no such difficulty. In this episode Exantus, to find cause to beat Aesop, took a pig's foot from the pot. Aesop replaced it with one he cut from another pig and Exantus put the one he had taken back into the pot. When asked if the pig were five-footed, Esope asked in turn the number of feet two pigs would have. With the answer of eight, he could say the total was right, because though there were five feet in the pot, he knew of a pig with only three.

51. **best.** *T*: print dicelles viandes en vng plat.

52. **in to the halle.** *T*: en la salie le plat presents a sa maistresse.

53. **precious.** *T* has in addition '& non pas a aultre.'

54. **the sheep goth to his dethe ward.** *T*: lom maine tuer la berbis.

55. **fereth not to folowe ne come.** *T*: ne craint point de estre tiree & ainsi se laisse tirer.

56. **to the . . . thy hows.** *T*: a celluy quelle dist quelle ayme & le laisse & dist ie menuoys de la maison toutesfoys si tu batz ta chienne iamais ne se bouge de la maison.

57. **anone makyng to the chere.** Not in *T*.

58. **frendes.** *T*: parens.

59. **sente . . . of my lord.** *T*: naues vous riens aporte des nopces a madame.

60. **swyne and oxen.** *T*: porc.

61. **oynyons.** *T*: poyure. *T* affords a better justification for the scholars' subsequent statement that 'one dyfferensyth fro the other.'

62. **for to guye . . . doo syte.** *T*: donner & prandre saluer & marchander & faire cites.

63. **thou hast wronge.** *T*: tu as tort.

64. **Exantus . . . lytel seruyse.** *T*: Xantus soy voulant excuser de ce petit present.

65. **lytel seruyse . . . other seruyse.** *T*: petit present pource dist a ses escolliers que vous ne fustes yer bien ayses ne fust pas ma faulte mais la faulte de la grosse teste. mais venez auiourduy.

66. **out of the place.** *T*: a la place se alla.

67. **hyghe.** *T*: haulte.

68. **how wel.** *T*: combien.

69. **It is well reason.** *T*: il est bien raison.

70. **honderd.** *T*: mille.

71. **mayster.** *T* has in addition 'car a folle demande folle response.'

72. **paction.** *T* has in addition, 'Et xantus luy dist donne moy le conseil que ie puisse venir a chief. Adoncques dist esope.'

73. **My lordes of Samye.** *V*: monseigneurs de samye. *StL*: viri Samii. *StG*: menschen von Samia. A combination of inflections and the adjectival form has confused the name, Samos.

74. **lyberte.** *T* inserts a title here, 'la xv hystoire.'

75. **dysner.** *T*: disner.

76. **castyng on vs ashrewed loke.** *T*: groignant.

77. **fals face.** *T*: faulx visaige. *StL*: larvam. *StG*: fasnachts buczen.

78. **poyntes.** *T*: lettres sans consonance mais seullement par poins intituleez en la maniere de ceste fourme qui sont lettres latines. *StL*: litteras quasdam non sonantes, sed punctis solum insculptas in huiusmodi forma. *StG*: und waren yngegraben nit wort sonder allain buochstaben in solcher form daz lateinischen buochstaben so vil tetten.

79. **A/ B/ D O/ ct/ H/ c/ H.** *T*: a b d o c t h c h. One may well marvel with Exantus at Aesop's ability to deduce from these characters the instruction: '*Ascende gradus istos quatuor fodias/ et inuenies thesaurum auri.*' *StL* leaves blank spaces for the Greek characters and supplies the transliterated equivalents in Latin: a, b, d, o, e, th, ch, for A, B, Δ, O, E, θ, χ. Farther on, *StL* again leaves blank spaces for the Greek words signified by these characters but supplies the accompanying Latin translations; hence the discrepancy between the transliterated characters and the translated instruction. *StL* presents Esope's subsequent decipherings about the ownership and division of the treasure in the same way. *StG* simplifies things by supplying only the characters appropriate to the Latin translation. *T* omits the characters from which Esope deciphers the ownership of the treasure and follows *StG* on the division of the treasure.

80. **wente doune.** *T*: monta.

81. **hold . . . merueylle.** *T*: ie repute plus la science a plus grant merueille.

82. **istos.** Not in *T*.

83. **& knewe not . . . meruyll.** Not in *T*.

84. **before yow.** *T* has in addition 'et que telle chose signifie vous dira.'

85. **the victorye.** *T* has in addition 'il aura de vous grace et gloire. Mais se ie ay victoire.'

86. **ye do make . . . lyberte.** *T*: ie vous requiers me faire remettre en liberte.

87. **auctoryte publyke.** *T*: lauctorite publicque.

88. **temple of Junoys.** *T*: au temple iunonis. *StL*: Iunonis ede. *StG*: den tempel Junonis.

89. **restore & put.** *T*: restituast . . . et quil le remist a la chose publicque.

90. **Cressus.** Croesus, king of Lydia.

91. **lyndyens.** *T*: lindiens. *StL*: Lydorum. *StG*: von lidia. the people of Lydia.

92. **trybutes.** *T*: tributz et gabelles.

93. **how be hit/ that I wylle.** *T*'s reading better fits the context, 'combien que ie voy.'

94. **had not be his messager.** *T*: sil neust est destourne de son messaigier.

95. **vnto the Senate . . . Cressus.** *T*: a ceulx de samye en leur disant quilz enuoyassent esope ay roy sidrus.

96. **suspecion.** *T* lacks leaf C8 and the readings are from *V*.

97. **as appyereth.** *V*: comme il appert.

98. **man whiche . . . nyghtyngale.** *V*: qui chassoit les lengoustes le quil prist vne sigaille. The woodcut clearly shows a locust or cricket. *StL*: Homo quidam pauper cum ad locustas venaretur, cepit et cicadam. *StG*: ain armer man wolt fogel fahen, do fieng er ainen grillen.

99. **whiche ben . . . booke.** *V*: qui sont auiourduy.

100. **Lycurre.** Lycurus, king of Babylon.

101. **propsycions problematyks.** *T*: propositions probleumaticques.

102. **cryme of lezemageste or treason.** *T*: crime de mageste.

103. **Herope.** *T*: herope. *StL*: Hermippus. *StG*: Hermippus.

104. **Nectanabus.** King of Egypt.

105. **afflyged.** *T*: afflige.

106. **for vs ... take hit.** *T*: a nous ne le scauons donner.

107. **lasse.** *T*: plus.

108. **never cesse thy wytte to sapyence.** *T*: ne cesse de entendre a sapience.

109. **pacyently.** *T* has in addition 'Et ne vueilles point ressambler aux meurs des mauluais.'

110. **of lodges.** *T* has in addition 'affin que quant tu seras desherberge len te herberge.'

111. **And thus ... kyld hym self.** *T*: et ainsi mauluaisement se desespera.

112. **he acustomed and taught ... hyghe and lowe.** *T*: esope les acoustuma a donner a menger hault et bas.

113. **the myn.** *T*: des miens.

114. **claye stones & bryk/ wood & tyles.** *T*: mortier et des carrons du boys et des treulles.

115. **by thy reasons and wordes.** Not in *T*.

116. **help.** *T*: hygnier.

117. **wente and shewed.** *T*: lallerent denuncier.

118. **conceyuen and bere yong horses.** *T*: concepuent par hygnier des cheuaulx qui sont en babillone.

119. **commaunded.** *T*: inuita.

120. **for here ... with the.** *T*: Cy enuoye pour pler auecques toy. *StL*: a deo huc sum missus, ut verba tecum faciam. Quid ais ad hoc? *StG*: Ich bin von got her gesant, das ich mit dir rede; was sagst du darzuo? *T*'s condensation obscures the point of the exchange.

121. **no man shold make ony lesynge.** *T*: ne demande pas a faire mentir les hommes.

122. **fables and lesynges.** *T*: mensonges; cf. **sapyence and fables** (68:5).

123. **Cyrographe or wrytynge.** *T*: cyrograffe.

124. **happy and eurous.** *T*: bienheureulx.

125. **sapyence and fables.** Cf. **fables and lesynges** (66:12).

126. **best.** *T*: le plus honourable. *T* has in addition 'car cestoit le chief de religion lequel ensuyuoit tout le peuple pour le ouyr.'

127. **wood ... see.** *T*: boys qui est dessus la mer. *StL*: vos quidem ligno similes estis, quod mari defertur. *StG*: ir synt gelych dem holcz, daz von dem mer an daz gestad wurt geworffen.

128. **the one ... wyse lordes.** *T*: dist lung des plus saiges seigneurs.

129. **noyse and clamour.** *T*: flameur. *StL*: clamoe. *StG*: geschray.

130. **people.** *T* has in addition 'adoncques vont prendre esope comme sacrilege.'

131. **reioyse.** *T*: consolles.

132. **with hym.** *T* has in addition 'Et le rat mena la grenoille en la cave dung puissant homme laquelle estoit pleine de viandes precieuses.'

133. **in stede of dethe.** *T*: ains rudement et en grant force au lieu de le faire mourir le menoyent.

134. **deffended and reuenged hym self.** *T*: repoignoit.

135. **ended and deyd.** *T*: de la mort.

136. **so vytupered.** *T*: si vituperablement le menoyent.

137. **whiche fylled ... corn.** This passage apparently represents an ingenious attempt to rescue a pun that survived translation from Latin into German and French. In these versions the story concerns a man with an ass. *T*: 'vng homme qui menoit vne sommiere'; *StL*: 'rusticum adolescentem asellam quandam e regione subigere

velle'; *StG*: 'ain iungen puren, der wolt aynem eslin an gan.' In answer to the girl's query about what he is doing, the man says: *T*: 'ie mectz le scens a ceste sommiere'; *StL*: 'Huic aselle sensum infundo'; *StG*: 'Ich will der eslin sinn yngiessen.' The girl then says—*T*: 'ie te prie que tu mectez le scens en mon corps'; *StL*: 'infundito et mihi'; *StG*: 'so guss mir sie ouch yn.' Steinhöwel's version then becomes more graphic, but the pun, if it has any subtlety, depends on *sensus* meaning 'common sense' in the man's answer and 'vitality' or 'sensation' in the girl's rejoinder. The French and German words render this ambiguity but, according to the OED, 'sense,' which would have carried it into English, was not naturalized in Caxton's time. Wit, however, punning with wheat, 'grain,' or 'seed,' is effective in saving the idea of the exchange.

138. **atled and drawen.** *T*: menoient.

139. **wente and drewe.** *T*: menerent.

140. **this cryme and lothely dede . . . made and formed.** *T*: de cent hommes estrange cestuy crime que de toy qui est si abhominable.

141. **to dethe.** *T* has in addition 'furent moult desplaisans.'

142. **I Romulus sone . . . gretyng.** *T*: Romulleo filz d'thibere de la cite dathicque salut. *StL*: Romulus Tyberino filio de civitate athicas. *StG*: Romulus synem sun von der statt Athenis, hail.

143. **to be humble and for to use wordes.** *T*: aux malades humilite pour vser de parolles doulces.

144. **aguyse and sharpe.** *T*: aguseront.

145. **man.** *T*: rongeurs.

146. **good & innocent man.** *T*: poures gens.

147. **for to passe/ and go ouer the water.** Not in *T*.

148. **chalengynge.** *T*: calumnieux.

149. **presente my person.** *T*: en ma presence.

150. **robben.** *T*: ne font que menger.

151. **went . . . huntyng & chase.** *T*: allerent chasser.

152. **A theef held . . . was holden.** Not in *T*.

153. **boot.** *T*: batirent.

154. **leneth and helpeth.** *T*: qui prestre ayde aux maulvais.

155. **hard.** *T*: engelle et glace.

156. **leyd her . . . strengthe and vygour.** *T*: la chauffa si bien que elle se revint.

157. **whystled.** *T*: a chifler. *StL*: et feneno multa fedare. *StG*: und alle ding mit syner gifft entrainigen.

158. **forthwith deuoured.** *T*: que de ses dens ne le deuourast. *T* anticipates the royal concern with dental hygiene which follows: 'It behoueth not that teethe soo noble and so fayre as myn be touchen not/ ne byten suche a fowle beest.'

159. **Better worthe . . . lyue.** *T*: Il est mieulx de viure.

160. **of suche mete as he had.** *T*: des grains de ble et de leaue a boyre. *T* provides a better base for the country mouse's conclusion: 'I haue leuer ete corne in the feldes.'

161. **lord & maister.** *T*: dame et maistresse.

162. **yonge foxe.** *T*: les renardeaux.

163. **a nutte.** *T*: vne noix ou vne conche. *StL*: testudinem. *StG*: schneken. The woodcuts unmistakably represent a snail.

164. **proye.** *T*: proye. Since the woodcut represents the traditional snail, the particular sense of 'prey' would be as appropriate as the more general sense of 'food.'

165. **A rauen . . . held.** *T*: fable dung corbeau qui sur vng arbre vng frommage en son bec tenoit.

166. **and can . . . synge.** *T*: et sces si bien chanter. This awkward clause does not occur in either *StL* or *StG*.

167. **lyked.** *T*: leschoit.

168. **lykke.** *T*: mordre.

169. **lete this fowl and payllard . . . be bete and putt awey.** *T*: Bates ce paillart asne.

170. **vpon the poure asse.** *T*: sur son eschine sur la teste et sur les oreilles.

171. **luste ne courage.** *T*: cure.

172. **disported and playd.** *T*: sesbatoient.

173. **clawes or ongles.** *T*: ongles.

174. **And yf . . . helpe the.** Not in *T*.

175. **knawed.** *T*: ronger.

176. **and so long . . . brake.** *T*: et yfaire le pertuys si grant que le lyon eschappa.

177. **at a nede . . . to the grete.** *T*: au grant besoing.

178. **herd.** *T*: esaucee.

179. **werkes and dedes.** *T*: les oeuures que lon a faictes.

180. **other byrdes.** *T* has in addition 'et du lin.' The addition does not appear in *StL* or *StG*, but Steinhöwel's verse fable is entitled *De hyrundine et lino*.

181. **as the swalowe . . . her.** *T*: 'Et larondelle voyant ce sen alla logier en la maison dung laboureur.' Caxton's pronouns are often inconsistent. The Pynson editions of 1497 and 1500 read: 'And than the swalowe seynge this went and herberowed hir.'

182. **growen and pulled vp.** *T*: creu. **the labourer . . . byrdes.** *T*: 'larondelle fist faire des filles et des las au laboureur.' **grynnes.** *T*: filles et des las. The Pynson editions of 1497 and 1500 read gynnes.

183. **balled.** There is no lexical support for the semi-plausible reading, balted. The Pynson editions of 1497 and 1503 read 'ba de' and 'balde,' respectively.

184. **owle.** *T*: mulle.

185. **to merueylle.** *T*: rire.

186. **dragon and fals tyraunt.** *T*: tirant et dragon.

187. **And thus by . . . theyre heedes.** *T*: Car pour receuoir dons plusiers sont deceupz et en ont perdues leurs testes.

188. **I haue no nede ne myster.** *T*: ie nay que faire de.

189. **putte a bak.** *T*: debouter.

190. **old age or auncyente.** *T*: anciennete.

191. **betest and settest me a bak.** *T*: me deboutes.

192. **Men . . . folke go.** *T*: Len dit communement que selon que le temps va len doit aller.

193. **yf thow . . . tyme.** *T*: si tu fais distinction du temps. *StL*: Tempora tollerari debent et homines tempori cedere. *StG*: und der zyt iere stat geben.

194. **but oughte . . . prosperyte.** *T*: mais fault auoir esperance dauoir mieulx.

195. **parentes and frendes.** *T*: parens.

196. **vndone and lost.** *T*: pendus par la gorge.

197. **He that . . . setteth hym.** *T*: Celluy ne doit pas estre asseure qui se applicque.

198. **he that was . . . dommage.** *T*: celluy qui a este vne fois mauluais est presume tousiours mauluais et pource len doibt auoir presumption de celluy du quel len a eut dommaige.

199. **and not haue . . . frendes.** *T*: et len le doit auoir en suspicion.

200. **busshel.** *T*: sextier. *StL*: modium. *StG*: gross mess.

201. **paye hit.** *T* has in addition '& pour la crainte du loup la berbis luy promist de la paier.'

202. **promytte & graunte to gyue.** *T*: promettre de bailler.

203. **sette.** *T*: assise.

204. **begyled hym self.** *T* has in addition 'et acquiert on grant merite de tromper vng trompeur.'

205. **ne noo wysedom ... them.** Not in *T*.

206. **he aourned ... hym self.** *T*: se aorna.

207. **oultrecuydaunce or ouerwenynge.** *T*: oultrecuidance.

208. **naked and bare.** *T*: escorche.

209. **haue ... cold.** *T*: a froit aux dens.

210. **god ... fro the wolues.** *T*: Dieu gard la lune des loups. Cf. 113/13. See the Oxford Dictionary of Proverbs, 'Moon does not heed the barking of dogs (wolves), The.' The Pynson editions of 1497 and 1503 read 'froo' and 'fro,' respectively.

211. **ante or formyce.** *T*: formis.

212. **hated chaced and put oute.** *T*: deboutee et chassee.

213. **gnawe.** *T*: ronger. Cf. OF *rongerie* and, in Littré, *ronger*, 3.

214. **thow shalt now be putte to dethe.** Not in *T*.

215. **For to loke and behold ... nothynge.** *T*: car au regard du beuf de vous nest riens.

216. **tradde and thrested.** *T*: pressa. The Pynson editions of 1497 and 1503 read 'tradde.' **brake her bely.** *T*: creua.

217. **to thende ... not.** *T*: que tu ne creues car la creueras chasteigne.

218. **yong woman.** *T*: femme commune.

219. **the mone.** *T*: la lime.

220. **the wulf.** *T*: lomme.

221. **but that ... vnto vs.** *T*: et ne doyuent point oblier de les remunerer ainsi que nous prouue.

222. **hyest of the wode.** *T*: fourest.

223. **thy foote.** *T* has in addition 'Et le cheval leva la pie.'

224. **brake ... mynde.** *T*: luy rompist toute la ceruelle.

225. **lene and seke.** Not in *T*.

226. **how ... vnthryfty.** *T*: tu es comme moys.

227. **& ansuerd neuer one word.** Not in *T*.

228. **wulues.** *T*: coups. *StL*: eventus. *StG*: huffen.

229. **relynquen and leue.** *T*: relinquent.

230. **wylle and gree.** *T*: gre. *T* has in addition 'et ie feray ce que tu vouldras.'

231. **the other.** *T*: le poussin.

232. **cauerne or hole.** *T*: fosse.

233. **My godsep ... to gyder.** *T*: Compere le loup pource quil y a long temps que ie ne te vis ... et aussi pource que nous auons este grant temps sans chasser ensemble.

234. **heerd or parke.** *T*: parc. *StL*: gregis. *StG*: herd.

235. **knowen.** *T*: ronge.

236. **as he sawe ... withoute.** *T*: Et ainsi que les chiens apres luy courroyent par ses cornes en vng busson fust retenu.

237. **worshipful & an honest thyng.** *T*: chose honneste. **to a woman ... man alone.** *T*: a lomme quant il luy souffist dauoir vne seulle femme. *StL*: ut femina uni viro esset coniuncta, proprioque suo sufficeret. *C* is in harmony with the standard version of the fable. The variation in *T* is in harmony with the elaborate protests of respect for the ladies which the French translator introduces into his version of the fable.

238. **matere/ and Historye.** *T*: histoire.

239. **latyn for the grete clerkes.** *StL*: Cum interrogaret patientem et taciturnam domesticam suam gallinam, quanto posset satiari cibo, at illa dixit: Quod cunque accepero abundat mihi, et econtra scalpo. Venus econtra huic galine dicitur coram ipsis dixisse: Ne scalpes, do modium tritici. At gallina sic ait Veneri: Si horreum mihi patefacias, tamen scalpo. Ubi risisse dicitur Iuno dictum Veneris a gallina, per quam agnoverunt dii, feminis fieri similia. Sic deinde Iupiter multas cepit adire feminas, nulla se importuno negabit. Deinde et Venus cum Marte et Vulcano. Et ut potuerunt extere multe. Sic et ho die plures femine didicerunt maritis imponere.

240. **worthely.** *T*: est grandement de louer.

241. **Atropos or dethe.** *T*: atropos. Atropos is not mentioned in *St*; the Latin verse fable refers to Parca.

242. **tourned and went ageyne.** *T*: retourna. **and laye before her.** Not in *T*.

243. **comyn and folysshe wymmen.** *T*: folles femmes.

244. **had to name Tahys.** *T*: appellee Tahys. *StL* (verse): Thais. Athenian courtesan.

245. **yonge men.** *T* has in addition 'en decepuant plusieurs et faygnant de les amer.'

246. **but only ... body.** Not in *T*.

247. **thy wyll ... nomore.** *T*: ie le vueil bien car tu es tout ce que ie desire mais que tu ne me decepues plus.

248. **comyn.** *T*: folle.

249. **comyn and folyssh.** *T*: folle.

250. **syluer.** *T* has in addition 'Et ainsi plusiers folz sont trompes & decepuz.'

251. **launched.** Not in *T*.

252. **serpent.** *T* has in addition 'et de la lime.'

253. **and the whethers also.** *T*: et les moutons de leur partie pour resister contre les loupz et pour batailler contre yceulx.

254. **& fought ... fly3t.** *T*: que les loups nauoyent plus de resistence contre les berbis.

255. **capytayns and protectours.** *T*: patrons. **dogges.** *T*: berbis.

256. **lytyl and yong wulues.** *T*: loups.

257. **Auncestres and faders.** *T*: ancestres.

258. **hit doth ... wagge.** *T*: elle ne te fait que croter par les fanges.

259. **Marchaunt.** *T*: mulletier.

260. **Onely for ... assured.** *T*: Pour fouyr len nest pas asseure.

261. **dogges.** *T*: chasseurs.

262. **and that ye deceyue me not.** *T*: et me vuellies celer iusques au soir.

263. **yf he perceyue the.** Not in *T*.

264. **commaunded.** *T*: commenca. **vysyte and see.** *T*: visiter.

265. **angry.** *T*: fain.

266. **ete and deceyue.** *T*: decepuoir.

267. **leches & Cyrurgyens.** *T*: medicins.

268. **blody handes.** *T*: main.

269. **felauship ... tyraunts.** *T*: maulvaise compaignie.

270. **the man lyer.** *T*: mensongier.

271. **hawke.** *T*: voultour.

272. **hegotte.** *T*: bouc.

273. **The xvij ... sygalle.** Not in *T*.

274. **Rosyer.** *T*: roseau.

275. **fayneth not.** *T*: fait de non.

276. **hongry.** *T* has in addition 'en son oppression.'

277. *T* has in addition 'et me garderay bien de ceoir en ta main.'

278. **fantasyes.** *T*: faintise.

279. **of that.** *T*: de ce que.

280. **For by . . . bytrayd.** *T*: na point tenu que ie naye este pris.

281. **fayr & playsaunt songe.** *T*: force chant. *T* has in addition 'couleur a la colombe & la garule au corbeau.'

282. **panthere or serpent.** *T*: panthere. I have no explanation for Caxton's strange equation.

283. **indyfferent or indyuysyon.** *T*: en diuision.

284. **the man lyer.** *T*: mensengier.

285. **submytted.** *T* has in addition 'sans pouoir repantir.'

286. **selle.** *T* has in addition 'et les couroyes facte dicelle.'

287. **Suffyse the/ For.** *T*: souffise toy que.

288. **And thow.** *T*: se tu.

289. **callers.** *T*: criars.

290. **And whanne . . . sayd.** *T*: et quant lasne les vit fuyr dist. Caxton often omits the subject of a clause. The Pynson editions read: And whanne the asse sawe them flee he sayd (1497); & whan the asse sawe them flee saide (1500).

291. See n. 210.

292. **hawke.** *T*: voultour.

293. **The ypocrytes . . . strawe.** *T*: Les ypocrites font adieu barbe feure ou de fei. (I could find no other record of this presumably proverbial saying, but possibly its sense is that a straw beard would be a false beard as a straw man or scarecrow is a false man.)

294. **ypocrytes . . . the world.** *T*: ypocrites et decepueurs de dieu et du monde.

295. **vysyted.** The Pynson editions of 1497 and 1500 read 'vysityd' and 'visited,' respectively.

296. **fallace and falshede.** *T*: fallace.

297. **And entryd not within.** Not in *T*.

298. **thy traces.** *T*: par la trasse. The footprints are those of the other animals.

299. **asse.** *T*: lasne malade.

300. **hedgehogge.** *T*: bouc.

301. **hedgehogges.** *T*: boucz.

302. **hedgehogge.** *T*: bouc. In the woodcut the animals are clearly large and horned.

303. **is knowen the best and most subtyle werker.** *T*: monstre louurier et le faict monstre la verite.

304. **haue . . . cold.** *T*: aura froit aux dens. **and lacke at his nede.** Not in *T*.

305. **may not doo.** *T* has in addition 'Et pource nous deuons garder de nous entremectre de chose que nous ne scauons affin que ne soyons decepuz ainsi que sont mes seigneurs d'larquimie ou que ie ne faille de lart que nest mie Le loup vouloit faire du saige & le mullet faisoit d'lasne.'

306. **sheep . . . lambes.** *T*: aigneaulx.

307. **pouerte.** *T* has in addition 'en desprisant ceulx quil doit priser comme sont lesenfans de auiourduy qui ne portent reuerance a leur pere ne a leur mere ne aussi a leurs parens.'

308. **bothe . . . mouthe & heed.** *T*: musel.

309. **the foxe . . . and sayd.** *T*: le regnard qui estoit au boys qui ouoyt leur question vit deuers eulx & leur dist.

310. **For Iustly ... dommage.** *T*: car iustement de dieu sont pugnis ceulx font dommage. The Pynson editions of 1497 and 1500 read: For iustely they shall be punisshed of god. that done harme and dommage.

311. **knowynge no thynge.** *T*: grans cornars.

312. **scyences and wyles.** *T*: sciences.

313. **many.** *T*: deux.

314. **of them.** *T* has in addition 'il te fait bon besoing car tu es loing de la fourest. et les chiens qui tenoient le regnard le tuerent.'

315. **fend.** *T*: et. The Pynson editions of 1497 and 1500 read: and.

316. **kynd and a very foole.** *T*: vng fol naturel.

317. **hegoote.** *T*: bouc.

318. **besyeged him.** *T*: sur celle roche le asseiga.

319. **wel do buyld.** *T*: veult faire quelque edifice. The Pynson editions read: 'well doo byld' (1497); 'woll doo bild' (1500).

320. **gone backward.** *T*: reculer; and in addition 'et euader de y point aller quant il eust perchust la fraude et deception de lasne.'

321. **fro the wulf.** *T*: des perilz ou il auoit este.

322. **For he ... their counceylle.** *T*: car celluy a quon veult faire mal depuis quon le tient a son auantaige on sen doit mectre audessus et puis lon pouruerra a son con- seil; i.e., if you are going to hurt someone, make sure that you stay in a position to do it, and then look to your plans.

323. **goost.** *T*: vas. The Pynson editions of 1497 and 1503 read ghost and gost, respectively.

324. **wyth corn and with other graynes ... tyme comynge.** *T*: mes grains.

325. **And as ... repayre.** Not in *T*.

326. **came oute and slewe ... venym.** *T*: batist le filz par telle facon quil mourut.

327. **now.** *T*: ne .... point

328. **wulf.** *T*: loup pescheur.

329. **slynges ... bowes ... staues.** *T*: lacs ... hache ... chiens. *StL*: gladiis, fustibus et canibus. *StG*: kolben, spiess, scwert und stangen.

330. **only the skynne of.** Not in *T*.

331. **God salewe the.** *T*: Dieu te saulue.

332. **dusynge and nedeful.** *T*: duysable.

333. **armed feet.** *T* has in addition 'qui sont tant doulces et tant belies.'

334. **the heed.** *T*: le chappon de la teste.

335. **harme ne open blasphemye.** *T*: blaffemes secretes ne publicques.

336. **and is beten ... for other.** Not in *T*.

337. **fart.** *T*: sonnet.

338. **that alle ... ground.** *T*: quelle luy rompist toute la ceruelle.

339. **foole or colt.** *T*: poulain.

340. **the sentence ... plee.** *T*: la sentence dung proces.

341. **and wel purposed.** *T*: ien suis content.

342. **took courage and departed.** *T*: il se partist a tout ce quil auoit.

343. **stange or pond.** *T*: lestang.

344. **fayr mylle.** *T* has in addition 'Vecy ou tu les laueras et baptiseras.'

345. **or not.** *T* has in addition 'et sil fust bien baigne.'

346. **rassasyed.** *T*: perdre.

347. **but only smelle hit.** *T*: flesrier.

348. **it is ... employed.** *T*: cest bien employe.

349. **it is wel employed.** *T*: cest bien employe. **my fader was neuer.** *T* follows the narrative sequence in putting this passage after the one Caxton begins on 152:31.

350. **presumed/ and toke on me . . . sacryfyce and to synge.** *T*: iay voulu celebrer les sacrifices.

351. **and to gyue . . . neyther /a/ne/b.** *T*: ie men suis voulu empescher.

352. **shold be.** *T* has in addition an introduction to the passage placed before the one just finished: 'Encore plus ie ne scay lire nescripre et iay voulu faire le cure et ay voulu baptiser les cochons dune truye sil men est mal pris cest bien employe.'

353. **offensed.** *T*: iay offense.

354. **releue and dresse.** *T*: quant le loup peut il se leua.

355. **enhaunced my prayer.** *T*: exauce ma priere.

356. **moche resteth . . . thynketh.** *T*: moult reste de ce que fol panse; i.e., there is a gap between what actually happens and what a fool anticipates.

357. **whiche was therby.** Not in *T*.

358. **lack and fawte . . . feble.** *T*: par force de faim et de debilite de corps.

359. **made and dyde.** *T*: fist chascun son personnaige.

360. **sheepherd . . . supposed wel.** *T*: bergiers . . . ils presupposerent bien.

361. **yf thou . . . nourysshed.** *T*: et que tu fais bonne diligence.

362. **pylle.** *T*: pille. The Pynson editions of 1497 and 1500 read: pylle and pyll, respectively.

363. **ne gyue the Iugement.** Not in *T*.

364. **the fowle waters . . . a foot hyghe.** *T*: la pluye me creuoyt les yeulx et me faisoit pourir mon corps a la fange.

365. **twenty.** *T*: dix.

366. **pouerte.** *T*: vanite.

367. **shewe and lerne.** *T*: donner.

368. **fro the clyf.** *T*: hors du fouyer.

369. **herd or flock.** *T*: tropeau.

370. **that.** *T*: &.

371. **falle . . . was take.** *T*: tomber de deux pies en vng las.

372. **executed and put to dethe.** *T*: estrangles.

373. **Is this . . . hit.** Is this that river? *T*: est ce cestuy ycy. The Pynson editions of 1497 and 1500 read 'Is this the same.'

374. **large foote.** *T*: pielarge. *StL*: pelargo. *StG*: trappen. The bird is presumably either a stork or a bustard.

375. **felte.** *T*: sentist.

376. **tyll of . . . assured.** *T*: au temps de la mullote.

377. **how stronge and myghty . . . be.** Not in *T*.

378. **sette thy . . . walle.** *T*: appoier des deux pies de derriere et tu leues les deux pies devant contre le mur.

379. **lyfte vp . . . the walle.** *T*: se gecta sur les deux pies de derriere.

380. **For alle . . . on hym.** Not in *T*.

381. **chekyns and hennes.** *T*: gellines.

382. **Ryuer.** *T*: mer.

383. **muse or bagpype.** *T*: musette.

384. **one . . . to lawhe.** *T*: quant il perchut le chat se commenca a rire.

385. **came to his foote.** Not in *T*.

386. **that she . . . al sette.** *T*: que en frappant les pies en terre il mena si grant bruyt que le faulconnier ne peut pas si tost auoit pose ses filles que pour le bruyt quil frappoit des pies en terre la colombe sen volla.

387. **Is the ... that.** *the same* can be read as a demonstrative pronoun—*is this it which*; or it can be read as a demonstrative adjective—*is this thing what*. *T*: Est ce ceste ycy que. The Pynson editions read: 'Is the same hit that (1497); and 'is thys same it that' (1500).

388. **or eche other ... deserte.** *T*: ou en lautre.

389. **my deth.** *T* has in addition 'et de ma perdition.'

390. **trouble with an euyl wyf.** *T*: trouble et male femme en leurs maisons.

391. **wepte.** *T*: dormoit.

392. **on al maner spyrytes.** *T*: en tout esperit.

393. **hym self.** *T*: que les aultres.

394. **coude neure hyde.** *T*: il ne se peut iamais si bien abiller quil ne monstrast ses oreilles.

395. **but certaynly ... demerytes.** Not in *T*.

396. **of ryght and kynd thou ouȝtest.** Not in *T*.

397. **lyue.** *T* has in addition 'legierement.'

398. **fowle.** *T*: folle.

399. **none other.** *T*: sil na point pareil bien que luy.

400. **the whiche ... an arowe.** *T*: ainsi que le tigre passoit le frappa dune fleche.

401. **tongue.** *T* has in addition 'et de rien ne se doit plus garder lomme.' **profereth or sayth.** *T*: profere.

402. **somman a.** *T*: quelque homme. The Pynson editions of 1497 and 1503 read sommen and some men, respectively.

403. **and byldeth.** In all probability a synonym for 'byldeth' was accidentally omitted at the beginning of the new page. *T*: de moy len fait mains beaulx edifices.

404. **hewe ne smyte.** *T*: mist.

405. **This phebus ... thought was.** Not in *T*.

406. **that she ... to the water.** *T*: leaue estoyt trop parfonde tellement quelle ne pouoyt boyre.

407. **not bynd.** *T* has in addition 'au iou.'

408. **wodewose.** *T*: vng.

409. **wodewose or Satyre.** *T*: satire.

410. **wodewose.** The Pynson editions of 1497 and 1503 read wodewose and wood-wose, respectively. *T*: satire.

411. **is of the goos ... lord.** Not in *T*.

412. **held fast.** Not in *T*.

413. **and obeye to his lord.** Not in *T*.

414. **lambe.** *T*: cheureau.

415. **gotes.** *T*: les aultres chieures.

416. **thow shalt ... them.** *T*: il te prandra. *StL*: Nonne vides, inquit, cunctis ut victima templis immeritam seva morte cruentat humum. *StG*: sichst du nit, wie in dem tempel das erdrich unsuber und pluotig ist von den tieren, die man täglich den götten opffert und ertötet.

417. **Arabe of Lucanye.** A moslem of Lucania. *T*: Arabe de lucanie. *StL*: Arabs Lucania. *StG*: Der wys Lyciana von Arabia. The edition of the *Disciplina Clericalis* edited by A. Hilka and W. Söderhjelm (Heidelberg, 1911) reads: 'Balaam, qui lingua arabica uocatur.'

418. **hennes.** *T*: femmes.

419. **whanne Arabe ... deye.** *T*: quant arabe voulut mourir. *StL*: et iterum Arabs moriturus. *StG*: Als aber der selb Arabs sterben solt.

420. **a calf.** *T* has in addition 'et le mectz en pieces tout sanglant.'

421. sone dyd. *T* has in addition 'ainsi que son pere luy auoyt dit. Et quant il eut presente a son amy ainsi que son pere luy auoyt dit.'

422. here and see. *T*: prouueras.

423. where he . . . dede calf. *T*: & il fist vne fosse en terre pour enterre & enseuelir son homme mort.

424. the sone of Arabe. *T*: le filz de arabe. Not in *StL* or *StG*.

425. Baldak. *T*: baldat. Bagdad.

426. chepe & bye somme ware or marchaundyse. *T*: marchander.

427. chered and festyed. *T*: festoye. xiiij. *T*: huit.

428. about one euen. Toward the end of a particular day. *T*: sur la nuict.

429. whiche lay . . . the temple. Not in *T*.

430. came and knewe and confessyd . . . and sayd. *T*: recogneut son pechie & vint a la iustice & leur dist.

431. maner. *T*: mistere.

432. And with . . . suche one. *T*: a grant paine en pourraige iamais auoir vng tel.

433. pecuny or money. *T*: pecune.

434. wold haue made . . . as he dyde. *T*: se plaindist.

435. fayr chestes. *T* has in addition 'lesquelz tu fera bien dorer & ferrer.'

436. as to . . . we knowe. Not in *T*. *T* concludes the speech, 'pource que nous auons ouy dire que tu es homme de foy.'

437. dispreysed. *T*: decelast.

438. a good man labourer. *T*: vng bon homme labourier.

439. conuersyd & was ful oft. *T*: tousiours conuerser.

440. yerely rent. *T* has in addition 'pour y mectre et logier dix vessceaulx duylle.'

441. and prayd . . . oylle. *T*: et luy baylla en garde ainsi fraudieusement.

442. his good. *T* has in addition 'en luy promectant paier ce quil luy auoyt promis. Dont le poure filz fust content.'

443. maculed ne gylty of the blame. *T*: macule du blasme.

444. he . . . suffysauntly & ryghtwysly proued. *T*: il sera souffisamment prouue que luylle.

445. The fourthe fable . . . was found. *T*: La quarte sentence de la pecune trouuee. The Pynson edition of 1500 reads: vpon the pecuny which was founde.

446. four honderd: *T*: quarante.

447. to doo. *T* has in addition 'et pource quil dist quil auoit perdu mille et quatre cens escus.'

448. and knowen for a trewe man. Not in *T*. *T* has instead 'pourquoy il fault croire quil a rendu tout ce quil a trouue.'

449. so grete. *T*: ceulx.

450. chauffed/ and consumed. *T*: consumme.

451. maner and facyone. *T*: malice.

452. labourer or vylayne. *T*: rusticque.

453. to thende . . . of hit. Not in *T*.

454. whiche may not be recouerd. Not in *T*.

455. rethoryque man or fayr speker. *T*: rethoricque.

456. as crouked or counterfayted. Not in *T*.

457. made his . . . his sygnet. *T*: signa de son signet.

458. and hurted . . . on the legge. *T*: Et le portier luy trouua vng loup en la iambe.

459. and for to . . . slepe. Not in *T*.

460. superstycious or capaxe. *T*: subparticieux.

461. remytted . . . to be discuted or pleted. *T*: rengirent.

462. **on your cause or plee.** Not in *T*.

463. **ryght gentyl/ fayre and yong . . . whiche fournysshed.** *T*: Et par le consentemant de sa mere elle fust en amoure de vng filz iequel fournisoyt a lapoyntement.

464. **holdynge a naked . . . handes.** Not in *T*.

465. **his lyf.** *T* has in addition 'et il cuidoyt que te fusses lung deux.'

466. **requyred . . . of loue.** *T*: se aduanca de la prier de son amour.

467. **wel I . . . faytte.** *T*: ie te feray bien ton fait.

468. **catte.** *T*: chienne. The woodcut in *T* is clearly of a dog; *C* is not so clear.

469. **with . . . dele or quantite . . . vpon hit.** *T*: dedans la moutarde.

470. **Catte.** *T*: chienne.

471. **the cause . . . wepeth.** Not in *T*.

472. **to whome . . . graunte hym.** *T*: & de chastete iameroye mieulx morir. The Pynson editions read: I haue not wylle graunte hym (1497); I haue nat graunted hym (1500).

473. **took leue.** *T*: prinst conge de elle et luy dist a dieu.

474. **hit.** *T*: ie ny voye goute. **fele and vnderstande.** *T*: entens.

475. **pagent.** *T*: personnaige.

476. **of it.** *T*: tu as recepu lumiere et veu.

477. **to some other.** *T*: a altruy.

478. **Medius.** *T*: Nedius.

479. **shapynge or sewynge.** *T*: a bien ouurer.

480. **he must none haue.** *T*: il ne luy en fault point garder.

481. **with.** *T*: de.

482. **I threwe to the one bole for another.** *T*: tay rendy cocque pour cocque.

483. **to bye & selle . . . honestly.** *T*: pour acquerir bien et cheuance & aussi pour viure honnestement.

484. **of hit.** *T*: qui nous a donne tant de biens.

485. **as.** *T*: comme.

486. **My Frend . . . holy ghoost.** *T*: 'Mon ami dieu le ma donne de sa grace Et adoncques le mary luy dist ie ne rends pas grace a dieu de cecy car ie ne luy scay ne gre ne grace de ce quil a prins tant de paine de faire mes besonges at ne veul plus quil sen mesle car cest affaire a moy et gardes bien quil ne vous en face plus car se ie le treuue en la maison il sera bien batu.' R. H. Wilson suggests that Caxton's change tempers the irreligion of the original by introducing the most nebulous person of the Trinity (The Poggiana in Caxton's 'Esope' *PQ* XXX (1951), 352). The analogy with conception of Christ in the womb of the Virgin would, however, introduce another and more particular blasphemy. On the other hand the elimination of the merchant's threats does seem palliatory.

487. **of this.** *T* has in addition 'car ie ne luy scay ne gre ne grace.'

488. **woman.** *T*: femme vesue.

489. **For how be hit . . . ypocrysye.** *T*: car combien que vng ypocrite ayt vouloir de ayder a aulcun indigent & vouldroyt bien auoir fait ayde et confort touteffoys il a vne tache en luy cest assauoir que il verroyt plus tost morir vng homme quil ne luy vouldroyt secourir se ce nestoit par la priere dung aultre en lui promectant argent ou aulcuns dons et celle presumption est appellee ypocrisie.

490. **serche his lyf . . . another.** *T*: cerchant sa vie de mieulx en mieulx.

491. **embraced.** *T*: embrasee.

492. **parentage or kynred.** *T*: hostel.

493. **Florence.** *T* has in addition 'dont il estoyt seigneur.'

494. **where as . . . but they two.** *T*: a part.

495. **euyl fortune.** *T*: fortune.

496. **theuyll auenture and happe ... doughter.** *T*: lauenture comment sa fille luy auoyt dist.

497. **Renommee.** *T*: grace.

498. **Frendes.** *T*: parens et amys.

499. **frendes & parentes.** *T*: desparens.

500. **she ... wronge.** *T*: elle auoyt grant tort.

501. **spaynels.** *T*: espagniolz & couchans.

502. **serche and fynde.** *T*: esleuer.

503. **xl or l.** *T*: cinquante.

504. **marches.** *T*: marches. (It.) Le Marche.

505. **Pope.** *T*: poge. In what would seem to be a case of textual iconoclasm, this word has been obliterated here and at the end of the fable in the British Museum's copy of *C*.

506. **within a grete Ryuer.** Not in *T*.

507. **iumelle.** *T*: iummelle.

508. **and.** *T*: Tiercement.

509. **Also.** *T*: Quartement. **and.** *T*: Quintement.

510. **And.** *T*: Et sextement.

511. **bouked and wesshed.** *T*: lauoyent leur buce.

512. **more than ony mans body.** *T*: plus grant et plus gros et plus forme.

513. **they came ... nomore.** *T*: il ne reuenoyent pas tous pourquoy les femmes laisserent a lauer.

514. **hit befelle ... that a child.** *T*: fust vne femme laquelle enfanta vng enfant.

515. **sauf the two hedes.** Not in *T*.

516. **manyfestly.** *T* has in addition 'et promptement separes lung de lautre et ainsi iambes se monstroyent diuiseez et les pies.'

517. **gold.** *T*: largent.

518. **condycions.** *T*: courayge.

519. **with hym.** *T*: dedans son arche.

520. **whan he came ... mysdede.** *T*: quant le prelat le veit il print a araysonner du cas et luy demanda ou il auoyt aprins la coustume de enseulelir les chiens en la chimentiere des cristiens.

521. **atte thartycle and at the poynt of dethe.** *T*: en larticle de la mort.

522. **lokest thow.** *T* has in addition 'que tu estens fort le col.'

523. **ther fro.** *T* concludes at this point: 'Cy finissent les subtilles fables de esope translateez de latin en francois par reuerent docteur en theologie frere iulien des augustins de lyon auecques les fables Dauian et de Alfonse et aussi aulcunes ioyeuses fables de Poge florentin impremees a lyon par Nicolas phillipi de bensheym & Marc reinhardi de strasbourc lan mil quatrecens et octante le.xxvi.iour daust.' *StL* and *StG* conclude at this point. *C* continues with more tales from Poggio and at least one of Caxton's own. Though *C* does not number the additional tales separately, they are clearly demarcated and set off, with one exception, by specially cut initials. The first of these is clearly introduced 'Poggius reherceth ...' and the next three are clearly referred to him. The fifth begins without personal reference and the last introduces Caxton in the first person.

524. **Iene.** Genoa.

525. **Ianuey.** Native of Genoa.

GLOSSARY

aboute one euen : not long before or after the time of evening

abyde on lyue : remain alive

accuse : disclose

accorded : agreed; settled

acustomed : trained

adommage : harm

adressyd : directed

aduys in *day of aduys :* a time given to an accused person to prepare his defense

afflyged : afflicted

after : according as

after his aduys : according to his judgment

aguyse : sharpen

almesse : charitable offering

ambassade : ambassadorial group

and : if

and that : in order that

annuel : annual priest, one who says mass for a person either on the anniversary of or for the first year after his death

aourned : decorated

apperteyneth : befits; belongs

applyqued : applied

Arabe : Arabia

armed : furnished with claws

artycle of dethe : at the moment of death

assewred : reassured, confirmed

assistantes : participants in an assembly

assoylled : solved; absolved

astonyed : stunned

aswowned : in a swoon

atled : led away

aubyer : wayfaring tree

audytoyre : debate or the debating-place

auncyente : old age

aualed : took off

auauncen them : put themselves forward

auauntynge : boasting

auaylle : benefit

auoyde : go away

auysed : cautious

backe : bat

balkes : beam

balled : bald

bame : balm

banquers : money-changers

bayne : bath; bathe

beaulte : beauty

besyeged : beset

bienfayttes : kindnesses

bole : trick (*OF* bole)

boot : beat

bossute : humpback (*OF* bocuete)

bote : bit

bouked : washed

brawled : berated

brenne : burn

breste : shatter

burgeys : citizens

by : through

by aduenture : perhaps

callers : loudmouths

can : knows

can yow . . . thanke : thank you

capaxe : credulous

carryk : cargo ship also fitted for war

cautele : trick

cauyllacions : legal quibbles

caytyf : mean

celer : storehouse

chaced : afflicted
chalengynge : slanderous
charged : heavy
chastyseth : instructs
chauffe : warm
chepe : buy
chered : entertained
cheuerel : kid
chyef : leader
chykyns : little birds
clawe : rub gently
clergye : learning
cokyn : rascal
commaunde : commend
communyque : communicate
commysed : committed
compare : rival
concluded : made an agreement
confysked : confiscated
conne excuse hym : be able to excuse himself
connyng : knowing
constitued : appointed
conuerse : associate
conueyed : accompanied as a courtesy
cope : canopy
copye : fullness
corbe backed : hunchbacked
corryged : corrected
coulpe : fault
counterfayt : misshapen
courbacked : hunchbacked
couenable : suitable
couenaunces : contracts
cratchyng : scratching
Cressus : Croesus, king of Lydia
creuysses : crabs
crudelyte : cruelty
cryes : public announcements
cultyue : cultivate
cure : concern
curteyzan : courtier
curyous : solicitous
cyrographe : obligation
cyrurgyens : surgeons
dagged : smeared with dirt

deceptours : deceivers
decernynge : determining
deceyuable : deceitful
decreet : decree
delyces : delicacies
delycious : delicate
departe : divide; separate
despoylle : strip
deuyses : requests; familiar talk
Dyonysices : Dionysius
discouered : uncovered
discuted : examined
disportes : entertainment, games
do bryng : cause to be brought
doubtous : uncertain; fearful
dounge : dung
dragon : reptilian monster; monster in a generalized sense, fiend
dressyd : prepared
dusynge : soothing
dyd : put
indyfferent : in dispute
dyffycyle : difficult
dyghted : prepared
dygnyte : position of esteem
dysner : dinner
effors : exertions of power
embraced : inflamed
emerawd : emerald
empeche : harm; hinder
empesshement : impediment
enhaunced my prayer : heard my prayer
enseygne : show
ensyewe : seek after
entendement : intention
entermete hym : intrude one's self
Ephese : Ephesus
ere : plow
Erupis : Euripides
eslargysshed : augmented
esmerueylled : astonished
esprysed : inflamed
eurous : lucky
euangely : gospel
euerychone : everyone
experymented : experienced

extyme in *made lytyl extyme*: paid little attention
eyled: ailed
famylle: household
fardels: bundles
fawte: deficiency
fayttes: feats
felte: perceive by smell
flatere: ingratiate himself
flough: flew
it was force: it was necessary
formest: foremost
formyce: ant
fylle: fell
gaige: pledge
galaund: bold or powerful man
garnysshed: prepared for defense
gate: got
godes: goods
godsep: friend; in *my godsep*: godparent to my child
goglyed: afflicted with strabismus
graces: thanks
gree: desire
grete fader: grandfather
groygne: grunt
grynnes: snares
guaryson: cure
gwerdone: reward
gynne: snare
gyue no force for: give no heed to
hede: commander
herberowe: shelter
hole: well
holpen: helped
how wel: although
hyest: deepest part
hym: himself
imposed: imputed
improbes: wicked persons
inconuenient: misfortune
induceth: introduce
iniques: iniquitous
iniurye: calumniate
iniuryed: calumniated
instantly: urgently

inuentar: fabricator
iumelle: double
kepe: guard; rule
knawed: gnawed
knewe: acknowledged
kynde: nature
kynd: natural
labourage: work
large: generous
late yow wete: cause you to know
laten in *to be laten blood*: to have his blood shed
launched: thrusted; wounded
lene: lend; support, help
lerne: teach
lese: lose
lesynges: falsehoods
lette: harm; hinder
leue: believe
leuer: rather
lodgys: lodgings
loke: look for; inspect
lyberall: unrestrained
lycte: allowable
Lycurre: Lycurus, king of Babylon
lye: sediment
lyer: untruthful
lygnage: family
lykest: resemble
lyndyens: people of Lydia
lyuelode: inheritance
machyned: plotted
maculed: stained
make: give birth to
males: bag
maryn: of the sea
mayles: scales
madycyned: healed
meuable: fickle
meued: moved emotionally
meyny: servants of the household
moeued: moved emotionally
molestes: vexatious quibblings
molken: milked
molle: mole
moo: a greater number of

mowe : be able
mygnot : favorite
mykle : much
myllan : kite
myschaunt : wretched
myserycorde : pity
myster : need
natall : birthday feast
Nectanabus : king of Egypt
nedeth : is necessary
notary : well known
notyfyed : made known
of : by means of; in return for
of that : because
ones : one time in the future
ongles : claws
orage : storm
or : before
ordenaunce : provision
oultrage : violent effort; presumption
oultrecuydaunce : arrogance
outragyous : violent
ouer : on the surface of
oueralle : everywhere
ouerthwartly in *loked al ouerthwartly :*
  looked askance
palmer : wayfarer
panyer : basket
parentes : relatives
parfyghte : perfect
parke : flock
partye : part
partage : act of dividing
patrone : galley captain
paunsart : man with a big belly
payllard : knave
paynture : painting
pecuny : money
piece : drinking vessel
playe : amuse
playsaunces : pleasing things
polled : jerked
posseded : possessed
poullaylle : chickens
prebendys : stipends received by canons
precious : fastidious

presupposed : thought ahead
preue : test
procuror : steward
profferre : speak out loud
promyt : promise
propre : owned as property
propyce : propitious
prouffited to hym to : was useful to him for
prouoked : challenged
prouysed : provided
proye : prey
prymtemps : spring
punycyon : punishment
purpos : proposition, question
pursyuaunt : herald
put vnder : deceive
pyelarge : stork
pytte : well (?); cave, abode of a monster
quyck : alive
racke : frame for holding fodder
rassasyed : satisfied
raylar : reviler
reame : realm
reason in *it is well reason :* it is in accord-
  ance with reason
regracye : thank
reioysshed : be glad
reicysshynge : pleasure
releef : left-over food
reluced : shined back
relynquen : abandon
remercye : thank
renne : run
renommee : renown
repayre : dwelling place
requyre : ask
resolued : relaxed
resplendysshynge : resplendent
retcheth : take heed
retched : stretched
rethoryque : rhetorical
ruffule : swagger
rumour : uproar
Ryuage : shore
sacryfyed : sacrificed
salewe : greet

salute : well being

saylles : wind catching devices attached to the arm of a windmill

scutes : French coins, ecus

scyences : trained skill

seke : sick

semblably : similarly

semblaunt : appearance; pretense

separed : separated

serche his lyf : seek his livelihood

setten a back : repudiated

sewre : sure

sewrte : security

shadowe : reflected image

signefye : declare

slee : beat

sleyghtly : with little respect

slowe : sluggish

slowfull : ungrateful

som : one

sonde : channel inlet

sowle preest : priest with the office of praying for the souls of the dead

sparhawk : sparrowhawk

speculynge : looking intently

stalle : stole

stange : pool

stere : move

subuertysed : subverted

superflue : excessive

sured : pledged

syege : official seat

syewte : following

sygale : grasshopper

syttynge : proper

Tahys : Thais, Athenian courtesan

tasted : examined by touch

terryer : fox burrow

theefly : stealthily

thrested : crushed

to morne : tomorrow

tradde : trampled

trauaylled : harassed

tupyn : pot

vnconnyng : ignorant

vnderstandynge : meaning

vnderstond : listen; signify

vnnethe : barely

vnthryfty : not thriving

vnyed : united

vpperest : top

vergoyne : shame

vertuous : strong

viator : traveler

vyage : journey

vysyte : examine; examine medically

vytupere : censure

warauntysed : guaranteed

wawes : waves

wel : will

wende : thought

werkles : idle

wexed : grew

wodewose : satyr

wood : mad

worshipped : honored

worthely : worthy

wowed : wooed

yefte : gift

ygnored : did not know

INDEX OF FABLES AND TALES